现代汉语构式研究

RESEARCH ON CONSTRUCTIONS IN MODERN CHINESE

李思旭 著

社会科学文献出版社
SOCIAL SCIENCES ACADEMIC PRESS (CHINA)

2024 年国家社科基金重点项目（24AYY004）的阶段性成果

2025 年安徽省高端人才引育计划"领军人才特聘教授"项目

前　言

一

构式语法是国内外语言学研究的学术前沿。在国外，以 Goldberg（1995）《构式：论元结构的构式语法研究》（*Constructions：A Construction Grammar Approach to Argument Structure*）为典型代表，标志着构式语法理论的正式建立。此后出版了多部构式语法著作或教材，如 Hoffmann & Trousdale（2013）《牛津构式语法手册》（*The Oxford Handbook of Construction Grammar*），Hilpert（2014）的被誉为第一本构式语法教材的《构式语法及其在英语中的应用》（*Construction Grammar and Its Application to English*），Hoffmann（2022）的构式语法教材《构式语法：英语的结构》（*Construction Grammar: The Structure of English*），Croft（2022）的《形态句法：世界语言的构式》（*Morphosyntax: Constructions of the World's Languages*）。尤其是荷兰的约翰·本杰明出版社（John Benjamins）于 2004 年开始出版"语言的构式语法研究"（*Constructional Approaches to Language*）系列丛书，至今已经出版 35 本，积极推动了构式语法理论在全世界的传播和发展。并且从 2001 年开始，构式

语法有了自己的专题会议——"国际构式语法研讨会"（*International Conference on Construction Grammar*），已成功召开了十三届，最近四届的信息为：第十届（2018年法国）、第十一届（2021年比利时）、第十二届（2023年捷克）、第十三届（2024年瑞典）。

在国内，构式语法方面的学术专著已有10多部，中国知网上以构式语法为主题的论文已有1万多篇（比如从2010至2024这15年间，有关构式语法研究的论文年发文量在300～552篇之间浮动）。可以毫不夸张地说，构式语法是最近几年最热门的语法理论，没有之一。从2020年开始，"构式语法研究论坛"已经连续召开了五届：第一届（2020年西南大学）、第二届（2021年河南大学）、第三届（2022年北京语言大学）、第四届（2023年四川外国语大学）、第五届（2024年华东师范大学）。在时间上，虽然国内构式语法会议比国外的起步晚了近20年，但是发展迅速，在国内众多语言学会议中的影响力不容小觑。

鉴于以上国内外构式语法研究近30年（1995～2024）的时代背景，本书结合构式化、概念整合、语言类型学、量范畴、韵律句法、不对称等当代语言学理论，对汉语构式进行了理论方法、研究范式等方面的新探索。就研究理论来说，既有运用构式语法理论分析和解释汉语现象，即严格使用构式语法的研究范式的研究，也有在泛构式主义（Pan-constructionism）思想下对汉语句式或格式的研究。就研究范式来说，既有构式的共时研究，也有构式的历时研究（即构式语法与历时语言学相结合的构式化研究）；既有以汉语构式研究为主，也有构式的跨语言或跨方言的类型学研究，还有构式的韵律研究和不对称研究。跟国内外已有的构式语法研究成果相比，本书更注重构式语法理论与其他语法理论（如"概念整合""语言类型学""韵律句法""不对称"等）的交叉融合研究。这既是本书的鲜明特色，也是本书的主要学术价值和学术创新之所在。

二

　　构式化是构式语法与历时语言学相结合，探讨构式历时演化过程的一种语法研究范式。从 Traugott & Trousdale（2013）《构式化与构式演变》（*Constructionalization and Constructional Changes*）引入国内后，汉语构式化方面的研究成果丰硕。本书第一部分"构式化与汉语构式，"涉及构式义与虚词义、构式压制、构式连接、构式承继、构式的方言变体、构式化与主观化、习语构式等诸多主题。

　　江蓝生（2008）指出，概念叠加和构式整合是汉语句法创新的一种重要手段，存在于从古代汉语到现代汉语的历史发展过程中，目前对这一重要现象的了解还很不够，希望能引起同行的关注。李思旭（2017）尝试利用这一理论，对汉语三音节固化词语"X 不是"的形成机制进行了探讨，但讨论的还是词法层面的构词问题。本书第二部分"概念整合与汉语构式，"主要是利用概念整合理论探讨汉语句法层面构式的形成机制；探讨了动结式的整合过程，并结合历时语料进行了验证；从韵律和概念整合角度，讨论构式"爱 V 不V"的句法语义特征和整合度等级；利用概念叠加和构式整合理论，分析了列举构式"X 什么的"的构式化历程及其形成机制，以及"出乎意料之外"的句法合理性。其希望通过相关研究进一步拓展江蓝生（2008）这一理论的应用领域。

　　近年来构式语法和语言类型学逐渐成为研究热点，但是据我们的调查，已有的构式语法研究大都是基于单一语言，很少有跨语言比较的。构式语法很难与语言类型学相结合，这可能与构式的民族性有关，即构式具有语言专属性（language-specific）。"一种语言的构式不一定总能在另一种语言中找到完全对等的构式"（Croft 2001: 312），由于语言具有类型学差异，语法范畴具有语言独特性和构式独特性，即构式具有语言独特性。本书第三部分的研究则认为构式是可以进行跨语言研究的，也就是说存在跨语言的构式，即存在构式共性（universal constructions）。构式语法的开创者 Goldberg（1995: 110）指出，很可能存在一个把形式和意义相联的普遍的论元结构构式库，而特定的语言只是该构式库的一个子集。当代语言类型学家、激进构式语法倡导者 Croft（2001: 283）就明确指出，虽然构式具有语言专属性，但同时也是可以从意义功能的角度进行跨语言比较的，比如该书对世界范围内 29 种语言语态构式（voice construction）的结构特征的归纳总结。

在国内，把构式语法与语言类型学相结合的"构式类型学"（Construction Typology）研究还很欠缺。虽然前几年学界关于句式的跨语言研究——把字句与逆被动语态关系的探讨，也多少涉及构式类型学问题，但是这种将汉语句式与国外语言之间的简单比附，在科学性上还存在不少问题（详见张伯江，2014）。国外构式的跨语言研究起步较早，比如对双及物构式的跨语言研究，近年来的最新研究成果有 Croft（2022）《形态句法：世界语言的构式》（*Morphosyntax: Constructions of the World's Languages*），该书是从跨语言的视角研究世界语言的形态句法构式，书中引用的语料非常丰富，涉及世界上不同语系、不同地区的近 600 种语言；Myriam（2021）《GIVE 构式的跨语言研究》（*Give Constructions Across Languages*），该书探讨了四大语系十种语言 GIVE 动词的论元结构、语法化、词汇化、构式化等句法语义特征。

本书第三部分就尝试把构式语法与语言类型学相结合，对偏称宾语处置式、偏称宾语被动句和论元分裂式话题这三种汉语构式，进行跨语言（或跨方言）的句法类型学或语序类型学研究。受到篇幅的限制，我们在"构式类型学"方面的代表性研究成果《"处所转换构式"的语言类型学研究》没有收录进来。此文是国内较早探讨构式的跨语言类型学研究的成果，是《外国语》2019 年第 1 期第一篇文章，又被人大报刊复印资料《语言文字学》以及"中国社会科学网"全文转载。

量范畴是语言学中的经典范畴，也是国内外语言学界的研究热点之一。从 2000 年李宇明《汉语量范畴研究》至今，国内量范畴研究成果已经相当丰硕，详见李思旭（2022）《部分量：体貌、量化与论元互动的类型学研究》一书"绪论"中的述评，这里不再赘述。但是把量范畴与构式语法相结合，探讨构式中的量，学界有关这方面的研究成果还很欠缺。本书第四部分就尝试在此基础上做些突破，对量度形容词短语、重动句、"不是 A，而是 B"这些涉及短语、单句、复句三个语法层级构式中的量进行探索，以期能有新的发现。把量级与构式语法相结合，对汉语中的"量级构式"进行探索式研究，这是我们最近几年的主攻研究方向。希望我们的这一研究，不但对量级和构式语法两种理论的交叉融合能有所推进，而且能反哺国内外的量级研究、构式语法研究，给其带来新的启发。

读硕士研究生时，受到吴为善先生的影响，我当年研究的主要发力点之一就是韵律句法学。本书第 15 章"动结式的韵律构造模式，"尝试把韵律与构式语法相结合，从韵律的角度来研究构式。此文是笔者研读了吴为善先生的大量论文和书籍后，找到的一个当时自认为很有价值的研究方向所形成的成果。从写出论文初稿到最终论文发表，中间经历了好几年的波折：投稿退稿，修改打磨后再投稿，屡战屡败，屡败屡战。我想这应该是学术成长或学术修炼的必经阶段，毕竟"不经历风雨怎能见彩虹，没有人能随随便便成功"！在韵律句法学领域徘徊了一段时间，研读了董秀芳《词汇化：汉语双音词的衍生和发展》之后，我对"双音化"与词汇化、语法化之间的互动关系产生兴趣，并提出了"双音化"在语法化中"分化""融合"的双重作用。主要成果《试论双音化在语法化中的双重作用》（《世界汉语教学》2010年第2期）和《双音化在句法位置的分化作用——兼论汉语附着词前后转化的不对称》（《汉语学习》2019年第3期）发表后，都分别被人大报刊复印资料《语言文字学》和"中国社会科学网"全文转载，后者还被收入吴福祥等主编的《语法化与语法研究（十）》，在学界产生了良好的反响。

　　沈家煊（1999）把不对称理论与标记理论相结合，对句法、语义、语用各个层面中的种种不对称现象作出统一的解释。受此启发，李思旭、余辉荣（2011）把不对称理论与共时语法化理论相结合，探讨不同虚化等级中"V上"与"V下"的不对称。本书第16章进一步把不对称理论与构式语法理论相结合，尝试分析母构式"X不到哪儿去""X到哪儿去"的两个子构式"V不到哪儿去"与"V到哪儿去"以及"A不到哪儿去"与"A到哪儿去"，在句法、语义、语用等方面的不对称及其形成动因。

三

　　本书尝试运用多种当代语言学理论来研究汉语构式，这根源于我们的一个研究理念：把两种理论结合起来分析语言现象，可能比单一理论能"窥探"出更多含有特质的东西来。比如李思旭（2019）把构式语法理论与语言类型学理论相结合，对处所转换构式进行跨语言类型学研究，从而发现了处所转换构式中哪些特点是汉语特有的，哪些特点是人类语言共通的。当然，具体哪两种语言学理论可以结合或兼容，怎样结合怎样兼容，这可能要根据所研究的课题来确定。

在如何正确对待国外语言学理论的态度上，故步自封，盲目排外，自不可取，但是"削足适履"，曲解国外理论，亦不可行。最重要的是，要深刻领悟国外理论的精神实质，这样才有可能跟汉语事实更好结合，进而解释汉语现象。当然，在研究汉语时，要尊重客观语言事实，国外的语言学理论能用则用，不能用就少用或不用。倘若能从汉语事实中，总结归纳出倾向性规律，或进行一些理论思考，也同样难能可贵。这跟马克思主义中国化的道理是相通的。比如张伯江（2018）就强调指出，如果不能准确地把握构式方法的灵魂，只流于表面的比附，无助于汉语语法特点的深入挖掘。

这让我不禁想起目前语言学界存在的一种不良倾向。很多研究主要基于某一语法现象，重语法理论的引入和阐释，轻语言事实的描写和倾向性规律的挖掘。不愿花大量的时间和精力来搜集整理语料，只想着用小成本来做大买卖。这种沙滩上建高楼的做法，很容易因地基不牢而稍遇风雨就发生坍塌。此外，从不少语言学专业杂志上刊发的语法论文也可以看出，期刊喜好套用国外理论的文章，而对论文研究的语言事实挖掘得是否深刻，反而不太重视（若抛开旁征博引的理论，只看语言事实，我们很容易发现此类论文都是头重脚轻的）。这种本末倒置的做法，不利于国内语言学的健康发展，对正处在学术成长阶段的硕博士生、青年科研人员，未起到良好的引领作用。这一现状亟须改变。

本书是对我过去近20年构式语法研究的一个阶段性总结，全书由16篇已发表论文构成，断断续续花费了好几个月时间和精力来进行整合。在此要向《汉语学习》、《语法化与语法研究》、《现代中国语研究》（日本）、《新疆大学学报》、《淮北师范大学学报》、《东方语言学》、《国际汉语学报》、《吴语研究》、《汉语句式研究》等专业刊物，再次表示感谢！在学术研究"内卷"极为严重、发文章越来越难的当下，我要对以上这些刊物表示由衷的感谢，更要感谢它们十几年来对我学术成长的支持和鼓励！

总结过去，是为了更好地展望未来！希望我带领硕博士们，经过几年的努力，能按时顺利完成 2024 年获批的国家社科基金重点项目"基于量级理论的汉语构式研究及数据库建设"。该课题的结项成果《量级理论与汉语构式研究》将是我的下一部构式语法学术专著。

本书可作为高年级本科生、硕博士研究生和青年科研人员从事汉语语法研究的教材。此外，本书对相关词典的修订和编纂、对外汉语教学、语言习得、语言翻译以及中文信息处理等，也具有一定的实用参考价值。

李思旭

2024 年 12 月 24 日

目 录

第一部分　构式化与汉语构式

第二部分 概念整合与汉语构式

第三部分　类型学与汉语构式

第四部分　量范畴与汉语构式

第五部分　韵律、不对称与汉语构式

第一部分

构式化与汉语构式

第1章 从构式语法看汉语虚词研究

汉语虚词没有词汇意义，只有抽象的语法意义，这就造成虚词意义比较灵活，难以捉摸、难以把握。虚词的意义主要有两个方面：一是虚词自身表示的语法意义，二是虚词使用的环境义。因而我们在进行虚词研究时，就要注意区分是虚词自身的意义，还是虚词所在句式的语法意义。也就是说，我们要区分是虚词这一构件的意义，还是构式自身的意义。一种做法是把构式义看成虚词义或构件义；另一种是把虚词义或构件义看成构式义。在分析虚词的语法意义时，要特别注意不要把虚词所在格式的语法意义归到虚词身上，同时也不能误将某个虚词的语法意义归到与之共现的另一个虚词头上。

以上的讨论在理论上看似很容易，但是在具体操作过程中，语法意义比较抽象复杂，难以捉摸，因而把虚词所在构式的意义归到虚词这一构件身上，在研究中也是经常发生的事。下面我们结合具体的虚词例句分析，指出已有虚词研究中存在的问题，比如把虚词所在的构式义误认为虚词的意义；研究虚词的语法化时往往只关注虚词的虚化，常常忽视虚词发生语法化的句法环境，即虚词所在构式的语法化。

1.1　把构式义当成虚词义

1.1.1　副词与构式义

副词"也"在现代汉语里的使用频率很高，它的基本作用是表示类同，如"你挨批评了，我也挨批评了"。由于"也"经常用于并列的句式中，就有人认为"也"可以表示并列关系，强调两事并列。我们认为这种观点是有问题的，这是把"也"所在构式的语法意义归到构件"也"的身上去了。比如：

> （1）a. 她吃了一个苹果，我吃了一个苹果。
>
> 　　　b. 她吃了一个苹果，我也吃了一个苹果。

以上两句都是并列复句，都是将"她吃了一个苹果"和"我吃了一个苹果"这两件事并列起来说。两句不同之处在于，b 句说话者强调后者"我吃了一个苹果"与前者"她吃了一个苹果"类同，a 句说话者并未强调这一点。

并列复句的各分句总是分别说明几件事或某一件事的几种情况，而并列复句用不用"也"就取决于是否要强调后者与前者类同。如果两者根本没有类同之处，或者有类同之处但无须强调，那么就不用"也"，如不能说"他是教师，我也是农民"。

在归纳"也"的语义时还有一种错误倾向，就是把"也"跟其他词语构成的固定格式的特殊语法意义看成"也"的意义。比如有人认为"他虽然不及格，也被录取了"里的"也"表示转折。其实这里"也"的基本作用仍然表示类同。有人认为"就是下雨，我也要坚持锻炼"里的"也"表示假设关系。这都是把"虽然…也…"和"就是…也…"的格式所表示的语法意义归到"也"的身上去了。再比如在表示递进关系的"这个单词不仅我不会，老师也不会"和表示条件关系的"不管你怎么说，我也不听"中的"也"，也都仍然表示类同。

以上讨论的转折关系、假设关系、递进关系和条件关系四种复句构式所表示的语法意义各不相同，但是其中构件"也"的语义或作用都是相同的，即都表示类同。

副词"反而"在句子中到底表示什么语法意义，目前还没有达成共识。有的说是表示递进关系，如例（2）；有的说是表示转折关系，如例（3）；还有的说既可表示递进关系，也可表示转折关系。

（2）计划室向艺术家订购了大批作品，在困境中，艺术家们不但没有饿死，反而还创作出了许多伟大的作品。（《中国北漂艺人生存实录》）

（3）去年全市十几位政绩平平的干部，有的免职有的降职，原以为这一来会得罪人，结果出乎意外，多数干部反而心悦诚服了。（1994 年《人民日报》）

其实我们认为"反而"的语法意义是"表示跟前文意思相反或出乎意料之外"，至于"反而"所在的分句与前面的分句有时是转折关系，有时是递进关系，这些都是"反而"所在复句表示的语法意义，并不是"反而"本身所表示的语法意义。虽然两者之间有联系，但是我们也不能将"反而"所在的句式表示的语法意义归到"反而"头上去。

1.1.2　助词与构式义

普遍的跨语言调查表明，世界上很多语言都是用情态动词来表达能性范畴的；汉语则有所不同，除了助动词之外，还用能性述补结构"V 得 / 不 C"来表达。一般的汉语教材或论著都认为结构助词"得"可以表达能性语义，吴福祥（2002）则指出"V 得 / 不 C"的能性意义应该是整个结构表达的，并不是由其中的某个成分体现出来的。确切地说，"V 得 / 不 C"的能性意义也不是结构本身一开始就拥有的，而是由表示实现的"V 得 / 不 C"在特定语境里派生出来的，体现的是一种语境义。当表示某种结果实现的"V 得 / 不 C"用于叙述未然事件的语境时，那么其就变成表示具有实现某种结果的可能性了，如：

（4）地脉尚能缩得短，人年岂不展教长。（《全唐诗》）

（5）师曰："见即见，若不见，纵说得出，也不得见。"（《祖堂集》）

唐宋以后，表达能性意义的"V 得 / 不 C"逐渐摆脱对语境的依赖，最终语法化为表达能性意义的固定格式，如：

（6）这胡同窄，牵着马多时过不去，咱们做两遭儿牵。（《老乞大》）

（7）又上琉璃阁，远望满眼景致，真个是画也画不成，描也描不出。（《朴通事》）

（8）您兄弟但同心呵，便如这五只箭竿束在一处，他人如何容易折得折！（《元朝秘史》）

一般来说，我们对虚词的释义应该取抽象度较高的抽象义。因为对虚词释义太具体，随着虚词分布的句法环境的不同，就要为虚词设立不同的下位义项。即随着具体句式的不同，虚词词义也会发生变化，这些具体的虚词词义可看成抽象义在不同句式中的变体。只有这样，才能不至于由于虚词词义的灵活而让人无法准确把握。下面以动态助词"了₁"和假设助词"的话"为例来进一步展开说明。

汉语"了₁"的语法意义众说纷纭:《现代汉语八百词》(后文多简称《八百词》) 认为"了₁"用在动词后，主要表示动作的"完成"；刘勋宁（1988）认为"了₁"只表示行为动作的"实现"；陈忠（2006）认为"了₁"还可以表示"起始"；甚至还有人认为"了₁"表示"完了（liǎo）"。其实这些意义都是"了₁"跟不同词语结合后所产生的语法意义，并不是"了₁"本身的语法意义。比如当"了₁"后面是无指宾语时，只能表示完成，如"吃了饭去散步"；当"了₁"后面是有指宾语时，只能表示完了，如"吃了一碗饭""喝了一杯酒"（李思旭，2010、2015）。再比如"好不容易当了兵""吃了才觉着有点儿香味""见了他还真有点害怕呢"等例句中的"了₁"则表示"起始"。

总之，把"了₁"跟句中其他词语结合后所产生的语法意义当作"了₁"的语法意义是一种错误的做法。如果我们能够从"了₁"使用的句法环境中总结出"了₁"的上位抽象义，具体语句中"了₁"不同的语义就可以看成抽象义的具体实现形式，即不同的变体形式，这样问题或许就可以解决了。

已有研究都认为假设助词"的话"主要用于句末，帮助表示假设关系。我们认为"的话"并不能帮助表假设，因为有些复句的假设关系不是"的话"带来的，而是假设连词带来的。比如下面《八百词》中的例句，其中复句的假设关系是通过假设连词"如果""假如""只要"来表示的，"的话"并不表达"假设"关系。

（9）如果服中药能稳定病情的话，就不必动手术。

（10）*假如*临时有事*的话*，可以打个电话来。

（11）*只要*你认为必要*的话*，我一定设法去办。

有些假设复句没有表示假设的连词，如例（12）、（13）。分句间的假设关系好像是通过"的话"来表示的，其实不然，我们认为这种假设关系是通过前后两个分句之间的逻辑语义来实现的，并不是"的话"带来的。比如我们把"的话"删除，分句间的逻辑语义关系仍然是假设关系。

（12）明天没事*的话*，我一定去。

→　明天没事，我一定去。

（13）不够分配*的话*，我就不要了。

→　不够分配，我就不要了。

1.1.3　语气词与构式义

由于语气词"吧"可以用在陈述句、祈使句、疑问句、感叹句等各类句子的末尾，所以很多语法论著或论文都据此认为"吧"可以表达"各种语气"。比如例（14）中带"吧"的句子都带有各种互不相干的语气，于是常常会误导人们认为"吧"本身可以表示各种语法意义。其实这些意义都不是"吧"本身的语法意义，而是由"吧"所在的句式、句调和句中其他词语综合作用产生的。

（14）a. 恐怕他已经来了*吧*。（陈述）

b. 明天公司开会，小王你去*吧*！（祈使）

c. 你妈妈还没回来*吧*？（疑问）

d. 秦陵的地宫也不可能再完好无损了*吧*！（感叹）

　　检验某一语法意义是语气词的意义还是句子的意义，办法之一就是把包含虚词的句子跟抽掉该虚词的句子作比较，这样就能显示出该虚词的语法意义了（马真，1982）。从例（15）、（16）可以看出：带有"着呢"的 a 句都有对形容词进行量的强调功能，带有夸张的口气；不带"着呢"的 b 句则没有这种语义蕴含。这说明"强调功能、夸张口气"是由"着呢"带来的，是"着呢"的语法意义。

　　（15）a. 我心里烦着呢。
　　　　　b. 我心里烦。
　　（16）a. 她说的话难听着呢。
　　　　　b. 她说的话难听。

　　汉语已有的研究都认为"罢了""而已""就是了"这三个语气词都含有把事情往小里说、往轻里说的意味，对前面的陈述有所减弱和冲淡；但是我们通过对北京大学 CCL 现代汉语语料库中检索到的部分例句（部分例句出处不详，故仅标明引自北京大学 CCL 语料库）进行分析，很容易看出已有研究中存在的问题。如：

　　（17）6 月 1 日，他携带一大堆文件，告别他的办公室，住进医院。实际上，他只不过是把办公室从西花厅搬到医院罢了。（《周恩来传》）
　　（18）31 日出版的一些香港报章发表社评指出，陈水扁诋毁"一国两制"只不过是自暴其丑罢了。（新华社 2004 年新闻稿）
　　（19）我也曾想过"嫁人"的问题，不过只是想想而已，并没有付诸行动。（《中国北漂艺人生存实录》）

（20）英国媒体日前披露 2012 年奥运会申办过程中可能存在金钱换选票的幕后交易，引起舆论哗然，但是不少国际奥委会委员淡然视之，认为<u>不过</u>是媒体在捕风捉影<u>而已</u>。（北京大学 CCL 语料库）

（21）安生端起酒碗来，敬了张一民一杯："张大哥今后如若有什么地方用得着小弟的，<u>只管</u>吩咐<u>就是了</u>，都是天涯沦落人嘛！"（2004 年《故事会》）

（22）我和大嫂一样，也不能替我哥哥道歉，可是，凡是我能帮助你的，你<u>只管</u>说<u>就是了</u>！（老舍《残雾》）

通过对例（17）—例（22）的观察我们可以发现，"罢了""而已""就是了"三个句末语气词都不是单独使用的，在句子中分别有副词"只不过""不过""只管"与其配合使用。我们认为所谓的"把事情往小里说、往轻里说的意味，对前面的陈述有所减弱和冲淡"的语法意义或语法功能，都不是"罢了""而已""就是了"这三个语气词带来的，而是前面的副词"只不过""不过""只管"带来的，因为把例（17）—例（22）句末的语气词"罢了""而已""就是了"去掉后，句子也仍然含有"把事情往小里说、往轻里说的意味"。

1.2　是谁发生了语法化：词还是构式

语法化研究长期以来一直关注的焦点是词汇项的语音、语义、形态等方面是否发生变化，但是对发生语法化的词汇项所在的句法环境，或词汇项所在的构式是否发生变化未给予足够的重视。近年来一种被称为"语法化的扩展观"（grammaticalization as expansion）的观点已经开始关注到语法化发生于一定的构式而非孤立的词项，语法化是涉及特定构式范围（constructional domain）的语法化（彭睿，2009）。也就是说，在语法化过程中实际发生语法化的是整个结构式而非一个具体的词汇语素或语法语素。语法化理论的研究表明，任何一个词汇成分的语法化总是由特定语境触发的。然后这个语法化了的形式再逐步扩大语境范围，用于它原先不能出现的语境。

通常认为语法化是一个单纯的"实词性成分 < 虚词性成分"或"虚词性成分 < 语法性更强的虚词性成分"的过程。这种说法把语法化域限定为语法化项本身，从而忽略了语法化项所在环境的作用。因为单个词项从来不会孤立地发生语法化，词项的语法化离不开一定的组合环境（syntagmatic context）。既然语法化发生于语法化项所在的构式，那么这一过程必然涉及两个方面：语法化项自身的变化和语法化项所在构式的变化。对于这两方面，不同的学者也各有侧重，有的认为构式比词项更重要，因为词项的语法化域是其所在的构式，词项的语法化实际上是其所在构式语法化的副产品或附带现象（epiphenomenon）。还有更激进的观点甚至认为构式的语法化未必会引起其内部成分的语法化。下面我们结合汉语虚词的虚化来探讨句法环境或构式在虚词词汇化和语法化中的重要作用。

在汉语虚词的语法化研究中，有一种普遍存在的错误倾向，那就是往往只关注虚词的虚化或变化，常常忽视虚词发生语法化时的句法环境，即虚词所在构式的语法化。下面结合副词"几乎"的词汇化过程（董秀芳，2011）来看构式在词语能否最终发生词汇化中的作用。在例（23）、（24）中，"几"是一个动词，义为"接近"，"乎"是一个介词，与其宾语共同作动词的补语。"几"与"乎"不在一个句法层次上。

（23）如知为君之难也，<u>不几乎</u>一言而兴邦乎？（《论语注疏》）

（24）《易》不可见，则乾坤或<u>几乎</u>息矣。（《汉书》）

后来"几乎"发生了跨层黏合，变为一个副词，义为"差点儿"，如下面例（25）中的"几乎"就是一个副词，"乎"不能再作介词理解，因为句子的核心动词是"吓破"，"几乎"在句子中作状语。

（25）这里素梅在房中，心头丕丕的跳，<u>几乎</u>把个胆吓破了，着实懊悔无尽。（《二刻拍案惊奇》）

我们认为"几乎"之所以能变为副词，是根源于谓词性成分可以不改变外部形式就充当主语或宾语，因为汉语中谓词性成分的体词化是不需要外部标记的。当一个体词化了的谓词性成分充当介词"乎"的宾语时，单从形式上看，"几乎"就位于一个谓词性成分之前，这是副词出现的典型句法位置，此时"几乎"就有了变为副词的可能。下面例（26）就是一个过渡性的例子，"几乎"出现在一个谓词性成分之前。该句既可以理解为"接近于家给人足的地步"，也可以理解为"差不多家给人足"，此时"几乎"就是一个副词了。

（26）至于末年，天下无事，时和年丰，百姓乐业，谷帛殷阜，<u>几乎</u>家给人足矣。（《晋书》）

总之我们认为副词"几乎"能最终完成词汇化的历程，是需要在特定的构式中来实现的。那就是"几乎"后面带的是体词化了的谓词性成分，当"几乎"处于这一副词的典型句法位置时，其就有了发生词汇化的可能。

语气词"也罢"的词汇化，也需要在特定的句法环境中进行。以下例（27）、（28）中"也罢"是句中的唯一谓语中心，尚未发生虚化，是个短语。

（27）姐夫<u>也罢</u>，丢开手的事，自古冤仇只可解，不可结。（《金瓶梅词话》）

（28）狄希陈道："这<u>也罢</u>，只得又烦劳大舅的。咱留下狄周，换了凭叫他赶了去。"（《醒世姻缘传》）

当"也罢"出现在谓词性结构之后，构成"VP+也罢"的句法格式时，谓词性结构本身就含有"算了、罢了"的语义。此时的"也罢"处在弱势地位，从而致使其发生词汇化，变为一个仅仅表语气的助词，以凸显说话者的主观态度，如：

（29）我挤着爹骂两句<u>也罢</u>，等我上去替姐们禀禀去。（《金瓶梅词话》）

（30）八九千里地跟了去，十二两也不多，给他<u>也罢</u>。（《醒世姻缘传》）

再比如顺承连词"接着"的词汇化过程，也可以看出构式在词语能否最终发生词汇化中的重要作用。"接着"虚化的句法条件是不带宾语，而且是作为连动结构的前项动词，如：

（31）这段话下来，<u>接着</u>再说；有杨雄的丈人潘公，自和石秀商量，要离开屠宰作坊。（《水浒传》）

"接着"作连动结构前一个动词并位于句首位置，由于句子的表达重心往往在后一个动词上，此时"接着"的词语意义开始逐步虚化。与此同时，"接着"的对象也由具体到抽象，最后已不是前面的动作、能力，而是动作本身，这时"接着"就变成了顺承连词。如：

（32）他到府，府考过，接着院考。(《儒林外史》)

以上举例说明构式在词语词汇化过程中的重要作用，下面我们以"只是"为例，说明副词向连词虚化也是发生在一定的构式之中的。"只是"在唐代词汇化为副词，然后在副词基础上进一步语法化为连词，如：

（33）功名一似淮西事，只是元臣不姓裴。(唐《简州归降贺京兆公》)

（34）征人岂不思乡国，只是皇恩未放归。(唐《水调词十首》)

例（33）、（34）中的"只是"是转折连词，表示轻微的转折，有"但是"的意思。到五代这些用法有了进一步的发展，有了更多表示强调限于某个情况或范围的用法。如：

（35）父母终朝只是忧，见儿爱伴恶时流。(五代敦煌变文，引自《敦煌变文集新书》)

（36）吾从养汝，只是怀愁，昨日游观去来，见于何事？(五代敦煌变文，引自《敦煌变文集新书》)

到了明代，"只是"副词的用法出现了一种新的意义，大致相当于现代汉语的"就是""偏偏"的意思。"只是"成为副词后开始进一步虚化，"是"的判断意义减弱，成为附着于"只"上的一个词内成分，"只是"的意义更多地由"只"来承担，逐渐出现表示转折的连词用法，如：

（37）曹操虽被一时瞒过，必然便省悟，<u>只是</u>不肯认错耳。（明《三国演义》）

（38）那一个把关的官也有些妙处，一手挡住关，一手挽着牛，<u>只是</u>不放。（明《三宝太监西洋记》）

从组合关系上看"只是"作副词修饰句子成分，一般出现在被修饰的成分之前；作连词主要显示分句之间的逻辑关系，一般出现在两个分句之间，也就是转折分句句首。因为作副词时它可以自由出现在名词主语之前，于是从组合关系上对出现在句首的"只是"就有两种分析方法：一种是纳入分句之中，分析为修饰、限制某个句子成分；另一种是将之放到分句之外，只与整个句子发生联系。这种重新分析的可能性为"只是"由副词向连词过渡创造了条件。

此外，推理在副词"只是"到连词"只是"的转化中起了举足轻重的作用。推理就是在相关的语境中，通过类推，使一些词语隐含的意义得以明确化，进而固定下来。"只是"作为副词主要表示对范围进行限定，作连词表示轻微转折；但副词和连词的区别仅仅在于句子隐含的意义在一定的语境中被固定化了。副词"只是"和连词"只是"后的 VP 都是对范围的限定，但是换一个观察角度，从"只是"前后 VP 的逻辑关系来说，都有轻微的转折。通过推理，这种表示转折的意义被明确化直至固定。

从上面对副词"几乎"的词汇化过程和"只是"从副词演变为连词的虚化过程，可以看出虚词的词汇化或语法化不是孤立进行的，而是在一定的构式中完成的。因而我们在以后的语法化研究中，必须重视词项发生语法化的句法环境或构式。当然这种现象具有跨语言的普遍性，比如英语的 be going to 词汇化为 be gonna，也是在非常特定的语境中进行的。

　　首先是表示目的性的 be going to 发生了重新分析，即从 ［I am going（to marry Bill）］被重新分析为 ［I（am going to）marry Bill］。重新分析一旦发生，be going to 就会经历助动词的典型变化，如 going to 中元音和辅音都已经弱化：going 的末尾音段由 ［ŋ］变为 ［n］，同时 to 的起始音段由 ［t］变为 ［n］。由于 -ing 和 to 之间的短语性界限已经不存在，所以 go-ing to 这三个语素就能够缩减并词汇化为 gonna（读作 ［gʌnə］），如 be gonna visit Bill，具体过程如下 （Hopper & Traugott, 2003:69）。类似的还有 have to > hafta，get to > gotta 等这样急剧的语音缩减。

阶段 I ： be　　　　　　　going　　　　 ［to visit Bill］

　　　　　进行时　　　　　方向动词　　　（目的从句）

阶段 II ：［be going to］　visit　　　　 Bill

　　　　　（通过重新分析）动作动词

阶段 III ：［be going to］　like　　　　 Bill

　　　　　时　　　　　　　动词

　　　　　（通过类推）

阶段 IV ：［be gonna ］　visit / like Bill

　　　　　（通过重新分析）

　　由上面的分析可见，从 be going to 词汇化为 be gonna 也是发生在谓语核心动词前面的状语位置上，因为它们后面还有谓语核心动词的存在。英语动词短语 want to 词汇化为助动词 wanna，也经历了跟助动词 gonna 相似的历程。这是因为 going to 和 want to 频繁出现的组合形式往往会变得自动化（automatizaion），即它们会被作为整体储存起来和作为组块来表达。此外由于它们所表示的内容具有可预测性，因而人们在说的时候语速都比较快，这就为它们的缩减融合提供了动力。比如在英语口语中，Who do you want to see？（你想要见谁？）可以说成 Who do you wanna see？

1.3　构式压制与虚词义

虚词义与构式义之间可以互动，虚词义与构式义可能相容、补充，也可能相互否定、排斥。在互动过程中，如果虚词义与构式义相同，则虚词义与构式义整合后构式义得到强化；如果虚词义与构式义不相同，那么构式义就会对虚词义产生"构式压制"（Construction Coercion）：构式对虚词词义进行压制，赋予进入构式的虚词以构式义。

所谓"构式压制"是指一个词语的句法、语义和语用特征，必须依靠其所在的句法环境才能做出较为准确的限定，语法构式整体会迫使其中的词汇改变句法语义特征。构式压制产生于构式的意象图式，服从于构式的统领原则，即当一个词项与它的句法环境在语义上互不相容时，构式就会产生压制，使词项意义服从于构式义。汉语传统语法研究中把句式义归到虚词义上，就是构式压制的结果。构式义对虚词义具有压制作用，从而容易让人把构式义误解为虚词义。

此外，句子的整体意义产生于构式意义和词汇意义的互动。词汇意义与构式意义有可能相互兼容，有时也可能相互冲突。如果一个句子或词汇的概念意义优先于另一个的意义，就会产生"压制"。构式压制是由构式意义与词汇意义不一致引起的。

（39） a. Why not paint your house purple？

为什么不把你的房子漆成紫色？

b. Why not have a purple-colored house？

为何不弄个紫色的房子？

例（39）a 句中有行为动词，构式意义和词汇意义之间没有冲突。b 句中包含非行为动词 have，表达的是行为构式"Why not do something"，do 可解释为"为什么不采取行为致使房子是紫色的"，也就是说 b 句应该是一系列动作行为的结果。但是 b 句本身的动词没有体现"do"的行为，从而产生冲突。解决的办法是构式把它的意义压制给非行为谓词使它具有行为义。

传统的语法研究比较强调分析，不太重视综合，表现在虚词研究上就是只关注虚词本身的语法意义，关注虚词自身有没有发生语法化，而不太关注虚词所在的构式义以及构式有无发生语法化。近年来兴起的构式语法则比较强调综合，这可以避免将构式所表示的语法意义归到格式中的某个词上（陆俭明，2004a）。可见，误将本来不是某个虚词的语法意义硬性地归到虚词身上，这是虚词研究中的一个大忌。这样做的结果是我们无法真正准确地理解和把握虚词的语法意义。Goldberg（1995）就明确提出并论证了构式本身具有独立于动词的意义，构式与动词之间具有互动性，并且构式对动词常常具有主导性。其实不仅动词与构式之间具有这种关系，虚词与构式之间也是相互作用的，以往的虚词研究把构式义归为虚词义就是一个很好的体现。

总之，将语法化研究与构式语法相结合，已经是迫在眉睫。构式语法可以为语法化和词汇化研究提供一些新的研究视角，基于构式或构式语法来研究语法化，可以使两者互相补充、相得益彰。好在凝聚语法化、词汇化与构式语法三者精髓于一身的构式化（constructionalization）理论已经产生，这一理论刚建立时的目标就是"重新审视并整合先前的语法化和词汇化研究，从构式角度来解释跟这些研究有关的问题"（Traugott & Trousdale，2013：1）。当然，把构式化这一最新前沿语言学理论跟汉语事实相结合，科学合理地解释汉语词汇化、语法化中的诸多问题，还需要学界同人的共同努力。

第 2 章　从构式连接看 "X 你个 Y" 的形成与演化

　　已有研究对母构式 "X 你个 Y" 中的某一子构式进行个案分析的比较多，比如董淑慧和周青（2011）、申晶晶（2011）、黎秀花（2012）、刘梦丹（2017）等对 "好你个 XP" 的研究，王晓凌（2008）、王世群（2012）、马兰和冯志英（2015）等对 "好个 XP" 的研究，邵敬敏（2012）对固定结构 "X 你个 N"（N 只有 "头" "鬼" "屁" 几个）的研究。但是对各子构式之间的构式连接还没有研究，也尚无专门讨论 "X 你个 Y" 并将其作为独立构式进行研究的，从而致使对该母构式与其子构式之间关系的研究仍是空白。其实母构式 "X 你个 Y" 的使用要比其子构式 "好个 XP" 或 "X 你个 N" 等要宽泛得多。

　　本章着重探讨构式之间的联系，首先探讨母构式 "X 你个 Y" 的三个子构式 "好你个 Y"、"V 你个 Y" 和 "凸显词＋你个 Y"，然后分析母构式 "X 你个 Y" 主观性的形成动因，最后从构式连接的角度讨论母构式 "X 你个 Y" 与其子构式（"好你个 Y" "凸显词＋你个 Y" "好个 Y" "你个 Y" "X 个 Y"）之间的构式连接。

2.1 "X 你个 Y" 的构式类型

构式 "X 你个 Y" 由两个可变成分 X、Y 和两个固定成分 "你""个" 组成，它不是口语中临时随意的组合，而是高度凝结的 "格式化" 结构。固定成分 "你" 不能用其他人称代词来代替，"个" 也不能换成其他的量词，X、Y 则可以随表达需要而变化。但随着该构式不断固化、格式化，充当 X、Y 的成分也会受到一定的限制。根据 X 的不同，"X 你个 Y" 可以大致分为以下三大类。

2.1.1 "好你个 Y"

"好你个 Y" 是构式 "X 你个 Y" 发展到近代汉语中出现的一个 "新成员"，这里的 "好" 是具有深度感叹评判功能的形容词。其中 Y 按照性质不同，可分为指称性名词和引语两类。

首先，Y 是指称性名词。例（1）—例（3）都用了 "X 你个 Y" 的变式 "好你个 Y" 来表达说话人的贬义态度，但在不同的语境中该构式传达出的情感信息又有所不同，其可利用不同的话语语气，准确地表达出说话人的主观态度。例（1）中妻子表达了对鹿道有丝毫不念亲情的嗔怪，例（2）表达了顺子对柯镇华的咒骂。这两句虽情感程度不同，但都表达了说话人的不满。例（3）中说话人表达了他得知这一情况之后的惊讶，认为 "彭科长" 与这一 "爱好" 之间有关联是他意料之外的事情，同时也有对受话人 "彭科长" 的揶揄和调笑，带有戏谑的意味。

（1）妻子感到非常委屈，说："*好你个鹿道有*，怎么一点亲情也没有呢!"（1994 年《*报刊精选*》）（姓名）

（2）柯镇华果然在，而且也是一个人。顺子心中暗喜：好你个姓柯的，今天不给我跪下叫爷爷，你就别想着下去。（电视剧《冬至》）（姓名简称）

（3）刘家善有点感到意外，但马上又得意了：好你个彭科长，原来还有这个爱好啊！（电视剧《冬至》）（职务）

构式"好你个Y"所处的具体语境也可以暗示说话人的态度和情感，比如例（4）中，"好你个Y"之前的语气词"嗨"表达的语气较为轻松，暗示后面"好你个刘老总"传达出的是一种嗔怪。有时还可以在"好"后附加"啊"等语气词，与后续部分之间用逗号隔开，如例（5）、（6）。

（4）"嗨！好你个刘老总！"高金生皱紧的眉头缓缓地舒展开来。（1996年《人民日报》）

（5）乐呵呵地用四川口音说道："好啊，你个龟儿子也有今天，这就叫多行不义必自毙！"（《读者》）

（6）薛非嘴一撇："好啊，你个老蔡，又不提你当副科长，瞎拍什么马屁你！这请吃饭还请出罪过来了……哎，陈老师，这回你可不能不参加啊。"（电视剧《冬至》）

其次，Y为引语。例（7）中"只扫自家门前雪，莫管他人瓦上霜"为引用的"你"的言语，是对刚刚说话者"你"所说话语的引述。例（8）是截取自某一汽车论坛上的一段话，"好你个"之后引用的就是前文华晨内部员工所说的一句话，从紧随其后的"屁话"二字也可以看出，这是对内部员工那句原话的强烈否定，"好"在这里是一个反语用法。实际上说话人对所引用的内容是不认同的，表达出强烈的主观否定，即"根本不好""一点也不好"之义。

（7）好你个"只扫自家门前雪，莫管他人瓦上霜"，你说的似乎句句在理，但是像你这样自私自利的一个人，我是永远不会嫁给你的。（自拟语料）

（8）可气的是，华晨内部员工说："我们老总说了，如果不影响卖车，那就不用改动!"如果确有此事，那么这位老总你听好了……好你个"不影响卖车就不用改动"，屁话!（悦翔论坛《悦翔 PK 大战骏捷 FRV》）

随着"好你个 Y"使用频率的不断提高，该子构式的形式也进一步得到固化，构件可以被替换或省略，形成了"X 你个 Y"的新变体"好一个 Y""好个 Y"，同样具有后接引语表示引用对方话语的功能。"好 +（你 / 一）个 Y"中的 Y 均是对之前那个说话人话语的全部或部分引用，大多数情况是表达对所引用内容的否定与反驳，如例（7）、（8），但也可以表示对所引用内容的肯定与赞叹，如：

（9）好一个"绿肥红瘦"，易安居士把花儿的不幸、人的愁苦都说尽了!（霍达《穆斯林的葬礼》）

（10）大家正想，宝玉却等不得了，也不等贾政的话，便说道："旧诗云：'红杏梢头挂酒旗。'如今莫若且题以'杏帘在望'四字。"众人都道："好个'在望'! 又暗合'杏花村'意。"（曹雪芹《红楼梦》）

2.1.2 "V 你个 Y"

这里的后续部分 Y 是经常跟动词 V 结合的成分，或者是与 V 本身就构成离合词的成分。但它们在性质、语义指向和意义上还是有差异的，所以可以就 Y 再细分为以下几种情况。

首先，Y 是名词性成分。例（11）、（12）、（13）中的"你"都可看作"打九十分""给地儿""封官"这些动作的受事者。

（11）主席看见这个情况，把手掌一伸，诙谐地说："不要紧，打你个九十分。"（1994 年《报刊精选》）

（12）吃吧，给你个地儿你去干去吧！（1982 年《北京话调查资料》）

（13）"好，你小子有志气，就凭这一点，现在我封你个官，'鸡王'！咱们办个村养鸡场，你当场长，怎么样？"（1994 年《人民日报》）

其次，Y 为说话人对受话人的主观界定，如：

（14）"那时候，先定你个知情不报，再定你个包庇罪、抗拒罪……你吃不了得兜着走！"（栈桥《招魂》）

当省略罪名后的"罪"字时，后续成分可以不是名词或名词性短语，而是连谓、动宾等动词性短语。如：

（15）聂小轩说："我一向做人光明正大，怎么能偷偷跑开？再说咱是收了定钱的。人家告你个携款潜逃，吃官司事小，这人丢得起吗？"（邓友梅《烟壶》）（连谓结构）

（16）拎着大量现金，危险性大权且放在一边，公安局不立案侦查，告你个走私贩毒，那才是咄咄怪事。（陆步轩《屠夫看世界》）（连谓结构）

（17）俗儿在街上喊叫："田大瞎子，我不告你别的，我就告你个破坏生产！"（孙犁《风云初记》）（动宾结构）

（18）你要还敢隐瞒着不说，<u>弄你个私通八路</u>！明当保长，暗中刺探，打算着里应外合。（刘流《烈火金钢》）（动宾结构）

再次，Y 为 V 的结果补语。

（19）黄青问："老傅，哪个不喝酒？你担心条石掉下来<u>砸你个肝脑涂地</u>？"（张卫《你别无选择》）

（20）巴掌不起作用了，他更想出绝招，大冬天让社员脱了棉袄，站在冷风里吹着，<u>冻你个半死不活</u>。（戴厚英《流泪的淮河》）

（21）"不！"周瑾坚定地说，"肯定<u>打你个稀巴烂</u>，<u>闹你个人仰马翻</u>。"（王朔《给我顶住》）

（22）一进门，两位狰狞恶鬼原来是各向后仰的，忽然间往你头上趴来，<u>吓你个半死</u>。（1996 年《人民日报》）

例（19）—例（22）中的补语成分 "肝脑涂地" "半死不活" "稀巴烂" "人仰马翻" "半死" 都是对前面那个动词 "砸" "冻" "打" "闹" "吓" 的补充说明，描述的是这些动作所形成或达到的状态或结果。这里的摹状成分可以是一个词、短语，或者句子，如例（23）—例（25）。例（23）这句歌词唱出了孙悟空对各路妖怪的轻蔑与不屑以及势必杀尽天下妖的信心，表达了孙悟空四处降妖除魔、完全不把取经这一路上的重重困难放在眼里的英勇无畏精神。

（23）吃俺老孙一棒，<u>杀你个魂也丢来魄也落</u>，神也发抖鬼也哆嗦。（电视剧《西游记》主题曲《通天大道宽又阔》）

（24）毛泽东哈哈笑，眉目活跃出生动的表情："声东击西，

杀你个顾头不顾尾。"（权延赤《红墙内外》）

（25）有的十分客气，但一涉正题，就给你个"王顾左右而言他"。（1994 年《人民日报》）

2.1.3　"凸显词 + 你个 Y"

这里所说的"凸显词"是指使一句或一段话中核心意思得以凸显、明晰的某个关键字或关键词。"X 你个 Y"构式中可以出现在 X 位置上的凸显词类型很多，在词类方面，几乎没有什么强制性的要求。尤其是在口语中，除了上文讨论的"好"、动词之外，X 还有以下几种情况。

形容词：

（26）完颜说：金大。耶律说：辽大。成吉思汗说：大你个球！亚欧大陆我说了算。（观察者网，2012 年 10 月 29 日）

（27）儿子说："这种辣条真好吃！"妈妈生气地说："好吃你个鬼！"（自拟语料）

名词：

（28）吕秀才："芙妹，芙妹……"郭芙蓉："妹你个头，走开啦！"（电视剧《武林外传》）

（29）"请注意点个人卫生，别拖着长鼻涕走来走去！""鼻涕？鼻涕你个头啊，我哪有不讲卫生！"（自拟语料）

代词：

（30）"气死我了，气死我了，我，我，我——""我什么我，我你个头啊！"（自拟语料）

（31）老王犹豫地说："这，这，这——"小张生气地说："这你个屁啊！行不行给句痛快话，别吞吞吐吐的，像个娘们！"（自拟语料）

副词、拟声词、叹词：

（32）"什么？小王不是已经进去了吗？怎么还……""还你个头啊！"（自拟语料）

（33）"哈哈，他终于上当啦！""哈你个头啊。"（自拟语料）

（34）啊什么啊，啊你个大头鬼！（自拟语料）

语素、字母：

（35）"看把你高兴的，你不过才考 85 分罢了！""罢你个头啊！85 分已经是高分了好不好。"（自拟语料）

（36）我非常痛快地回答："OK，OK……"他脸色深沉地说"K 你个头，想得美！"（自拟语料）

无论 X 是名词、形容词、代词，还是副词、叹词、拟声词，甚至语素、字母，都是顺接对话人话语中的一个凸显字或词。这个凸显字或词可以是对话人上一句话结束时的某一字或某一词，也可以是对话人刚才话语中一个关键性的成分。这种情况常出现在接答句中，很少作为始发句使用。此时的说话人重复这个凸显字或词，以抓住对方已说话语中的核心部分 X 来表达自己的态度。通常表达的意义相当于"别 X"或"不 X"，而 X 到底是什么，有没有具体的含义都已不太重要。其实，这种用法是对对方话语的一种否定性回应，大多传递出说话人一种不耐烦、气愤的负面情绪，或是不同意、反对、抗议的主观态度。从使用场合来看，说话人所表达的消极的情感态度往往是由他人的言行引发的。通过这一构式实现了对另一方某一认识的否定、某一要求的拒绝，或者对某一行为的阻止。

2.1.4　方言构式变体

在一些詈骂语中，有些"你个"可以解释为"你的"，但又与"给你个任务""准保有你个乐子"的用法不同。因为后者都是在语流上省略了数词"一"，补上之后，意思、语气、表达效果等并没有太大改变。但这些詈骂语中不可以补上数词，后接的名词也不能受"数词＋个"的修饰。

（37）每当这时驹子便在心里无比愤恨地诅咒着："操你个先人……"（尤凤伟《金龟》）

（38）"你是小高，俺知道你是小高。"蛮牛忽然大吼，"俺操你个娘。"（古龙《英雄无泪》）

这种用法在方言中还有保留，如"顶你个肺"，它是粤语以及广西南宁白话中的一个口头禅，算一种较为斯文的詈骂语，如南宁白话歌《烂仔》中有"世界有几大啊，我顶你个肺"这样一句歌词。"顶你个肺"也多次出现在电影台词中，如《十全九美》《疯狂的石头》等，其主要表达一种惊讶、不满的情绪。

（39）"请问是啥意思呢？""哇！这都不认识，我顶你个肺呀！"（放肆吧，2018年9月17日）

（40）"喂！那位同学！帮我搬完这堆东西上楼好吗？""我顶

你个肺呀！想做死人么！"（放肆吧，2018 年 9 月 17 日）

（41）"我<u>顶你个肺</u>呀！又不早说！"（放肆吧，2018 年 9 月 17 日）

构式 "X 你个 Y" 产生并逐渐固定后，其构件可以被替换，形成一些方言构式。除了 "顶你个肺"，方言中还有类似的 "塞你个胃" "X 你个脚" 的说法，都可以视作 "X 你个 Y" 构式的方言变体，这些说法有让人不舒服、感到难受的作用。

2.2 "X 你个 Y" 主观性的形成动因

语言的主观性表现为话语中多多少少总是会含有说话人 "自我" 的表现成分。也就是说，说话人在说一段话的同时表明自己对这段话的立场、态度和感情，从而在话语中留下自我的印记（沈家煊，2001）。"X 你个 Y" 就是一种口语化程度很高、带有较强主观性的构式，用来表达说话人内心强烈的情感或者对所述对象的评价与看法，在语气上表现为强烈的直陈或感叹，传达出的情感态度大致可分为两类：褒义类和贬义类。

褒义类的 "X 你个 Y" 主要表达赞美、赞叹、惊喜等。例（42）"好你个周海亮！" 是一篇序言的题目，作者先是表达了对周海亮美文创作成功的羡慕，随后交代周海亮在他的 "教唆" 下开始了小说的创作，同样取得了成功，作者自叹不如，于是用一句 "好你个周海亮！" 表达自己对周海亮的佩服与赞叹。例（43）中，说话人由于老喜让自己当副村长而感到惊喜。

（42）好你个周海亮！（邱贵平《周海亮中短篇小说集〈向日葵〉序》）

（43）他一阵惊喜，好你个老喜，又让我当副村长。（刘震云《故乡天下黄花》）

贬义类"X你个Y"主要表达愤怒、贬斥、责备与埋怨等。例（44）中，在这样一个紧急的情况下，司马光还只顾啰唆一些废话而没有直接回答小强的问题，小强用"啊你个头"强硬地打断了他的话，将对话引向亟须得到解答的问题，表达了一种厌烦的情绪。例（45）表示说话人对听话人"苟得利"的不满。

（44）司马光："我听见了！刚才他'啊~'了一声就不见了。这一声他啊得有气势，啊得惊姥姥泣爹爹！……"小强："啊你个头！别啰唆，你倒看见他藏在哪里了吗？"（《新编司马光砸缸》）

（45）你就是苟隐士！好你个苟得利！你可苦煞本王喽！（李文澄《努尔哈赤》）

通过对所搜集语料的分析，我们发现进入该构式的Y大多具有贬抑义，带有褒扬义的成分也有。从整体表达效果上来看，表达"愤怒、贬斥、责备与埋怨"的例句数量要远远多于表示"赞美、赞叹、惊喜"的，所以可以说"X你个Y"构式比较偏重表达贬抑、否定的感情色彩。

总体来说，构式"X你个Y"自身带有较强的贬抑性，所表达的积极类情感比较少且程度较低。Y在这一构式中多含贬义色彩，即使有时Y部分的词或短语本身并不具有贬义，构式表面上不存在贬斥义源；但放在语境中，往往也能表现出嗔怪、埋怨甚至指责、詈骂等倾向的贬义情感色彩，显示出一种责怪功能，表达出说话人对人或事物的一种贬义看法和态度，带有说话人强烈的感情印记。如：

（46）<u>好你个铁杆汉奸</u>！（李英儒《野火春风斗古城》）
（47）老道把眼睛一瞪说："<u>好你个无名小辈</u>，胆敢在太岁爷头上动土！今天你三人休想出我这吕祖祠！"（贪梦道人《彭公案》）

"汉奸"作为一种恶称，本来就带有一种贬义的主观评价，这是该词本身所带有的。而例（47）中将对方蔑称为"无名小辈"，与自称的"太岁爷"形成鲜明对比，这一切都使说话人话语中的情感态度表露无遗。

构式"X 你个 Y"带有的贬义，我们认为跟构件中的第二人称代词"你"有很大关系。"你"作为第二人称代词，在构式"X 你个 Y"中带有强指示性，直接点明受话对象，与整个构式最终显示出的贬抑义密切相关。在这一构式中，"你"可以被省略，但我们几乎未见过"你"被替换成第一人称代词"我"或者第三人称代词"他"（除了"杀他个片甲不留"）的情况。崔希亮（2000）通过对《红楼梦》中第二人称代词"你"字的考察发现：在 1—70 回中，共出现"你"3940 次，单独用"你"称呼对方的情况大都出现在地位较高的人对地位较低的人说话时，有居高临下的意味，表现出很强的不满与责备倾向。此时，"你"作为人称代词的基本属性变得模糊，而带上了轻微的贬抑义，"你"字的运用不能说与这一构式多用于负面评判的语境毫无关联。

构式"X 你个 Y"在日常交流中被运用到的次数非常多，高频使用使构式的形式进一步固化、类化、定型化。伴随着形式的固化，"X 你个 Y"逐渐产生了一种构式义，这一构式义不能只根据构成要素的意义、要素之间的结构关系或先前已有的句式来推知。从例句数量上来看，构式"X 你个 Y"的语义功能以贬义类为主、褒义类为辅，因为这一构式的主要功能是表达情感态度，所以很少出现在客观陈述的中性语境中。

此外，还需要特别指出的是，Y 也不限贬义词，有些情况下即使 Y 只是一个非贬义的成分，整个表达也会延伸出 Y 本不具有的含义或带上一丝消极性的语义。如：

（48）<u>好你个老人家</u>，还学年轻人滑滑板，不让你学你非要学，看你这下摔狠了吧！（自拟语料）

例（48）中"老人家"是中性词，并不具有贬义色彩，但结合语境，说话人将两个人的年龄作为对比条件，就不难听出说话人责备不满的情绪。这是因为当构式"X 你个 Y"逐渐固定之后，构式自身也包含了特定的语义，即构式的"整体意义大于部分之和"。所以说，构式的贬抑、斥责义，不仅是进入该构式的贬义名词成分 Y 所赋予的，更是整个构式赋予的。如果"你个"之前的 X 是一些用于强调程度的形容词，会使情感表达得更为强烈，这就形成了"X 你个 Y"的一个子构式"好你个 Y"，如：

（49）"<u>好你个花花公子</u>！"柳摇金喷着酒气，醉眼朦胧，"想勾引我的女儿吗？"（刘绍棠《狼烟》）

2.3 "X 你个 Y"与构式承继

构式语法认为，构式不是孤立的个体。Lakoff（1987）就认为，语言中构式与构式之间的关系可以看作由一个中心构式和若干非中心构式组成的辐射状的组织结构。中心构式和非中心构式是一个自然范畴：中心构式是原型（prototype）构式；非中心构式是中心构式的变体（variant）。在这些变体里，除了一些独有参数外，非中心构式的形式和意义参数都是从中心构式那里继承（inherit）下来的。

此外，构式与构式之间还存在种种连接关系，Goldberg（1995）将其概括为四种：多义性连接（Polysemy Links）、子部分连接（Subpart Links）、实例连接（Instance Links）、隐喻性拓展连接（Metaphorical Extension Links）。这些连接关系将语言中众多的构式串联起来形成了一个构式网络（Construction Network）。网络中构式所具有的这几种连接关系，又被统称为 "传承性连接"（Inheritance Link），通过它可以描写一个新奇表达式的形成机制和途径。构式网络中信息的传承方向性是：更为具体的下一层级语式从更加概括的上一层级语式中传承有关特征。构式 "X 你个 Y" 与其子构式之间的传承性连接关系主要体现在子部分连接。所谓子部分连接是指，一个构式是另一个构式固有的一个子部分并且独立存在。

本书从构式类型和主观性形成动因两个方面，系统地分析了母构式 "X 你个 Y" 及其三个子构式（"好你个 Y" "V 你个 Y" "凸显词＋你个 Y"）。构式产生并逐渐固化后，构件可以被替换或省略，从而产生一些子构式。从搜集到的语料来看，"你个" 前后的 X、Y 可以由多种构件充当，构式产生固化之后，其中的某些构件则可以被其他成分替代或者干脆省略，从而产生相应的子构式，但构式的语义功能并没有发生明显的变化。

从构式连接的角度来看，母构式 "X 你个 Y" 跟三个子构式（"好你个 Y" "V 你个 Y" "凸显词＋你个 Y"）以及由于省略而形成的三个新子构式（"你个 Y" "X 个 Y" "好个 Y"）之间，就可以形成具有传承性的构式网络，如图 2-1 所示：

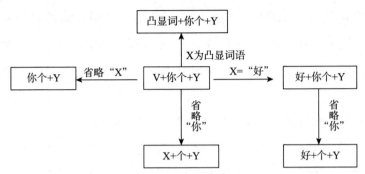

图2-1　母构式"X你个Y"与子构式之间的构式连接

　　构式"好你个Y""好个Y""你个Y""X个Y"（如"烧个精光、搞个明白、玩个痛快"）都是母构式"X你个Y"的子构式，均表现出"贬义为主，褒义为辅"的语义倾向。其中，子构式"好个Y"，如例（50）中的"好个狗仗人势的奴才"；子构式"你个Y"与"好你个Y"在表义功能上基本相同，如例（51）中的"你个王大胆"可以换作"好你个王大胆"，语义基本没有什么改变。

　　（50）游龙生脸色变了变，还未说话，突然一人怒吼道：<u>好个狗仗人势的奴才</u>，竟敢以下犯上，待老夫来教训教训你！（古龙《多情剑客无情剑》）

　　（51）程长顺在四号门外，想动而不敢动的听着外婆的喊叫："回来，<u>你个王大胆</u>！顶着枪子，上哪儿去！"（老舍《四世同堂》）

　　在具体语句中"Y"的形式更为多样、更为灵活，可以是各种类型的名词（人名、绰号或代号，职位或身份，詈骂词、脏话等），也可以是短语（"的"字短语、定中短语、主谓短语等），这是"好你个Y"结构所少见的。从表达效果来看，"你个"前加"好"的语气更强烈，感叹义更强。

第3章 "好个XP"的构式化与主观化

现代汉语中有以下这种表达格式,可以进一步概括为"好个XP",它多出现于日常交际或口语体的文学作品中,是非常固定的结构。在语义表达上,除去构式本身直接反映的褒贬情感色彩,还有说话者复杂的情感因素制约。

(1) 我心里笑开了,<u>好个</u>"人儿"!高高的身量,长长的脸,脸上擦了一斤来的白粉,可是并不见得十分白……(老舍《柳屯的》)

(2) 游龙生脸色变了变,还未说话,突然一人怒吼道:<u>好个</u>狗仗人势的奴才,竟敢以下犯上,待老夫来教训教训你!(古龙《多情剑客无情剑》)

(3) 花二爷这个气呀:"<u>好个</u>智多星,骗子手骗我!找他去。"(相声《风雨归舟》)

"好个XP"是一个表达程度评判语义并包含强烈感叹语气的构式,具有自身的独特性。目前学界对此构式已进行了一些研究,比如王晓凌(2008)、王世群(2012)对"好个XP"进行的直接研究,王收奇(2007)、雷冬平(2012)、马婧(2012)、刘梦丹（2017）、王刚和陈昌来（2018）对将"好个 XP"和"好一个 XP"合并在一起的"好（一）个 XP"进行了探讨。这些研究既有现代汉语共时层面的句法、语义、语用及篇章研究，也有古代汉语历时层面的演变过程研究。当然，其中大部分的研究都重在"分析"，比如都强调对构式"好个 XP"中的构件"好"和"个"的词性界定、句法语义特征进行分析。我们将换一种研究思路——强调"综合"，即把构式"好个 XP"作为一个整体来研究，首先分析其结构类型，然后考察其构式化历程，最后分析其语义类型及主观性特征。

3.1 "好个 XP"的结构类型

"好个 XP"并非对话中临时的自由组合，而是高度凝结的"格式化"结构，由固定部分"好""个"和可变换部分"XP"组成。其中"好"不能用其他词来代替，"个"也不能换成其他量词。下面任意变动的 XP 为立足点，观察 XP 可以由哪些成分来构成，并对整体句法结构进行分析。构成 XP 的成分比较复杂，它可以是体词性成分，也可以是谓词性成分，甚至可以是句子（包括复句）。

3.1.1　好个 + 体词性成分

1）XP 为一般性名词或名词性短语，用名词或者带修饰的名词性词组来指人、指物，并且能在具体语境中找到特定的语义所指。

（4）"好个陈容易！如果你这样无情无义，我和你十多年的交情就一笔勾销。"（1996 年《人民日报》）

（5）黄弼突然兴奋地说："希望下一仗能够消灭七十四师！**好个强盗队伍**！"（吴强《红日》）

（6）今日不负老相公遗言，还招郑恒为婿。今日**好个日子**，过门者，准备下筵席，郑恒敢待来也。（王实甫《西厢记》）

（7）只有马公公说道："今日**好个机会**，只消那个金翅鸟一伙儿结果了那个僧家，岂不为美！"（罗懋登《三宝太监西洋记》）

（8）看到华静那股兴高采烈的神情和又朴实又漂亮的装束，心里不禁暗暗地赞叹道："**好个英雄勃勃的女人**。"（吴强《红日》）

例（4）、（5）中的"陈容易""强盗队伍"皆指某一个或某一类人，而例（6）、（7）、（8）中的"日子""机会""英雄勃勃的女人"则指前文中的"今日""今日""华静"。

2）XP为专有性名词或短语，表示特定、确切的人、地、物，具有独一无二的属性。如例（9）、（10）、（11）中"月香""江州""猴王"均有具体、确定的语义所指。

（9）夫人道："**好个**'月香'二字！不必更改，就发他伏侍小姐。"（冯梦龙《醒世恒言》）

（10）宋江看了，心中暗喜，自夸道："这般整齐肴馔，济楚器皿，端的是**好个江州**。我虽是犯罪远流到此，却也看了些真山真水。"（施耐庵《水浒传》）

（11）那怪物在半空中，夸奖不尽道："**好个猴王**，着然有眼！我那般变了去，他也还认得我。"（吴承恩《西游记》）

3）XP为形容词。

（12）所以我们以诗文书画为话题，屈膝相谈，<u>好个</u>畅快！（1994 年《报刊精选》）

例（12）中"畅快"为形容词。

4）XP 为表处所的短语。

（13）在先敝寺十分<u>好个</u>去处，田庄又广，僧众极多，只被廊下那几个老和尚吃酒撒泼。（施耐庵《水浒传》）

（14）行者抬头，用手搭凉篷，仔细观看，那壁厢<u>好个</u>所在！（吴承恩《西游记》）

例（13）、（14）中"去处""所在"分别为方位短语和"所"字短语，语义本质上的形容词意义、介词性意义转换成名词性内容。然而，这种现象只是在明清时期比较盛行，在现代汉语中基本销声匿迹了。

3.1.2 好个 + 谓词性成分

（15）可是去年表姐回国，他就讨<u>好个</u>不休不歇，气得赵辛楣人都瘦了。（钱钟书《围城》）

（16）她正待再俯首细观，却忽然院门边响起一声："<u>好个</u>能使妖魔胆尽摧！"（刘心武《红楼望月》）

（17）"哼，<u>好个</u>'松了劲'！一切事都坏在'松了劲'这三个字上！"（姚雪垠《李自成》）

（18）<u>好个</u>"绕一下"，一南一北大调角儿，少说也得多跑二十公里冤枉路。（陈建功、赵大年《皇城根》）

（19）我去把她弄来，给好个软硬兼施，她就算是金刚钻，也要把她的棱角磨平……（雪克《战斗的青春》）

上面例（16）中的"能使妖魔胆尽摧"为带情态动词的状中结构，例（17）中的"松了劲"是动宾短语，例（18）中的"绕一下"是动补结构，例（15）中的"不休不歇"、例（19）中的"软硬兼施"是联合短语和主谓短语。无论这些结构中的 XP 有无加引号，从原文来看，"好个"后面的 XP 均为重复前人所提的话语或指向前文所提某一事件、动作、说法等，有一个暗含的主语。

3.1.3 好个 + 句子

（20）王爷道："好个'白头无事老烟霞'！我们碌碌，怎么能够。"马公公道："誊录而已。"（罗懋登《三宝太监西洋记》）

（21）先生道："住！贫道从来胆大，专会偷营劫寨。夺了袖中金锤，留下三千世界。"发一声喊，好似一风撼折千竿竹，百万军中半夜潮。众人道："好个先生答得好！"（冯梦龙《醒世恒言》）

（22）田七一直在远远瞧着，此刻哧的一笑，喃喃道："好个出家人慈悲为怀，若有别人替他杀人，他自己就不肯动手了。"（古龙《多情剑客无情剑》）

（23）总指挥乐了："好个天上看不见，地上难发现，娃崽们把我也迷惑了！"（1996 年《人民日报》）

此种情境下的"好个 XP"构式大都可以独立成句。是对对方或其他人话语的引述，习惯上常对引述部分加引号。其语用功能是回应，这种回应可以根据语境分为面对面和非面对面的两种：前一种多出现在谈话体中，如例（20）、（21）；后一种多出现在评论或者杂感一类的文体中，如例（22）、（23）中非面对面的评论。

从上述引用语料来看，"XP"以体词性成分为主且结构多样，其次是谓词性成分，最后是句子（包括复句）。总而言之，"好个 XP"构式中"XP"的选择具有灵活性，这也为其高频率使用奠定了基础。

3.2 "好个 XP" 的构式化

据我们对北京大学 CCL 语料库的统计，"好个 XP"有其产生、发展、衰落的历史轨迹，有从无到有、从结构松散到结构定型的历史演化过程。

从检索到的语料看，"好个 XP"最早在唐代出现，结构上呈现独立与非独立并存的状态。这种结构在唐代语料中仅存 4 例：

（24）山曰："是什么。"师无语。山曰："好个佛，只是无光焰。"（唐《佛语录·筠州洞山悟本禅师语录》）

（25）石曰："我若向汝道，即别有也。"山举似师。师曰："好个话头，只欠进语。何不问，为甚么不道。"（唐《佛语录·筠州洞山悟本禅师语录》）

（26）老宿便礼拜。师云："好个草贼！"（唐《佛语录·镇州临济慧照禅师语录》）

（27）可怜好个刘文树，髭须共额颐别住。文树面孔不似猢狲，猢狲面孔强似文树。（《全唐诗》）

通过例（24）、（25）、（26）、（27）发现，此时 XP 分别指"佛""话

头""草贼""刘文树"四个名词，可以推出"好个 XP"最原始、最基本的类型为"好个 + 体词"。如果对"好"字做进一步观察，我们可以发现，"好个 XP"表达的语义绝大多为"赞赏、肯定"，但在例（27）中，首次出现了近似于嘲讽的语义色彩，主要描述唐明皇令黄幡绰嘲讽安西牙将刘文树髭生颌下，貌类猢狲。"好个 XP"表达褒扬与贬义语气的情况很早便并存。此后，一直延续至今，无论是在句法结构上还是语义上，"好个 + 体词"的褒义用法都占"好个 XP"结构的主体，这对句法形式的发展具有重要影响。

五代时期，"好个 XP"构式的例句范围进一步扩展至 10 例。《祖堂集》中有 8 例，与《祖堂集》年代相当的敦煌变文出现了 2 例。该构式的结构类型有了发展，体词性短语由此产生。

（28）师向老宿曰："这个行者，何不教伊？大无礼生！"老宿云："<u>好个人家男女</u>，有什摩罪过？点污他做什摩！"（五代《祖堂集》）

（29）有一老宿隔窗闻，乃云："<u>好个一镬羹</u>，不净物污著作什摩？"（五代《祖堂集》）

（30）<u>好个聪明人相全</u>，忍交鬼使牛头领。（五代敦煌变文，引自《敦煌变文集》）

例（28）—例（30），"XP"依旧全部为带有褒义色彩的体词。但是，例（29）中"一镬羹"的量词短语展示了体词性短语的出现，在句法使用上有了扩大。

宋代，变项 XP 在使用范围上有了新的突破，一方面沿用在前代口语性很强的佛家语录中；另一方面，"好个 XP"第一次打破"禅宗"专有语用的界限，开始进入常见文学体裁，如词、话本等。例如：

（31）淡烟微雨，<u>好个</u>双栖处。（北宋《蘮如霜》）

（32）欲说还休，却道天凉<u>好个</u>秋。（南宋《丑奴儿》）

（33）官员将玉观音反复看了，道："<u>好个</u>玉观音！怎地脱落了铃儿！"（南宋《碾玉观音》）

　　元明两代，随着戏曲与小说体裁的兴起，"好个 XP"普遍出现于各种题材的文学作品里。值得关注的是，此时首次出现了"好个+SP"。例如：

（34）李生大笑道："<u>好个</u>'八仙醉倒紫云乡'，小生情愿相留。"（明《警世通言》）

（35）四老闻诗，人人称贺，都道："清雅脱尘，句内包含春意。好个'雨润红姿娇且嫩'、'雨润红姿娇且嫩'！"（明《西游记》）

其中，非独立的形式在明代仍然存在，XP 为体词性成分或句子的用例较多。如《二刻拍案惊奇》中有 14 例，《水浒传》中有 24 例，《西游记》中有 20 例，而且后加句子的形式达 5 例之多。例如：

（36）素梅道："痴丫头，<u>好个</u>歹舌头！怎么好叫他见我。"两个一头话，一头下楼去了。（明《二刻拍案惊奇》）

（37）那妇道："师兄端的是<u>好个</u>出家人去处，清幽静乐。"（明《水浒传》）

（38）国王见和大喜，称唱道："<u>好个</u>袖手高歌倚翠栏！"（明《西游记》）

（39）那国王听说，十分欢喜，满朝官都喝彩道："<u>好个</u>

'惟道独称尊'!"(明《西游记》)

清代,"好个 XP"的结构类型齐备,摆脱了与非独立性形式并存的状态,真正独立起来。其标志性节点就是"好个 + 谓词性成分"的出现。例如:

(40)贤臣说:"<u>好个</u>将错就错,贞洁有操,惟天可表!本府无不容含,包你意足无怨。"(清《施公案》)

(41)陈爷称赞道:"<u>好个</u>龙行虎步!是个大贵的相了。请退了左右,相士好说。"(清《海公小红袍传》)

(42)包公哈哈大笑道:"<u>好个</u>不得不遵,但是朝廷差你捉呼家儿子,并未教你洗剥李小姐。"(清《呼家将》)

举一典型例子,作为中国古典小说巅峰的《红楼梦》中就出现"好个 XP"27 次,"好个"后可加体词或体词性短语、谓词性成分、句子。"XP"为体词性成分的如例(43)定中结构"念书的人"、例(44)"所"字结构"所在"。"XP"为谓词性成分的如例(45)"重利盘剥"、例(46)"崇光泛彩"。"XP"为句子的如例(47)"不见尘沙起"。

(43)黛玉嗤的一声笑道:"<u>好个</u>念书的人,连个琴谱都没有见过。"(清《红楼梦》)

(44)众人都道:"<u>好个</u>所在!"(清《红楼梦》)

(45)老赵便说:"<u>好个</u>重利盘剥!很该全抄!请王爷就此坐下,叫奴才去全抄来再候定夺罢。"(清《红楼梦》)

(46)贾政与众人都道:"<u>好个</u>'崇光泛彩'!"(清《红楼梦》)

(47)众人听了这两句,便都叫:"妙!<u>好个</u>'不见尘沙起'!又承了一句'俏影红灯里',用字造化,皆入神化。"(清

《红楼梦》）

民国时期，构式"好个XP"以其浓重的口语化色彩，仍旧被广泛延用，但以传写前代演义、宫闱野史为主。

（48）"卿说话实在有趣儿！怎么卿就想出温柔敦厚四个字来评朝翠？真好个温柔敦厚！真好个朝翠！"（民国《宋代十八朝宫廷艳史》）

（49）大喝道："好个背义负盟的张嘉祥，来！来！来！我与你拼三百合罢。"（民国《清史演义》）

在北京大CCL语料库中，现代汉语中构式"好个XP"共出现138次，相对于古代汉语中出现1012次，其使用频率大大降低。其中多数用于日常口语交流、新闻报道、知识典籍等，如例(50)、(51)、(52)均出自媒体类新闻稿，而且其结构多直接采用古代汉语中已有的构式。此外，以"好个+NP"为主要语法结构，起强调、咏叹的语义作用，其嘲讽、讥笑语义比重有所增长。

（50）所以我们以诗文书画为话题，屈膝相谈，好个畅快！（1994年《报刊精选》）

（51）好个"攀龙附凤"！（1995年《人民日报》）

（52）总指挥乐了："好个天上看不见，地上难发现，娃崽们把我也迷惑了！"（1996年《人民日报》）

综上所述，构式"好个XP"以"好个+体词性成分"形式起源于唐代，而后以"好个+句子"形式发展变化于宋代，后来增加的"好个+谓词或者谓词性短语"的补充形式使该构式定型于清代，最后衰落于现代。

3.3 "好个 XP"语义类型与主观化

3.3.1 "好个 XP"的语义类型

"好个"与 XP 组合的结构大都是非主谓句。而"好"正好处于句首，起修饰全句语气的作用。因此，"好个 XP"最基本的语用功能是：由于"XP"所具有的某种性质达到很深的程度，又结合"好"的强烈语气，因而说话者在特定语境中，根据主观需求，通过评议来表明立场、态度，突出情感。

那么"好"字在该构式句中究竟起着怎样的语法作用呢？通过检索北京大学 CCL 语料库，我们大致可以归纳出三种语义类型。

第一，对 XP 所具有的正面属性，如赞赏、肯定、满意、喜爱、惊叹等进行评价。

（53）月娘道："前者他家老公公死了出殡时，我在山头会他一面。生得五短身材，团面皮，细湾湾两道眉儿，且是白净，好个温克性儿。年纪还小哩，不上二十四五。"（明《金瓶梅》）

（54）她好像听见五老爷对人说："好个标致的姑娘，白白送给老头子做姨太太，真可惜。"（巴金《家》）

（55）好个独出心裁的女人！兰医生在吃惊的同时，也佩服郁容秋的匪夷所思。（毕淑敏《女人之约》）

一般来说，人们总是愿意得到别人的夸奖或者表扬。"好个 XP"表达正面属性时，有着更易于辨别的标志，由表示褒义的或者具有肯定意义的词语来凸显、强调此类积极意义。如例（53）中的"温克性儿"、例（54）中的"标致的姑娘"、例（55）中的"独出心裁的女人"，分别表达了喜爱、赞同、满意、惊叹等情感中的一种或几种。

第二，对 XP 的负面属性，如不满、厌恶、蔑视、否定等进行评价。

（56）沙僧上前，把他脸上一抹道："不羞，不羞好个嘴巴骨子，三钱银子买了老驴，自夸骑得！要是一绣球打着你，就连夜烧退送纸也还道迟了，敢惹你这晦气进门！"（明《西游记》）

（57）今天这口气可是不好咽，她的手哆嗦起来，嘴中不由的骂出："好个小兔崽子！好吗！连你的亲娘都不认了！就凭你作了个小科长！"（老舍《四世同堂》）

（58）好个没见过世面的赤佬！左一个夜巴黎，右一个夜巴黎。（白先勇《金大班的最后一夜》）

（59）好个心狠手辣的王八蛋，他不光是想着拆散咱们的亲戚，他明明是要借你的刀杀我的头。（刘流《烈火金钢》）

这种含贬义的语意效果，往往在语境的强大作用下，尤其当"XP"是带有明显负面属性的词组或短语时，使得整个句子表示相反的意思。如例（56）—例（59）中"嘴巴骨子""小兔崽子""没见过世面的赤佬""心狠手辣的王八蛋"等，本身就带有强烈的不满、否定等消极情绪。

值得注意的是，虽然 XP 中有些词组本身表示贬义，可是由于对话外因素的作用，整个句子也会发生由贬向褒的语义效果转变。

（60）平儿方欲笑答，只听见山石背后哈哈的笑道："**好个**没脸的丫头，亏你不怕牙碜。"（清《红楼梦》）

（61）伯父眉开眼笑，用手轻抚驴背道："**好个**驴你，不卖不卖，家去家去。"（尤凤伟《金龟》）

上面例 (60) 中，"没脸的丫头"字面义是斥责，但在当事人情态上修饰以"哈哈的笑"，使具体语言环境顿时变为袭人对平儿的一句玩笑话。例 (61) 中"驴"本来特指一客观存在的动物，是中性词，但是经过"伯父"的"轻抚"后，对其喜爱之情油然而生。因此，不能单纯以"XP"的字面褒贬去评判，需要更多地了解说话人的心理动态以及具体语境下的情感色彩倾向。

第三，少数情况下，可表示嘲讽、嗔怪。

（62）宝钗冷笑道："**好个**千金小姐，**好个**不出闺门的女孩儿，满嘴说的是什么？你只实说便罢。"（清《红楼梦》）

（63）姨太太恼过了半天，方才冷笑道："**好个**嫡礼相待！不知我进衙门该用甚么礼，就这么一乘轿子就要抬了去！"（清《二十年目睹之怪现状》）

（64）**好个**李顺，叫他沏茶，他上那儿玩去啦！李——顺！（老舍《茶馆》）

（65）朱千里气得说："好！好！**好个**雪亮的群众！**好个**英明的领导！"（杨绛《洗澡》）

在"好个 XP"的构式中，"好"所表现出来的语义大都来自具体的语境，尤其是当表示嘲讽、不满时，一旦离开了特定的语言环境，就很难判定"好"所表达的意义。也就是说，其语义的判定具有非常强的语境依赖性。如例（62）中"千金小姐""不出闺门的女孩儿"均为中国古代有教养女子的美称,但是宝钗的"冷笑"显示出对黛玉的嘲讽。例(63)中"嫡礼相待"本指以正妻之礼对待,可句中以"一乘轿子就要抬了去"的不平等礼数进行辛辣的嘲讽。例(64)中"李顺"原指茶馆的一个小跑堂,并没有任何褒贬色彩,但说话人以自言自语的神情,反映出对"李顺"不尽忠职守、偷懒耍滑的嗔怪。例(65)中"雪亮的群众""英明的领导"就字面意思,极有可能是对 XP 的正面属性进行肯定与赞赏,但是放在说话人怨气冲冲的语境下,则是一种强烈的否定与嘲讽。此外,就"好个XP"的语料来看,表褒扬的例句数量远远超出表贬义的。

3.3.2 "好个 XP"的主观化

构式"好个 XP"在历时发展中,其具体语义不断丰富,由最初可指人、物等名词性结构发展到可表一些抽象的事物、概念等,具体语义也由"实"变"虚":

(66)问:"如何是修行路?"师云:"<u>好个</u>阿师,莫作客。"（五代《祖堂集》）

(67)<u>好个</u>"鸟为食亡",真的天经地义?差矣。（北方网）

从历时角度看,该构式由隋唐主要表褒扬,到宋代褒贬并存,到现代汉语"一语多义"复杂情感的出现,其主观性特征越发明显。尤其当"好个 XP"在表示对负面属性的评价以及嘲讽义时,均不能仅仅依赖话语本身,而是要通过反复揣摩说话者的心理进行推断,如:

(68)七爷听罢一声长叹:"<u>好个</u>死不改悔的色魔,死到临头心里装的还是女人。"（尤凤伟《石门呓语》）

"死不改悔的色魔"倘若从表层意思理解，大概仅仅是七爷对"他"的批评与否定，但是作为"一声长叹"后的感慨，有"英雄相惜"的惋惜，有"恨铁不成钢"的无奈，也有从此"天人相隔"的怜悯、同情。因而在"好个 XP"的语义演变过程中，许多非对话因素的"主观信念和态度"在起支配作用。

但是，我们认为，"好个 XP"在构式化中产生主观化，并没有消减或者淡化语义，只不过减弱了客观意义，却加强了主观意义，是"好个 XP"语义的自我调整而已。因此，当说话人所站的立场不同、心理动态迥异、神态动作差别化时，"好个 XP"语义的确定有着非常强烈的环境依赖性，同样的事情在不同人的眼里会有不一样的解读。此时，在"好个 XP"构式化中语义逐步主观化的现象值得学术界进行关注。

无论是古代汉语，还是语言日趋丰富的现代汉语，"好个 XP"的用法经过了历代的传承，并在句法形式上呈现出固定化的模式，这也是汉语日益精密的重要表现。从历时角度看，它以"好个 + 体词性成分"形式起源于唐代，而后以"好个 + 句子"形式发展变化于宋代，后来增加的"好个 + 谓词或者谓词性短语"的补充形式使该构式定型于清代，最后衰落于现代。其在构式化过程中受到来自"真个 + 形容词""多 + 形容词"等句式的影响，发展至今，该构式一般不再流行于口语中，而是常见于书面色彩浓重的语境。该构式表达一种评判性语义，对环境有着强烈的依赖性，其最终语义要根据具体语言环境来判断。需要强调的是，"好个 XP"在构式化过程中语义逐步主观化的现象值得重视。

第4章　习语构式"说的是"研究

近年来，汉语学界对双音词"说是"和结构"X的是"进行了较为全面的探讨：关于双音词"说是"的研究有吕为光（2011）、李治平（2011）、曹秀玲（2012）等；关于"X的是"的研究有祁峰（2011）、李宗江（2012）、周明强（2017）、鲁莹（2019）等。已有"X的是"的研究大多是语法层面的短语研究，其中"X"都是多音节的，比如"幸运的是""重要的是""令人遗憾的是""没想到的是"等，而关于词汇层面的三音节词"X的是"（即"X"为单音节）的研究较少，主要有：王建军（2006）、刘志富（2010）关于"有的是"历时来源的研究；李强（2021）对习语构式"多的是"动态语义浮现的研究；李思旭、王贞珍（2021）对原因连词"为的是"句法语义及词汇化的研究。本章将研究三音节构词图式"X的是"中的另一个成员——"说的是"。

"说的是"在日常口语中经常使用，具体来说，又可以分为两种情况：一是说话者对其想法或对某一现象作进一步解释说明的"说的是"，语义固化程度较低，如例（1）；二是说话者对前者的说法表示肯定、赞同的"说的是"，如例（2），此例中的"说的是"已经有所固化，《现代汉语八百词》将其看成习用语，表示同意对方的话。

（1）记得当时上映过一场叫《无名岛》的电影，说的是几名解放军水兵依靠游泳上了一个无名海岛，并最后机智勇敢地战胜了敌人的故事。（1998 年《人民日报》）

（2）上官金虹道："若要杀这人，还不如杀那条狗。"

龙啸云又怔了怔，赔笑道："大哥说的是，这人的确连狗都不如。"（古龙《多情剑客无情剑》）

到目前为止，关于习用语 "说的是" 的专文研究还没有，即使在讨论 "X 的是" 的文章中也找不到任何论述，因而非常值得对其进行深入研究。本章主要从语义篇章功能、句法特征和历时演化及来源三个方面，对表示肯定、赞同义的习用语 "说的是" 作尝试性的探讨，最后比较习用语 "说的是" 与解释说明标记 "说的是" 之间的差异。

4.1 "说的是" 的语义篇章功能

4.1.1 "说的是" 的语义特征

习用语 "说的是" 在形式上已经固化为一个整体，中间不能插入其他修饰成分。语义上表示同意对方的话，且几乎都用在对话语境中。例（3）"说的是" 表示周芷若对前面丁师姊说她不具备做掌门条件的认同。例（4）"说的是" 表示姜家大少奶奶同意前面姜老夫人所说的 "眉如弯弓……可保夫君安康" 这句话。

（3）只听得一个女子声音说道："你是本门最年轻的弟子，

论资望，说武功，哪一桩都轮不到你来做本派掌门。"

周芷若缓缓的道："丁师姊说的是，小妹是本门最年轻的弟子……"（金庸《倚天屠龙记》）

（4）新郎的母亲姜老夫人点头说："眉如弯弓，目如凤鸾，耳如垂珠，口如淡砂，都是吉相，可保夫君安康。"

"老太太说的是，三兄弟得了福人保佑准能好了病，老太太就等着抱孙子吧。"新郎的大嫂姜家大少奶奶附声说。（尤凤伟《石门绝唱》）

习用语"说的是"表示说话者同意对方的意见或观点，因而带有说话者的个人主观性。语言的主观性主要体现在说话人的视角、情感以及认识三个方面（沈家煊，2001），而这三个方面又不是全然独立的，它们互相联系，经常交织在一起，"说的是"的主观性也是如此。例（5）卓东来从自身的认识出发，结合对客观事实的观察发现的确"来得越早，看得越多"，从而赞同朱堂主说的话，具有强烈的主观性。例（6）朱老忠从自己的视角出发，对大侄子江涛的观点"不图钱不图利，就是争这一口气"表示赞同，带有较强的主观性。

（5）"伸头也是一刀，缩头也是一刀，既然来定了，为什么不早点来？"

"是，朱堂主说的是，是早点来的好。"（古龙《英雄无泪》）

（6）江涛说："不管三七二十一，回去再跟我爹说说，咱硬安杀猪锅，不图钱不图利，就是争这一口气！"

朱老忠听得江涛说，把拳头一伸，说："大侄子说的是，既是这样，走，咱去找你明大伯商量商量。"（梁斌《红旗谱》）

习用语"说的是"还可表示对事件的确信程度，即人们对所获得的信息是否完全相信,因而具有传信功能(张伯江,1997)。例(7)"说的是"表示老实和尚对姑娘(牛肉汤)所说的话表示赞同,相信姑娘的话,所以按照姑娘说的话去做。例(8)"说的是"表示陆掌珠相信妈妈所说的"人争一口气,佛争一炷香",赞同妈妈的观点。

(7)牛肉汤冷冷道:"他这样的人,多死一个少一个,你还不动手?"

老实和尚道:"姑娘<u>说的是</u>,和尚这就动手。"(古龙《陆小凤传奇》)

(8)吴桂芬感慨地摇了摇头,说:"不能让那些忘恩负义的东西以为用钱就能买到他良心的平坦。人争一口气,佛争一炷香,这才是我们的主要意思。掌珠,你说呢?"

陆掌珠连连点头:"妈<u>说的是</u>。谁稀罕那狗杂种的臭钱。"(池莉《你以为你是谁》)

4.1.2 "说的是" 的篇章功能

习用语"说的是"多位于句首或句末,有时还可以单独使用,具有话语应对和话语衔接两种功能。在表达话语应对功能时,"说的是"表示应答者赞同说话人的观点,如:

(9)李岩赶快解释说:"……古人把争天下比做'逐鹿中原'。也只有稳据中原,才能定鹿死谁手。"

牛金星拍了一下手掌,说:"<u>说的是</u>,<u>说的是</u>。我平日与献策也曾如此议论。务请闯王俯采此议,作为当前用兵方略。"(姚雪垠《李自成》)

(10)迫击炮丘照心中不忿,就顶他道:"你长颈鹿真是聪明一世，懵懂一时！咱们工农政府的施政纲领，自然是咱们自己来实行，还要凭什么别的谁呢？"

茅通马上应和道："说的是，说的是。我就是这个心意。"（欧阳山《苦斗》）

一个简单的对话结构一般包括两个部分：一是说话者发出的引发语，二是应答者发出的应答语。上述例句中，"说的是"是应答语，表示对前一说话者的看法、推测、判断的赞同。两例都是连用两个"说的是"，增强了肯定、赞同的语气。另外，连续重复使用比单独使用给人感觉态度更诚恳，语气也更谦恭。

"说的是"的话语衔接功能主要体现于"说的是"所衔接的两个句子之间通常为因果关系，即后续语 Y 是对前导语 X 正确的原因的详细阐述。例（11）"程长顺"先用"说的是"肯定"方六"的观点，然后把"方六"说的话重复了一遍。例（12）"说的是"是对"老明哥"的观点表示赞同，后面举例"家有千口主事一人"来进一步解释赞同的原因。

（11）方六直跟大家说："咱们整整受了八年罪，天天提溜着脑袋过日子。今儿个干嘛不也给他们点儿滋味儿尝尝？就说不能杀他们，还不兴啐口唾沫？"

一向和气顺从的程长顺，同意方六的话。"说的是，不打不杀，还不兴冲他们脸上啐口唾沫？"（老舍《四世同堂》）

（12）朱老明眯瞪眯瞪眼睛，说："兄弟！你甭哭了，身子骨儿又不好，万一哭得好儿歹的，可是怎么着？这会儿千斤的担子搁在你身上！"

朱老忠也说："老明哥说的是，家有千口主事一人，你要好不了，一家子可是怎么办？"（梁斌《红旗谱》）

4.2　"说的是"的句法特征

习用语"说的是"的句法位置分布比较灵活，可以在句首、句中、句末，分别如例（13）、（14）、（15），但分布在句中和句末的情况更普遍一些。

（13）说的是，那些正儿八经的招牌，眼前也不知过过多少，我还真回想不起来。（1993 年《人民日报》）

（14）龙啸云又怔了怔，赔笑道："大哥说的是，这人的确连狗都不如。"（古龙《多情剑客无情剑》）

（15）谢逊道："常言道得好：量小非君子，无毒不丈夫。己不伤人，人便伤己。那赵敏如此对待咱们，咱们便当以其人之道，还治其人之身。"

张无忌道："义父说的是。"（金庸《倚天屠龙记》）

此外，"说的是"还可以单独使用，主要是在应答语中，表示对前者观点的赞同，如：

（16）"我不年轻了，所以有没有好男人对我来说无所谓了。我只想跟他讲出个道理，凡事都有道理。"

"说的是。"（皮皮《比如女人》）

表示肯定、赞同义的"说的是"在具体使用中会受到一些语法上的限制，主要体现在跟人称代词的搭配共现上。"说的是"前面多为第二或第三人称代词，不能是第一人称代词，如例（17）中的

"他"和例（18）中的"你"。这主要是因为"说的是"一般表示对他人观点的赞同，但是说话人不能自己赞同自己的观点，所以不能是第一人称。

（17）他说的是，既然见到了王语嫣，她的声音笑貌、一举一动，便即深印在心。（金庸《天龙八部》）

（18）你说的是，如果我衣冠齐全，还想得出办法推托一下；如今这副样子，让他进来看见，可就赖也赖不掉了。（薄伽丘《十日谈》）

"说的是"还可以后接语气词"啊""呀""呢""嘛"等，在表示赞同对方所说话语的同时，还带有说话者自己的语气。比如例（19）中的"说的是啊！"就带有感叹的语气。

（19）甲：给钱的这位一听：我怎么这么倒霉哪。

乙：说的是啊！（冯不异、刘英男主编《中国传统相声大全》）

（20）"我不晓得他留下那些钱做啥？死了能带着钞票去见阎王吗？"

"说的是呀，有钱的人总是吝啬，有时连给人担个保都不肯。"（周而夏《上海的早晨》）

（21）郭：其实你爷爷糊涂，还不如一块儿唱戏去呢。

于：说的是呢。（冯不异、刘英男主编《中国传统相声大全》）

在表示赞同对方观点时，"说的是"还可以连续重复使用，从而增强赞同的语势。如：

（22）（胡雪岩）"杭州百姓的祸福，都在芗翁手里，月前多保存一分元气，将来就省一分气力！"

"说的是，说的是！"蒋益澧搓着手，微显焦灼。（高阳《红顶商人胡雪岩》）

（23）毛遂这一番话，真像一把锥子一样，一句句戳痛楚王的心。他不由得脸红了，接连说："说的是，说的是。"（冯国超《中华上下五千年》）

4.3　"说的是"的历时演化及来源

4.3.1　"说的是"的历时演化

习用语"说的是"最早出现在元代的口语文献中，此时"说的是"的结构主要分为两种情况。一种是"X 说的是"，如下面例（24）和例（25）中，"说的是"均放在第二人称代词"你"的后面，表示赞同前面所说的话。

（24）"休跌了孩儿。那一日吃了一跌，额头上跌破了，娘子见了时，聒噪难听。""你说的是。"（元《朴通事》）

（25）"还有五百多里。若天可怜见。咱们身子平安。再有五六日可以到了。"

"你说的是。"（元《老乞大》）

另一种是"说的是"单独使用，但是结合语境，我们可以补出它前面的主语：例（26）表示同意对方的观点，可补出主语"你"；例（27）表示同意"你"的建议"等到天明"，也可补出主语"你"。

（26）"今年钱钞艰难，京里也没甚么买卖。遭是我不去，往回二千里田地，到那里住三个月，纳房钱空费了。"

"说的是。不去的倒快活，省多少盘缠。"（元《朴通事》）

（27）"既这般路上有歹人。咱们又没甚么忙勾当。何必要早行。等到天明。慢慢的去怕甚么。"

"说的是。依著你。天明了再走罢。"（元《老乞大》）

明代，"X说的是"与"说的是"单独使用的频率差距大大缩小，二者并存。例（28）"说的是"表示狄希陈赞同素姐所说的话——慢慢商议。例（29）"说的是"单独使用，表示两个公人同意宋江的话——赶快走。

（28）素姐道："我怕他生气，我就不说了！"

狄希陈道："你说的是，咱慢慢商议。"（明《醒世姻缘传》）

（29）宋江听罢，对公人说道："这般不巧的事，怎生是好？却又撞在他家投宿，我们只宜走了好。"

两个公人都道："说的是，及早快走。"（明《水浒传》）

清代，"X说的是"与"说的是"单独使用的情况仍然并存。以下例（30）、（31）中的"说的是"都表示赞同对方的话。

（30）素臣道："隔墙有耳，沈兄怎这样口敞？"

云北道："文爷说的是，小人失言了！因这杀才放肆

可恶, 一时漏出话来!"(清《野叟曝言》)

(31) 还是陆葆安道:"大人须先禀知中丞, 再寄禀到安大人营中, 然后再请欧兄们出监, 方是道理。"

田大人笑道:"说的是, 是我太性急了。"(清《侠女奇缘》)

民国时期, "说的是" 单独使用的情况已不存在, 只有 "X 说的是" 这一种结构存在。例 (32) 中 "说的是" 表示杨崇伊赞同上文中荣禄的观点。

(32) 荣禄道:"果然他们要兵围颐和园么, 那不是造反是什么? 皇帝也真不懂事, 做了主子, 恁这班草茅新进, 胡行乱做, 也不禁止禁止!"

杨崇伊道:"中堂说的是, 就恳中堂快到颐和园去。"(民国《清朝秘史》)

为了能够更好地呈现习用语 "说的是" 两种结构的发展情况, 我们结合北京大学 CCL 古代汉语语料库, 统计了它们在各个朝代的具体使用情况 (见表 4-1)。

表 4-1 习用语 "说的是" 两种结构的历时使用情况

朝代 \ 类型	X 说的是	说的是
元	95	28
明	35	11
清	50	10
民国	3	0
总计	183	49

可见，"X说的是"从元代开始出现到清代，大体上呈现稳定发展的状态，而"说的是"单独使用的情况呈逐渐减少的趋势。从整体上来看，"X说的是"结构的使用频率要远远高于"说的是"单独使用的情况。直到现代，这两种用法依然同时存在，并且语义上依旧表示"同意对方的观点或意见"。此外，"X说的是"与"说的是"之间可能存在演化关系。"说的是"最初位于"X说的是"句式中，置于小句句末，作"X"的谓语。当主语"X"承前省略后，就变成"说的是"单独使用。

4.3.2 "说的是"的历时来源

通过检索北京大学CCL古代汉语语料库，我们发现习用语"说的是"没有从短语到词的历时演变过程，而是直接成词。于是，我们以与其语义、结构类似的三音节词语为突破口，发现"说的是"有两个可能的历时来源："说底是"或"说得是"。

一是习用语"说的是"来源于"说底是"。"说的是"里的"的"为结构助词，助词"的"的早期形式有"底""地"。石锓（1992）认为结构助词"的"在宋代已有用例，且从宋代开始逐渐成为"底"的书写形式。我们在北京大学CCL语料库中只搜索到"说底是"，其表示肯定、赞同义的用例最早出现在南宋，如例（33）。习用语"说的是"最早出现在元代，如例（34）。因此我们认为"说的是"是由"说底是"演变而来的。

（33）先生又曰：南轩只说五峰说底是，致堂说底皆不是，安可如此！（南宋《朱子语类》）

（34）若出外时候。也与你们一般的。大哥说的是。俗话说。惯曾出外偏怜客。自己贪杯惜醉人。果然不错。（元《老乞大》）

除了以上历时时间上的证据，"说的是"来源于"说底是"还有语音上的证据。《广韵》中，"的"是锡韵端母（都历切），"底"是荠韵端母（都礼切）。由于近代入声消失，浊音清化，它们变得音同或音近了。《中原音韵》中，"的""底"归齐微韵母。因此，从语音上来说，"的"在元代有条件继承"底"的用法。那么，从"说底是"发展出"说的是"，就非常有可能了。

二是习用语"说的是"来源于"说得是"。"说得是"在南宋时期就出现了表示赞同的用例，如例（35）、（36）；"说的是"表同意、赞同的语义最早出现在元代，且这一时期结构助词"的"大量出现，继承了"得"的用法，可与"得"通用。因此，从"说得是"演变出"说的是"就很有可能了。

（35）所以弦歌教武城，孔子便说他<u>说得是</u>。这也见子游高处。（南宋《朱子语类》）

（36）正淳言："性之四端，迭为宾主，然仁智其总统也。……"曰："<u>说得是</u>。"（南宋《朱子语类》）

"说的是"来源于"说得是"，还有语音上的证据。《广韵》中，"的"是锡韵端母（都历切），"得"是德韵端母（多则切），同样遵循近代入声消失、浊音清化的规律，两者的语音在后来逐渐趋同。"得"在元代因与"的"读音相同，书面上可写作"的"，这为"说的是"代替"说得是"提供了语音基础。

另外，从语义上来看，习用语"说的是"中的"是"应该理解为形容词语素，"说的是"表示上文所说的内容是正确的，进而引申表示赞同对方的观点。"说得是"中的"是"也应该理解为形容词语素，整个结构为中补短语，表示对方的话说得正确。这就为"说得是”演变为“说的是”提供了语义基础。

表示赞同对方观点且结构类似的三音节词语，除了上面已讨论的“说底是”“说得是”，还有“说的对”“说得对”“讲的是”“讲得是”等，那么这几个词有没有可能是“说的是”的来源呢？通过检索北京大学 CCL 古代汉语语料库，“说的对”“说得对”表示赞同的语料最早出现在清末，如：

（37）傻英雄说道：“黄三哥，我李四大爷咬牙傻嘴，他必然是疼徒弟呀……咱们哥儿俩直奔方宅，要得心腹事，但听背后言。”

三爷说道：“你说的对，咱们不认得方家村哪。”（清《三侠剑》）

（38）菊文龙心中不服，就接口道：“你知道你试说说看，现在小西天的事怎么样了？如若说得对，吾方才佩服你。”（清《续济公传》）

“讲得是”表示赞同的语料最早出现在明代，且仅有一条，如例（39）。“讲的是”表示赞同的语料出现得更晚，最早在民国时期，如例（40）。

（39）大仙道：“你认得的是云路。圣僧还未登云路，当从本路而行。”

行者道：“这个讲得是，老孙虽走了几遭，只是云来云去，实不曾踏着此地。”（明《西游记》）

（40）门上道：“脏也罢，洁也罢，都统这么吩咐呢。”

胡老爷忙应道：“是是，大爷讲的是。我引她们那边去是了。”（民国《清朝秘史》）

表赞同的习用语 "说的是" 在元代就已经出现，但是表示赞同的语料 "说的对""说得对" 最早出现在清末，"讲得是" 最早出现在明代，"讲的是" 最早出现在民国时期。从时间上来看，"说的对""说得对""讲的是""讲得是" 都晚于 "说的是"，所以 "说的是" 不可能是从它们演化而来的。

4.4　习用语与解释说明标记的区分

习用语 "说的是" 可以分布在句尾，解释说明标记 "说的是" 不可以。习用语 "说的是" 可以单独成句，表示赞同对方所说的话，解释说明标记 "说的是" 不可以。习用语 "说的是" 固化程度较高，"说的" 和 "是" 之间不允许有短暂停顿，如例（41）；解释说明标记 "说的是" 由于固化程度较低，"说的" 与 "是" 之间允许有短暂的停顿，如例（42）。

（41）张松溪冷笑道："他们可把武当门人瞧得忒也小了。"

张翠山道："四哥说的是。咱们怎么办？"（金庸《倚天屠龙记》）

（42）关于古龙作品《英雄无泪》，我写过两个人物的帖子，说的是钉鞋和高渐飞，可是依然觉得意犹未尽。（北京大学 CCL 语料库）

解释说明标记 "说的是" 在 "说的" 和 "是" 中间，既可以添加名词性成分（"说的事情是"），也可添加助动词（"说的应该 / 可能是"）或副词（"说的或许 / 也许 / 一定是"）。添加后"说的是"所在句子的意思几乎没有变化，仍表解释说明。习用语"说的是"若在"说的"和"是"之间插入名词性成分，便不再表示赞同别人的观点和意见，而且会使句子在语义上变得不完整，句子不能成立。如：

（43）那一晚胡大爷叫阎基去说三件事。第一件<u>说的是</u>胡苗范田四家上代结仇的缘由。第二件<u>说的是</u>金面佛之父羽田相公之父的死因。第三件则是关于闯王军刀之事。（金庸《雪山飞狐》）

（44）"那是阳光反射的缘故。"

"您<u>说的是</u>。我眼见那些飞机要落到多摩河上，忽然发现河对岸出事了。"（川端康成《生为女人》）

例（43）中两个"说的"和"是"之间均可以分别插入名词"事情"，"说的是"仍表示对前面所说事情的解释说明。例（44）中"说的是"表示后者赞同前者所说的原因，"说的"和"是"之间不能插入任何成分，若插入"原因"，句子就变成"您说的原因是"，整个句子逻辑不通顺，不能成立。究其根本，应该是添加名词性成分导致"说的是"失去了习用语的性质，而句子的句法语义也发生了变化。

习用语"说的是"仅用于对话语体，解释说明标记"说的是"既可以用于对话语体，如例（45），也可以用于叙述语体，如例（46）。

（45）妻子见丈夫在剪报纸，好奇地发问。丈夫答道："我剪的是一篇有趣的报道，<u>说的是</u>一位男人因妻子老搜他的口袋而最终离婚。"（1997年《读者》）

（46）"将相和"原是中国京剧的传统剧目，说的是中国古
代战国时期赵国大将廉颇和丞相蔺相如团结振邦的故事。（1994
年《报刊精选》）

综上所述，解释说明标记"说的是"与习用语"说的是"在句
法上的差别，可归纳为表 4-2。

表 4-2　解释说明"说的是"与习用语"说的是"的句法分布差异

区别＼型别	句尾分布	单独成句	内部停顿	插入成分	对话语体
解释说明"说的是"	−	−	+	+	±
习用语"说的是"	+	+	−	−	+

除了以上句法语义方面的差异外，习用语"说的是"与解释说
明标记"说的是"在使用频率方面的差异也很明显。在北大 CCL 语
料库中搜索"说的是"，其中习用语"说的是"共有 218 条古代汉语
语料和 70 条现代汉语语料，可见从古到今，习用语"说的是"的使
用频率变低了。相反，解释说明标记"说的是"共有 17 条古代汉语
语料和 456 条现代汉语语料，可见从古到今，解释说明标记"说的
是"的使用频率变高了。

习用语"说的是"与解释说明标记"说的是"为什么会此消彼
长，这一现象背后的动因又是什么呢？习用语"说的是"的使用频
率降低，主要跟与其具有相同功能的"说的对""说得对"的使用频
率增高有关。在北京大学 CCL 古代汉语语料库中，同样表示肯定、
赞同义："说的对"只有 4 条例句，都出自清代小说，如例（47）、
（48）；"说得对"有 44 条例句，最早也是出现在清朝，民国继续使
用，如例（49）、（50）。

（47）金头虎是奸滑坏，铁飞龙是做官心盛，遂说道："你说的对，我在前头，你在后头跟着我。"胜三爷瞪了金头虎一眼。（清《三侠剑》）

（48）马玉山羞恼成怒，说："这马褂不是你盗的，定有内奸。"飞云在一旁说："老寨主说的对。"（清《彭公案》）

（49）霍秉龄说："你就把他撂一个月四十天，打听打听，如果他的办差官都找不着他，散了伙，皇上家也不追查，那时再把他一杀，这件事有多干净！"

戴魁章说："兄长说得对。"（清《彭公案》）

（50）他把彭伯言叫过来低声嘱咐："贤弟，你赶紧如此这般地去做，只要这个傻大个儿一死，谅那两个小辈就好对付了。"

彭伯言点头："兄长说得对，我也是当事者迷。"（民国《雍正剑侠图》）

在北京大学 CCL 现代汉语语料库中，同样表示肯定、赞同义："说的对"有 300 多条例句，"说得对"有近 900 条例句。

（51）邓小平回答说："查先生说的对。国内人民的主要意见也是这样。这次六中全会……就是要保证我国政策的连续性。"（1997 年《作家文摘》）

（52）他的宠臣孔范也附和地说："陛下说得对。我们有长江天险，隋兵又不长翅膀，难道能飞得过来！这一定是守江的官员想贪功，故意造出这个假情报来。"（冯国超《中华上下五千年》）

可见，从古代汉语到现代汉语，"说的对""说得对"的使用频率是不断增加的。现代汉语中习用语"说的是"使用频率的降低，

正是 "说的对" "说得对" 的大量使用使然。此外，正如上文所论证的那样，由于从元代开始，"得" 在很多时候被写成 "的"，有时在同一作者所写的同一部作品中，"说的对" 和 "说得对" 会混用，如例（48）和例（49）的《彭公案》就是。

习用语 "说的是" 主要表示说话者对前者说法的肯定和赞同，因而主要使用于对话语境中。习用语 "说的是" 具有话语应对和话语衔接两种语篇功能。习用语 "说的是" 的句法位置分布比较灵活，有句首、句中、句末和单独使用四种情况。由于习用语 "说的是" 主要表示肯定、赞同对方的话，所以可以跟第二、三人称代词共现，不能跟第一人称代词共现。习用语 "说的是" 可以后接语气词 "啊" "呀" "呢" "嘛" 等，在表示赞同对方所说话语的同时，还带有说话者自己的语气。

从历时演变的角度来看，习用语 "说的是" 有两个可能的历时来源：一是 "说底是"，二是 "说得是"。这两种来源都有语音上的证据。同样表示肯定、赞同的 "说的对" "说得对" 使用频率的不断上升，导致现代汉语中习用语 "说的是" 的使用频率不断降低。

第二部分

概念整合与汉语构式

第5章　从小句整合看动结式的形成

5.1　汉语中的双动核结构

在语义平面，一个句子通常是由一个动核结构构成的，但是有时候，一个句子的语义结构可能由两个动核结构构成，这两个动核结构可以有两种组合方式。第一种是并联，即两个动核一前一后，地位平等，如汉语中的表示两个动作在时间上先后依次发生的连动句，其中的两个动词都是主要动词，地位平等，如例（1）。如果联合短语中两个并列成分都是动词或动词性短语，那么前后两个成分的动性相同，主次也相同，如例（2）。

　　（1）a. 我上街买菜　　b. 留学生们上完课走出教室。
　　（2）a. 辱骂和恐吓　　b. 参观校园和做学术报告。

第二种是合并，即两个动核一主一次，次要动词附着在主要动词上，这又分为两类。第一，次要动词在前，主要动词在后，汉语中由谓宾动词构成的句子就是这种情况，如下面的例（3）。可以看出例（3）短语中的谓宾动词"加以""乐于""严加""予以"的动性都很弱，表现在其后不能带时态助词"了""着""过"等，所以它们都是次要动词。而作谓宾动词的宾语动词，其中大部分可以在后面加"了"，表现出很强的动性，因而是主要动词。

（3）a. 加以解决　　b. 乐于助人

　　　c. 严加管教　　d. 予以否决

第二，就是本章要重点讨论的动结式。动结式中的"动"绝大部分由动性很强的动作动词来充当，担任结果补语的绝大部分是动性极弱的形容词，动词能作补语的不多，有"走""跑""动""倒""死""见""成""完"等，这些动词大多数语义功能已经弱化，有的可以读轻声，即这些动词大部分已经虚化了。

5.2　汉语动结式的整合过程

5.2.1　双动核的合并与事件结构的临摹

根据"象似性原则"，句子结构往往是对事件结构的临摹，通常事件结构越复杂，句子结构也就越复杂，如例（4）。这是前后发生的两件事，"我们打了一场球"在前，作为结果的"我们赢了这场球"在后。体现在语言上，则用一个复句来表达两个相关的事件，复句中每一个分句分别对应一个事件，同时两个分句的前后顺序和"结果"这个词显示了这两个事件前后相继的时间关系和"致使事件—结果事件"的逻辑关系，这种复句结构正是对事件结构的一种直接临摹。

（4）我们打了一场球，结果我们赢了这场球。

　　但在对事件进行语言表达的过程中，人们可以把一个复杂的事件简单化，比如我们可以把两个事件用一个动词表达出来，如"改良"，一个动词实际上表达了两个简单事件构成的复杂事件，即表影响的持续行为"改"和其结果"良"。也可以把两个简单事件合并到一个句子中表达出来，"他打破了镜子"，这个句子由"他打镜子"和"镜子破了"两个简单事件构成。当然，把两个简单事件合并为一个复杂事件，这是语言经济原则作用的结果，比如，"大风吹树枝"和"树枝断了"，当这两个事件以行为和结果的语义关系存在时，它们构成一个复合事件。按照语言的象似性原则，这个复合事件应该用一个复句来表示，如例（5）。语言的经济性原则要求用尽可能短的形式来表达尽可能多的内容，因此就把两个简单事件整合在一个句子中来表达，如例（6）。

（5）大风吹树枝，（结果）树枝断了。
（6）大风吹断了树枝。

5.2.2　动结式的整合过程

　　有关动结式的整合（生成）过程，最近几年已有学者开始关注。傅爱平（2003）讨论了机器翻译过程中，动结式的生成过程以及要解决的问题，重点讨论了一种根据组成成分之间的语义关系选择句法结构的方法。施春宏（2005）讨论了现代汉语中动结式语义关系对动结式论元结构整合的根本影响，提出论元结构整合的倾向性原则，利用这一原则归纳动结式的整合类型和整合方式。此外，袁毓林（2001）也讨论了动结式的论元整合情况，他把论元整合分为并价、消价和共价，然后考察了动结式论元整合以后的三种结果：等价、减价和增价。

我们将转换一下研究的视角，从小句（或"分句"）合并这一全新角度，来讨论现代汉语动结式的整合过程（见图5-1）。动结式的整合过程可以分为以下两步：第一步，事件1和事件2（都用椭圆来表示）输入动结式的概念框架（用矩形来表示）；第二步，经过动结式的概念框架所形成的句法槽的整合效应（包括组合、完善、扩展等方式），然后输出动结式VR。这里需要强调的是，语言成分的整合效应依赖于两个必不可少的因素：一是概念整合的框架，比如各种句式框架、语义框架、韵律框架等；另一个是输入的"元素"，即参与整合的语言成分。在概念框架的作用下产生整合效应，进而出现浮现意义。

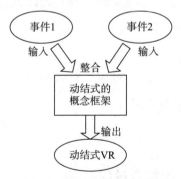

图5-1 动结式的整合过程

下面来举例进行分析。以下每个句子都包含两个事件，前一个事件是致使事件，后一个事件是结果事件，这两个事件经过整合合并产生一个双动核结构的致使事件。在一个双动核结构的致使事件中，致使事件必然处于结果事件之前，这也在客观上体现了时间顺序原则。

　　（7）大姑娘哭，眼睛瞎了。　　→ 大姑娘哭瞎了眼睛。

　　（8）我生气，肺炸了。　　　　→ 我气炸了肺。

　　（9）小妹哭，手帕湿了。　　　→ 小妹哭湿了手帕。

　　（10）妈妈叫我，我醒了。　　　→ 妈妈叫醒了我。

　　（11）诸葛亮气周瑜，周瑜死了。→ 诸葛亮气死了周瑜。

　　上面我们所讨论的动结式整合可以看成有形式标志的整合，下面再来看另一种整合即概念整合（conceptual blending），它指的是对两个来自不同认知域的概念，有选择地提取其部分意义，并通过联想整合起来，而形成的复合概念结构。其要旨就是"整体大于部分之和"。由整合产生的整体意义就是"浮现意义"，浮现意义是一种整体的、创新的意义（沈家煊，2006b）。而语法整合的主要思想是一个想象和复杂的事件的概念表征（输入空间Ⅰ）可与句法句式（输入空间Ⅱ）整合在一起，在整合空间中，复杂和想象的事件由整合的句法句式体现出来（Fauconnier，1997）。而在概念整合过程中浮现意义的产生，主要是由于整合空间有其自身特有的逻辑，并且不断接受固有知识、认识以及文化模式的影响，因而它并不直接反映输入空间的内容，而表现出一种新的整体意义。

　　上面例句中的双事件通过整合后产生一个有致使意义的动结式，这就是概念整合。动补式复合词在组成成分的意义之和以外，又增加致使的含义，这是概念整合的结果，即"1+1 ≠ 2"或"1+1=3"。当然，当汉语中有些高频率使用的已经弱化的动词或形容词作补语时，在语义上它们只指向动词，如：

　　（12）a. 我爱上了她。　　　　b. 你快把衣服洗掉。

　　c. 我能够着树上的苹果。　　d. 开好车给加上点儿油。

　　例（12）中的补语"上""掉""着""好"都已经高度虚化，语义指向前面的动词，由这些动词或形容词构成的动结式并不能通过整合而产生，因为由这些动补结构构成的句子无法分解为两个事件句或两个表述，如例（13）a句，也就无法整合为动结式，它们可能是受动补结构类推作用而产生的。例（13）b句是由事件"我打一只兔子"和事件"一只兔子死了"整合而成的，而a句则由一个单一事件构成。

　　（13）a. 我打着了一只野兔。　　b. 我打死了一只野兔。

5.2.3　整合过程的历时角度验证

　　古代汉语在动结式的产生过程中，也存在一些由两个小句整合而产生动结式的实例，这更加有力地证明了我们的观点。例（14）、（15）中的a句都是先秦文献《左传》中的例句，是用逗号隔开的连动句，到了出自西汉时期文献《战国策》《史记》的b句，则整合为单句，如把"射之"和"中股"整合为"射中其股"，把"射共王"和"中目"整合为"射中共王目"。

　　（14）a. 又射之，中股，反队，遂弑之。（《左传·襄公二十五年》）

　　　　b. 庄公走出，逾于墙外，射中其股，遂杀之。（《战国策·楚策四》）

　　（15）a. 及战，射共王，中目。（《左传·成公十六年》）

　　　　b. 与晋兵战鄢陵，晋败楚，射中共王目。（《史记·楚世家》）

当然，以上能发生整合的两个分句也很有特点：一是分句的两个名词之间有明显的领属关系，尤其是整体与部分的关系，如指人的代词"之"与其"股"之间，"共王"与他的"目"之间，发生整合之后，以上这种分离的领属关系就会结合在一起；二是两个分句的动词之间存在"动作"和"结果"的语义关系。与上面相似的能够反映古代汉语中动结式整合过程的例句还有：

（16）a. 市人从者四百人，与之诛淖齿，刺而杀之。（《战国策·齐策六》）

b. 诚得劫秦王，使悉反诸侯之侵地，若曹沫之与齐桓公，则大善矣；则不可，因而刺杀之。（《战国策·燕策三》）

（17）a. 辞雍季，以舅犯之谋与楚人战以败之。归而行爵，先雍季而后舅犯。（《韩非子·难一》）

b. 齐侯伐卫，战，败卫师。（《左传·庄公二十八年》）

（18）a. 居未期年，灵王南游，群臣从而劫之。灵王饿而死乾溪之上。（《韩非子·十过》）

b. 李兑用赵，减食主父，百日而饿死。（《战国策·秦策三》）

（19）a. 督戎逾入，豹自后击而杀之。（《十三经注疏》）

b. 行事，雷击杀人，水火烧溺人，墙屋压填人。（王充《论衡》）

（20）a. 昔孟孙猎而得麑，使秦西以之归，其母随而悲鸣，不忍而放之，孟孙赦其罪以傅其子。（《晋书》）

b. 孟孙猎得麑，使秦西巴持归，其母随而鸣，秦西巴不忍，纵而与之，孟孙怒逐秦西巴。（《说苑》）

（21）a. 忠臣死忠，孝子死孝，情人死情，求而得之，均如
　　　　饴耳！（《情史》）

　　　b. 乃迎丧往郡，于松门遇风，柩沈于水，钩求得之。
　　　　（《南史》）

　　上文分析了现代汉语双动核结构的合并，其实，在古代汉语中
也存在相似的现象，如例（22）、（23）、（24），从分开的有两个谓词
的小句，逐渐整合为一个双动核的句子：例（22）a 是前一个动词
"射"带宾语"阳越"，第二个动词"杀"带代词宾语"之"，"之"
代指"阳越"，并且中间用逗号隔开；到了例（22）b，是两个动词
共用一个宾语，并用连词"而"来连接；到了例（22）c，两个动词
则整合在一起，构成 VR 结构。例（23）、（24）"射中""战败"的
整合过程与"射杀"相似，分析从略。

（22）a.（某）自门间射阳越，杀之。（《左传·定公八年》）

　　　b. 寺人孟张夺之，郤至射而杀之。（《左传·成公十七年》）

　　　c. 八年，厉公猎，与姬饮，郤至杀豕奉进，宦者夺
　　　　之。郤至射杀宦者。（《史记·晋世家》）

（23）a. 又射之，中股，反队，遂弑之。（《左传·襄公
　　　　二十五年》）

　　　b. 射而中之，退入于泥，亦必死矣。（《左传·成公
　　　　十六年》）

　　　c. 庄公走出，逾于墙外，射中其股，遂杀之，而立其
　　　　弟景公。（《战国策·楚策四》）

（24）a. 二十八年春，齐侯伐卫，战，败卫师，数之以王
　　　　命，取略而还。（《左传·庄公二十八年》）

　　　b. 今越人起师，臣与之战，战而败，贤良尽死，不死

者不敢入于国。(《吕氏春秋》)

c. 兵未出境，梁君、田侯恐其至而战败也，悉起兵从
之，大败赵氏。(《战国策》)

5.2.4　从形成过程看整合度高低

例(25)、(26)是结构松散的由两个谓语小句构成的句子，前
后两个动词之间没有明显而直接的致使关系。

(25)十二年，与秦昭王会西周而佐秦攻齐，齐败。(《史
记·韩世家》)

(26)有鹢击鸠，鸠走。(《论衡·书虚篇》)

后来出现了后一动词的使动用法，这就使前后两个动词之间的
"动作—结果"这种使动关系显现化了。例(27)、(28)中句末的
"之"跟句中的名词同指，后一个动词是使动用法，表示造成某种结
果的较抽象的动作；前一个动词则表示造成这种结果的具体方式。

(27)攻郑败之，以与韩。(《史记·赵世家》)

(28)击李曲军，破之。(《史记·曹相国世家》)

再后来，出现了如例(29)、(30)的这种前后两个动词紧挨在
一起的使动结构，句中的两个动词是并列结构，后面带着宾语，这
就是所谓的双动共宾。如：

(29)齐田单以即墨击败燕军。(《史记·燕召公世家》)

(30)居三年，秦攻番吾，李牧击破秦军，南距韩、魏。
(《史记·廉颇蔺相如列传》)

最后，上面的这种并列结构经过重新分析，演变成核心在前的动补结构。如：

（31）于京城下与金人相敌斩首，及俊口内中箭，射落二齿。(《王俊首岳侯状》)

（32）你不接丝鞭后，哭损我一双眼。(《张协状元》)

（33）且如而今人，其父打碎了个人一件家事，其子买来填还，此岂是显父之过？(《朱子语类》)

以上简单地刻画出动结式产生的四个阶段：① 松散的小句；② 使动关系的结构；③ 双动共宾；④ 动补结构。可以看出句中两个动词之间的语义关系越来越紧密，即整合度越来越高。这在如下的连续统中体现得更明显：

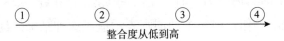

5.3　动结式整合中产生的歧义

沈家煊（2006b）指出，"笑死"——一般语法书说它是个表示程度的动补结构，但是它不仅表示程度深，还有一个"致使"的意思：使笑。例如"我要被中国男人笑死了"，有一个意思不是"中国男人笑我"，而是"我"笑中国男人。"中国男人使我笑死"，这就是"笑死"的致使义。这个致使义就是"笑"和"死"整合的产物。

当然，沈家煊认为句中的致使义是"笑"和"死"整合的产物，我们认为有其合理之处。但我们认为应该把视野放得更大一些，句子中致使义的产生，除了谓语动词"笑"和"死"之外，还应该考虑到句子主语"我"和"被"字后面的体词性短语"中国男人"，以及这里的被字句的特殊用法等因素。

首先，句子谓语动词前面的两个体词性成分"我""中国男人"都是指人，都有施动能力，即都可以作施事，这就会导致"笑死"的语义可以双指。

第一，语义指向"我"，"我"是施事。例（34）这句话的意思就是：中国男人做了某事致使"我"笑死了。

（34）我要被中国男人笑死了。

　　→　中国男人把我笑死了。

第二，语义指向"中国男人"，"中国男人"是施事，如例（35）。也就是说"我"做了某事致使中国男人笑死了。

（35）我要被中国男人笑死了。

　　→　我把中国男人笑死了。

与"我要被中国男人笑死了"相似，语义可以双指的句子还有：

（36）他教惨了这帮学生。

　　→　他把这帮学生教惨了。

　　→　这帮学生把他教惨了。

（37）老师教学生教得心灰意冷。

　　→　学生把老师教得心灰意冷。

　　　　→　　老师把学生教得心灰意冷。

（38）小王追小李追得上气不接下气。

　　　　→　　小王追得小李上气不接下气。

　　　　→　　小李追得小王上气不接下气。

　　其次，这里的"被"也很特殊，也就是说"我要被中国男人笑死了"这句话是一种非常特殊的被字句。薛凤生（1994）用下面的抽象格式来表达被字句"A 被 B+C"。A 和 B 代表名词性成分，C 充当句子谓语。传统的研究认为，A 是句子的主语，又是 C 的受事，B 是"被"字的宾语，又是 C 的施事；但是事实并不是这么简单。比如下面例（39）句中的主语"老张""她"并不是谓语动词的受事，而是施事，即"老张没了主意""她流眼泪"；句中的"他太太""那首歌"也不是谓语动词的施事。此外，传统的语法研究都认为，被字句的主语是受事，"被"字后面的宾语是施事，但反例还是有的，比如下面例（40）a 句中的"烂米"不是动词的施事，b、c 句中的"大蒜""武侠小说"也不是动词的施事。

（39）a. 老张被他太太哭得没了主意。

　　　b. 她被那首歌唱得流眼泪。

（40）a. 他们被烂米吃病了。

　　　b. 老张被大蒜吃得满嘴臭气。

　　　c. 他被武侠小说看得着了迷。

　　上文讨论的"我要被中国男人笑死了"中，"被"字后面的成分就更加特殊了。一方面它和常规的被字句一样，"被"前面的名词性成分应理解为受事，"被"后面带施事成分"中国男人"。但另一方面更为反常规的是，它比上面所讨论的特殊被字句还要特殊，那就是它的前面的"我"可以是施事，这种情况下后面接的"中国男人"是受事。即"我"和"中国男人"都既可以是施事，也可以是受事。

5.4　复句整合及其跨语言的普遍性

原来需要用分散的独立的两个句子来表达的内容，可以整合为一个句子表达出来，这就是语法化中的小句整合。古代汉语中的连动式就是这样由几个并列小句整合而来的，如何乐士（2000）举出《左传》和《史记》相对照的例子来说明这种发展，见例（41）、（42）。在《左传》中还并列的两个小句，到了《史记》中，则被整合压缩为一个连动句。

（41）师还，馆于虞，遂袭虞，灭之。（《左传·僖公五年》）
（42）其冬，晋灭虢，虢公丑奔周。还，袭灭虞。（《史记·晋世家》）

Hopper 和 Traugott（2003：169）指出：一个复杂句开始形成时，可能只涉及把两个有关的、独立的句子连起来，在发展过程中两个句子之间的关系变得越来越复杂，结构也越来越紧密。这种更紧密的结构可分为：并联（parataxis）、主从（hypotaxis）和从属（subordination）。它们正好构成一个"小句联合的斜坡"（cline of clause combining），以下不等式从左到右，两个小句之间的依存关系逐渐增强，语法形式上的联系也越来越紧密，语法化的程度也越来越高。

并联 > 主从 > 从属

Givón（2006）则指出致使化是小句整合的主要途径之一。具有因果关系的两个小句整合为主从关系的复杂句，再进一步整合为单一小句，成为致使结构。他认为小句整合通常包括三个阶段：①主从复合句：主句与从句构成主从复合句；② 复杂小句（complex clause）：多个动词，不分主次，无法分出主句和从句；③ 单一小句：先前的几个动词联合词汇化（co-lexicalized）形成复杂动词。

我们认为汉语复句内部小句之间和关系从句内部，也存在整合度的高低。在 Hopper 和 Traugott（2003）的基础上，按照整合度从低到高，我们把汉语的复句进一步细分为以下四类。

1）两个小句简单地并列。整合度最低，中间没有任何的关联词语来连接，如：

（43）小王出了门，直奔酒店。
（44）他在外地工作，我在家做家务。

2）有关联词语的并列。两个小句完全地置于同一语境中，并可作为独立的概念而存在，中间有表并列语义关系的关联词语，如：

（45）小王会讲日语，小李也会讲日语。
（46）我们之间是师生关系，同时也是朋友关系。

3）主从。两个小句在语义上，一个为主，另一个为辅。两个小句之间常有因果、假设、转折、目的等语义关系，如：

（47）他昨天因为生病了，所以没来上课。（因果）
（48）如果太阳从西边出来，我就嫁给你。（假设）

（49）虽到了农历五月，山里却依然有些寒意。（转折）

（50）我起得早，以便赶上头班车。（目的）

4）关系小句或包孕句。一个小句为另一个小句的句法成分。单句作主语就是主语从句，作宾语就是宾语从句，作定语就是定语从句，如：

（51）张三当领导不合适。（主语从句）

（52）小王说他明天去北京。（宾语从句）

（53）穿西装的那个男人是我丈夫。（定语从句）

按照整合程度的从低到高，以上四类复句可以形成如下的不等式：1）＜ 2）＜ 3）＜ 4）。类与类之间界限并不是离散的而是模糊的，可以形成一个连续统，如：

简单并列　　有关联词语的并列　　主从　　关系小句或包孕句

整合度从低到高 →

其实上面的 4）关系小句或包孕句，就是西方语言学中的 "双小句结构式（biclausal structures）"，指的是两个小句套叠在一起的复合句，通常其中的一个小句被称为母句，另外一个小句被称为子句（Harris & Campbell，1995）。比如 "我想去一趟上海" 是由 "我想"（母句）和 "（我）去一趟上海"（子句）两个小句构成的双小句结构。从历时语法化的角度来看，很多语言里的双小句结构都可以通过重新分析演变为单个小句结构，这种历时的过程被称为 "双小句结构的简化（simplify biclausal structures）"。

双小句结构的简化有三个反复出现的模式：①分裂结构式演变为强调结构式；② 引语结构式演变为引用标记结构式；③ 小句融合

（clause fusion）。其中的"小句融合"跟本书的研究联系较为紧密。所谓"小句融合"是指从一个双小句结构产生出包含助动词和主要动词的单小句结构的历时过程，也就是我们上文所说的，句子由双动核结构变为单动核结构的过程。

动结式是古汉语的连动结构在双音韵律的作用下不断地虚化而产生的，而现代汉语的动结式很多则是利用动结式"V+R"这一句法构式，在语言的"经济性原则"作用下，把两个分开表述的小句临时整合为一个表述。本章主要探讨谓语动词与动作结果在小句整合的作用下，整合为动结式的推导过程，并对动结式在整合过程中产生的歧义进行了分析，解释了歧义产生的动因。最后对复句整合作了初步探讨，按照整合度高低，把现代汉语的复句大致分为四类。此外，把汉语的小句整合跟国外语言的"双小句结构的简化"结合起来，探讨了小句整合的跨语言普遍性。

第6章 "爱V不V"的认知语义
及整合度等级

从20世纪80年代开始,汉语学界对"爱V不V"格式的研究一直没有间断过,主要可以归纳为四个方面:一是对"爱V不V"格式的句法语义研究,如许维翰(1982)、俞敦雨(1982)、迟永长(1995)、刘承峰(2004);二是从语用角度对"爱V不V"的篇章功能的考察,如郭圣林(2009);三是从构式语法角度对"爱V不V"进行构式分析,如江蓝生(2007)、李文浩(2009)、李宗江(2009);四是从历时角度探讨构式"爱V不V"的固化过程,如李英子(2012)。跟这些研究不同的是,本书将从韵律和概念整合两个新的角度,探讨构式"爱V不V"中动词V的音节单双,以及整个构式的韵律特征、句法语义特征、整合度等级序列。

6.1 "爱V不V"的韵律特征

迟永长(1995)、江蓝生(2007)等认为能进入该格式的V都是单音节动词,并且几乎所有的单音节动词都能进入这个格式。我们从北京大学 CCL 现代汉语语料库及人民网中，搜索到能出现在此格式中的动词 164 个：其中单音节动词有 155 个，约占总数的 95%；双音节动词仅 9 个：回来、高兴、结婚、执行、念书、答应、开始、缩小、搭理，约占总数的 5%。可见单音节动词确实占绝对的优势，双音节动词处于劣势地位。

6.1.1　能入式的单音节动词

江蓝生（2007）等学者认为，几乎所有的单音节动词都能进入"爱 V 不 V"。对此观点我们表示怀疑，虽然能够进入此格式的动词绝大多数是单音节的，但并不是所有单音节动词都能入式。根据是否具有动作义，动词可以分为动作动词和非动作动词。通过检索语料，我们发现非动作动词绝大部分不能进入"爱 V 不 V"，如不能说"爱是不是""爱可不可""爱使不使"……但是当这些动词的动作义被强调或凸显时，则又可以进入。如：

（1）贺玉茹有点生气，说："你<u>爱来不来</u>吧。"（1997 年《作家文摘》）

（2）我把一个养不肥的小壳囊送去，<u>爱要不要</u>。（周立波《暴风骤雨》）

使役、能愿类动词能进入"爱 V 不 V"的不多，仅有以下几例。这些单音节词非动作动词，大多是自主性强的心理动词（爱、恨、怕）、特殊的使役动词（派、叫），以及能愿动词中表许可义的动词（肯、许、让）。

（3）日常供应的菜饭减少，并且出门车马<u>爱派不派</u>，还时常冷言冷语。（轩少《花街柳巷》）

（4）平阳公主道："……而骠骑将军已封五千八百户，裨校封侯益邑者六人，如此之悬殊，今后还有谁肯与你同出征呢?"

卫青："他们<u>爱肯不肯</u>，我老了，无心和自己的侄儿去争高低。"（杨焕亭《汉武大帝》）

总之，我们认为单音节动词中，除少数自主性强的心理动词、少数特殊的使役动词以及能愿动词中表许可义的动词之外，大部分非动作性动词是不能进入该格式的，如"能""使""是"等。图 6-1 更能说明问题。左图中①表示单音节动作性动词，②和③为单音节非动作性动词，其中②表示部分自主性强的心理动词（恨、怕）、能愿动词中表许可义的动词（肯、许）以及特殊使役动词（派、叫），③表示其他非动作动词。右图中交叉部分①②表示可以进入"爱 V 不 V"格式的单音节动词，③和④分别表示可以进入"爱 V 不 V"格式的单、双音节动词。

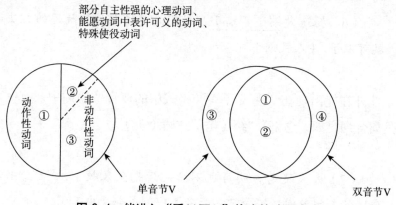

图 6-1 能进入"爱 V 不 V"格式的动词类别

6.1.2 能入式的双音节词考察

上文说到能进入"爱 V 不 V"格式的双音节动词很少，仅有 9

个。我们对《汉语动词用法词典》中的双音节动词进行逐一考察，最后发现仅有以下 32 个可以进入：

采纳、参观、成立、承认、打听、担心、服从、公布、
关心、合作、监视、解释、进去、联系、敲诈、取消、
失望、使唤、搜查、提高、同意、通知、推荐、误会、
下去、下来、休息、相信、研究、原谅、增加、准备

但是这些双音节动词也只是可以进入，使用频率远远低于单音节动词。例（5）、（6）中的"回来""缩小"都是能进入"爱 V 不 V"格式的双音节动词，但是例句非常少，这说明双音节动词入式的概率还是很小的。

（5）他爱回来不回来，回来也是各住各的。（周而复《上海的早晨》）

（6）场地爱缩小不缩小，我们只要按照我们既定的打法踢就可以了。（人民网）

此外在能出现在"爱 V 不 V"格式中的双音节动词中，有一部分是离合词，如"念书""结（婚）""磕（头）"。

（7）太太哭着声明再也不给他请先生来教了，"爱念书不念！爱怎闹怎闹！不管了，管不着!"（老舍《牛天赐传》）

（8）你弟弟结婚，爱结不结，就他那花花公子，别糟践人家女孩儿了——回头我就打扫黄专线电话。（王朔《无人喝彩》）

（9）小坡假装没有听见，站起来，对哥哥说："你要是让我看看你的图画，我就给你磕头。"哥哥说："不给你看！爱磕不

<u>磕</u>!"(老舍《小坡的生日》)

双音节动宾离合词可以有三种出现形式:爱 VO 不 VO、爱 VO 不 V、爱 V 不 V。例(7)"爱念书不念"是动宾离合词,"不"后面的动词省略了宾语"书"。它还可以进一步省略成"爱念不念"。例(8)中"结(婚)",是动宾离合词,根据上下文语境可以还原成"爱结婚不结婚"。例(9)"爱磕不磕",根据上下文这里的"磕"是指"磕头"。通过语料分析我们发现,不带宾语的"爱 V 不 V"的使用率远远高于前两种带宾语的,这也验证了单音节动词在此格式中占优势的倾向。双音节离合词进入该格式使用频率的等级顺序是:爱 VO 不 VO < 爱 VO 不 V < 爱 V 不 V。

通过上文的考察分析可以看出,能进入"爱 V 不 V"的大多数是单音节动词,而双音节动词则少之又少,其原因有三。

第一,众所周知,现代汉语词汇中双音节比单音节要多。张国宪(1989)就指出,单音节动作动词是一种口语性词汇,适用于口语语体,尤其是对话语体中,而双音节动作动词则处于明显的劣势地位。"爱 V 不 V"一般用在对话中,因此能入式的大多是单音节动词,所以在"爱 V 不 V"里,单音节动词的使用率更高。

第二,"爱 V 不 V"中,"爱"和"不"都是单音节的,按汉语双音步韵律的规则:汉语音步以双音节为常式,三音节为辅助形式。单音节动词进入该格式的概率更高,单音节入式后,与不变项"爱"和"不"正好组成韵律和谐稳定、节奏性强的四字格,而双音节动词的进入会破坏四字格的凝固性。

第三,可能跟构式压制有关。"爱 V 不 V"原型构式中的动词都是单音节的,后来此四字格构式框架的凝固,对进入构式的动词产生压制作用。受此压制作用的影响,一些双音节动词被迫省略为单音节动词,才能进入该构式。

6.1.3 "爱 V 不 V" 的韵律切分

一个语段若设其所含词数为 n（n≥3），从理论上说该语段有 n−1 种切分的可能。那么"爱 V 不 V"就有三种切分：模式一"爱 / V 不 V（1+3）"；模式二"爱 V / 不 V（2+2）"；模式三"爱 V 不 / V（3+1）"。

模式一"爱 / V 不 V（1+3）"。刘承峰（2004）指出，"爱 V 不 V"应切分为"爱 / V 不 V"，切分后"爱 V 不 V"中的"V 不 V"就可以看成一个独立结构，它跟独立使用的"V 不 V"是同构的关系。我们认为这里的"V 不 V"与独立使用的"V 不 V"，无论从语义还是从语法上看都是完全不同的，更不可能是同构关系，如：

（10）对于那些暂时不付费的，那么我们就一扔了之，置之不理，任其自生自灭去吧，<u>爱走不走</u>。（人民网）

（11）怎么省事怎么干，土豆一切四块，放锅里一煮，<u>爱吃不吃</u>。（1957 年《人民日报》）

例（10）、（11）"爱走不走""爱吃不吃"中的"走不走""吃不吃"与前面的"爱"一起构成"随便、无所谓"的意思，听话人不需要做出选择（实际上，一般在说话人说话前，听话人已经做出了选择）。独立使用的"走不走""吃不吃"表示正反疑问，听话人可以选择"吃"或者"不吃"。所以我们不同意刘承峰（2004）的切分方式，那么就可以排除模式一"爱 / V 不 V（1+3）"。

模式三"爱 V 不 / V（3+1）"。关于切分，吴竞存、侯学超（1982）认为："一个正确的切分，其直接成分必须能够组合，本身也能够成立，并且加起来能等于原语段的意义。"依据这一观点，"爱 V 不"在现代汉语中不能算一个完整的结构体，实际运用中"爱 V 不"要加上"?"，才可表示"喜不喜欢 V"这个完整的意思。即便是这样，依据"从意义上说，是否改变原意"这一条，显然模式三"爱 V 不 / V（3+1）"不符合"爱 V 不 V"原意，因此第三种切分也不可行。

模式二"爱 V / 不 V（2+2）"。从意义上对其进行分析，"爱 V"和"不 V"这两个直接成分在意义上是讲得通的；从结构上看，"爱 V"和"不 V"在现代汉语中也是存在的；从功能上看，切分后的两个结构完全可以组合。我们同意迟永长（1995）、江蓝生（2007）的观点，即"爱 V 不 V"实际上是由"如果爱 V，那么就 V；如果不爱 V，那么就不 V"紧缩而成的，也就是说"爱 V 不 V"表示的是两层假设关系构成的选择性关系，如：

（如果）爱 V，‖（就）V；｜（如果）不爱 V，‖（就）不 V。
假设　　　　　选择　　　　　　假设

6.2 "爱 V 不 V"的句法语义特征

6.2.1 "爱 V 不 V"的句法功能

如上文所述，从动态角度来看"爱 V 不 V"是一个紧缩结构，从句法功能角度来看，由于紧缩结构能单独成句，故"爱 V 不 V"可以成为紧缩句，也可充当单句的句子成分，还可以充当复句的分句。

（一）充当句法成分

1）作谓语，如：

（12）就是没丢，你请也请不来的——本来嘛，再造金丹是

"传儿不传女"的，你<u>爱丢不丢</u>，与我何干呢！（陈建功、赵大年《皇城根》）

（13）之前我觉得反正我是来办好事的，你们<u>爱帮不帮</u>，我一个人干也行。（人民网）

例（12）、（13）中"你""你们"均为主语，"爱丢不丢""爱帮不帮"分别在句中充当谓语。通过对语料的考察，我们发现在"爱V不V"作谓语的句子中，由"你""您""你们"第二人称作主语的超过了一半。本书统计了363条有效语料，其中作谓语的有210条，占总例句数的57.85%；在这210条中，有133条是"你""你们"作主语的。"爱V不V"的主语对第二人称的优选跟其语用有关：当说话人对听话人具有不满情绪时，便会用构式"爱V不V"来表达自己的观点，所以使用表示听话人的第二人称主语比较多。

2）作定语，如：

（14）一些大的网购店的服务更是到位，和商场<u>爱理不理</u>的店员比起来，网购客服24小时在线，有问必答，还非常热情。（人民网）

（15）投资管理体制近期改革方案等等，都还存在着"<u>爱执行不执行</u>""上有法规我有对策"的问题和现象。（1994年《人民日报》）

例（14）、（15）中"爱理不理""爱执行不执行"作定语分别修饰"店员""问题和现象"。"爱V不V"充当定语时，其中心语大多是"样子""态度""语气"，而且动词是"理"的占大多数。统计363条有效语料，其中作定语的有33条，占9.09%；在这33条中，有27条是"爱理不理"作定语的。

3）作状语，如：

（16）营业员<u>爱理不理</u>地瞥了我一眼，就继续往架子上摆洗发药水。(《读者》)

（17）一个军官正从车厢外的平台上<u>爱理不理</u>地向在人行道上对他敬礼的士兵还礼。（马塞尔·普鲁斯特《追忆似水年华》）

例（16）、（17）中"爱理不理"分别作动词"瞥""还礼"的状语，还表示施动者的一种态度。分析语料我们发现，这样的"爱 V 不 V"都是"爱理不理"，尚未发现其他动词。统计 363 条有效语料，作状语的例句有 47 条，占 12.95%。这 47 条都是"爱理不理"作状语。

4）作宾语，如：

（18）周董害羞地表示，目前最烦恼的事是吐字不清，最想生活的朝代是唐朝，最喜欢的 pose 是"<u>爱笑不笑</u>"，最受不了自己的个性就是"讲话太直接"。（人民网）

（19）弗朗索瓦丝补充说，她像是赛维尼夫人那样，喜欢用"<u>爱理不理</u>"这个词语。（马塞尔·普鲁斯特《追忆似水年华》）

例（18）、（19）中"爱 V 不 V"都在宾语位置，分别作动词"是""用"的宾语。统计 363 条有效语料，我们只发现了 3 条作宾语的情况，只占 0.83%。

（二）充当小句

紧缩结构还可以充当句中小句。例（20）"爱结不结"不再充当句法成分，而是独立成为句中小句。这样的用法在统计的全部语料中还有不少，统计 363 条语料，共发现 50 条，占 13.77%。

（20）"少拿你们家的那些破事儿来烦我！你弟弟结婚，*爱结不结*，就他那花花公子，别糟践人家女孩儿了……"（王朔《无人喝彩》）

（三）单独成句

紧缩结构除了可以充当句中小句，还可以单独成句。例句（21）"爱怕不怕"这个格式在文章中单独成句。统计363条有效语料，共找到了20条，占5.51%。在日常生活的对话交际中，其单独成句的情况非常普遍。

（21）"看先生不拿教鞭抽你一顿才怪呢！""不怕！不怕！"王秃子回头向小坡吐了吐舌头。"*爱怕不怕*！破秃子，坏秃子，猴秃子！"（老舍《小坡的生日》）

综上所述，根据从北大 CCL 语料库中搜索到的语料，"爱 V 不 V"在句中充当不同句法功能的例句数量以及百分比，在表 6-1 中体现得更加明显。

表 6-1　"爱 V 不 V"的句法功能

不同成分	作谓语	作定语	作状语	作宾语	充当分句	单独成句
数量（条）	210	33	47	3	50	20
百分比（%）	57.85	9.09	12.95	0.83	13.77	5.51

6.2.2　"V"的语义特征

6.1 节中我们从单双音节角度考察了能进入"爱 V 不 V"的动

词，而在语义特征上，能进入该格式的动词大多数具有［＋自主性］的语义特征。例（22）、（23）中的动词"吃""买"都是动作发出者有意识进行的动作，吃还是不吃、买还是不买，都任由自己主观控制。

（22）打我参加工作起，我就没给过吃饭的好脸子看，*爱吃不吃*，不吃就滚，谁也没请你来。（王朔《痴人》）

（23）他们把低档商品充作高档的精品卖，欺负消费者不识货，此为其一；*爱买不买*，要买就这个价，愣宰，此为其二。（1994年《报刊精选》）

对搜集到的语料进行统计后发现，能进入"爱V不V"的绝大部分是自主动词，占93.53%。不少学者认为"爱""不"后一般是加表示主观意愿的动作，凡语义中含有主观因素的词能够被"不"直接否定，那些表示不受主观因素影响的客观性行为、事物的语词一般不能用"不"否定。因此进入该格式的动词大部分是自主动词。

据本书统计，在搜集的语料中还有6.47%的非自主动词进入该格式，如"掉""病""死""生""塌""丢""懂""怕""会""瘫""缩小"等。例（24）、（25）、（26）中的动词"懂""病""掉"这些非自主动词都不能由动作发出者自由支配，是无意识的动作行为。

（24）这句话也许说得太深奥了一些，随便吧！你*爱懂不懂*。（老舍《我这一辈子》）

（25）你*爱病不病*，关键是这次出差你必须去。（人民网）

（26）"你看，她都掉眼泪了，快去哄哄她吧。""*爱掉不掉*，她又不是我的老婆，我才不管呢！"（人民网）

6.3 "爱 V 不 V"的整合度等级序列

6.3.1　判断整合度高低的三条标准

吴为善、陈颖（2007）认为，确认整合度的高低不能仅仅依据成分意义，还要有句法表现的佐证。只有在句法表现上具有区别性特征的分类，才能具有现实意义。遵循从形式到意义、从意义再回到形式的原则，我们拟定了以下三条标准，作为判断"爱 V 不 V"内部成员整合程度高低的句法依据。

（一）"V"可带宾语的自由度

语言的发展是一个历时的渐变过程，不可能从一种形式突变到另一种形式，整合机制也不例外。因此我们可以推断在整合结构形成的初期，一定存在自身还不甚稳定的过渡形式。能进入构式"爱 V 不 V"中的 V 以单音节动词为主，但是少数双音节动词也可以进入。一些离合词或者动宾结构亦可进入。很多单音节动词都可以带上宾语，并且意义基本保持不变，如"爱吃不吃 →爱吃饭不吃饭""爱上不上 →爱上学不上学"；而有一些动词则不行，如"爱信不信 → ? 爱信这事不信这事""爱写不写 →? 爱写论文不写论文"。

"爱 V 不 V"中单音节 V 有时可以被"动词 + 宾语"结构替换，并且其原来的浮现意义保持不变，但有些"爱 V 不 V"却不能被替换。这是因为，当整个格式由原来的四字结构变成六个字甚至更多，其便不符合语言的经济性原则。此外，当用一些自身黏合度不强的动宾短语替换原来的动词后，整个格式"随便"的浮现意义也随之消失了，在语义上不是等价替换。因此我们认为四音节的"爱 V 不 V"不论从韵律、汉语四字格稳定性，还是从语言的经济性角度来看，其整合程度无疑更高。

（二）"爱 V 不 V"充当句法成分的能力

"如果爱 V，那么就 V；如果不爱 V，那么就不 V"是一个多重复句，本身不存在充当何种句法成分的问题。但对于经过截搭整合之后形成的构式"爱 V 不 V"来说，则需要考虑这个问题。"爱 V 不 V"在句法功能上可以作为一个整体出现在多个句法位置上。我们在用概念整合的层级性分析"爱 V 不 V"的过程中发现，其实在"爱 V 不 V"内部可能存在几种不同质的结构类型，而正是这种不同质导致了它们在句法位置上的差异。

（三）"爱 V 不 V"受语境影响的程度

迟永长（1995）注意到"爱 V 不 V"格式出现的语言环境问题，他采用补缺的方法，将"爱 V 不 V"格式增补成多重复句"如果爱 V，那么就 V；如果不爱 V，那么就不 V"。并且此多重复句出现的语言环境是不同的，迟永长使用替换的方法，将此复句替换成"爱 V 不 V"，但是替换后有诸多不符，有的替换甚至使得语义完全改变了。这一点用浮现意义倒是很容易解释，因为"爱 V 不 V"构式中已经整合进了格式之外的新的浮现义，它和原来的多重复句当然不能同质替换。总之，具体语境中的"爱 V 不 V"格式，其使用也可能是不同的。这是因为其浮现意义对"爱 V 不 V"格式的渗透程度不同，在不同的语言环境下，"爱 V 不 V"的具体意义也有变化，即语境义会对构式的语义产生影响。

综上所述，本书将形式与意义相结合，提炼出了以上三条标准，作为判断整合度高低的依据。

6.3.2　"爱 V 不 V" 的整合度等级

依据上文提出的三条判断标准，我们将 "爱 V 不 V" 格式按照整合程度的高低，从低到高依次划分为 A、B、C 三个等级。

A 级：低整合度。A 级的 "爱 V 不 V" 与整合之前的复句相比，仅是在结构形式上有所精简，可以充当一定的句法成分，在整合过程中没有浮现意义产生。如：

（27）我们进去后，有时候也可以随便看，随便翻，但用得着 "劳驾" "多谢" 的时候也有；不过爱买不买，决不至于遭白眼的。（朱自清《三家书店》）

（28）我上学的那时候，什么叫逃学啊，那什么都不懂的，根本就没有，你爱上不上，那劲头儿就是，育才那一阵儿可够乱的。（1982 年《北京话调查资料》）

（29）虽然是我的责任，却是无限的责任，爱尽不尽，爱尽多少尽多少。（朱自清《散文全编》）

A 级的 "爱 V 不 V" 在很多方面和多重复句 "如果爱 V，那么就 V；如果不爱 V，那么就不 V" 还是比较接近的。我们发现 A 级 "爱 V 不 V" 具有以下特征。

第一，从可带宾语的自由度方面看，结构中的 V 具有一定的可变性：例（27）中的 "爱买不买" 可以替换为 "爱买书不买" 或 "爱买书不买书"；例（28）中的 "爱上不上" 可替换为 "爱上学不上学" 或 "爱上学不上"；例（29）中的 "爱尽不尽" 可替换为 "爱尽责任不尽责任" 或 "爱尽责任不尽"。

第二，从充当句法成分方面看，A 级的 "爱 V 不 V" 处于整合的初级阶段，其充当句法成分的能力还相对较弱，可出现在的句法位置还比较有限，较多出现在谓语的位置上，甚至有时可以看成复句中一个独立的分句，就像整合前的形式一样，可以在一个更大的结构中充当分句。A 级 "爱 V 不 V" 出现在修饰语位置上的能力还不强，这跟其整合度极低有关。

第三，从受语境的影响程度方面看，A 级的 "爱 V 不 V" 因为浮现意义还不是很明显，因而受语境的影响还是比较大的，在不同的语境中其表现的意义可以是不同的。如：

（30）小伙子翻翻白眼："我就这价儿，您爱买不买。（2005年《故事会》）

B 级：中整合度。B 级比 A 级相比，除了形式上的整合度更高，意思上也发生了变化。其具有一定的浮现意义，带有说话人的不满情绪。如：

（31）这样也就失去了比较和鉴别，只好由一个人或几个人唱单台戏，好坏就是它，爱看不看！（1979年《读书》）
（32）我不过就是说你几句嘛，你爱听不听，可你偏要跟我顶嘴。（王朔《无人喝彩》）

B 级的 "爱 V 不 V" 具有以下特征。

第一，从可带宾语的自由度方面看，一个最为明显的表现是，"爱 V 不 V" 中变项 V 可带宾语的自由度大大降低。这类 "爱 V 不 V" 很少可以替换成 "爱 VO 不 VO" 或者 "爱 VO 不 V"，因为很难找到一个合适的宾语来填充结构中的空位 "O"，且保持原意不变。这类 "爱 V 不 V" 中可以出现在 V 后的宾语大多是一个事件，而不像 A 级中是简单动宾双音节结构或是离合词。例（31）中补出的宾语应该是"这种失去了比较和鉴别的单台戏",例(32)中补出的宾语应该是"我说你的那几句话"。可见这些成分都不能够精简进入"爱V不V"格式,所以这类经常带复杂宾语的"爱V不V"结构相对来说反而比较稳定、整合度更高。

第二,从充当句法成分方面看,虽然B级的"爱V不V"结构相对稳定,跟A级相比,B级的"爱V不V"在充当句法成分的能力上应该要强很多,但通过实际的语料分析我们发现,这类"爱V不V"除了能充当谓语之外,充当其他句法成分的能力还是比较差的,仅有少数可以充当修饰语成分。

第三,从受语境的影响程度方面看,B级的"爱V不V"在浮现意义上和A级区别比较明显,B级所具有的浮现意义已经比较稳定地凝固于整个构式之中了,很少会因为具体语境的变化,而出现浮现意义隐现的情况。

C级:高整合度。C级的"爱V不V"应该是这一格式到目前为止整合程度最高的。这一等级的"爱V不V"格式浮现意义更加丰富,除了表示"不满",还有"不在乎、随便"的意义,其结构整合程度也相当高,不易替换变化。C级中最为典型的就是"爱理不理"。如:

(33)想到萧峰对自己那股*爱理不理*的神情,心中百般的郁闷难宣,说道:"抬了下去吧!"(金庸《天龙八部》)

(34)我非常的心酸,低头不语,叮当永远不会知道这些伤心史,我相信在她的笔下,无论舞女,歌女,大学生,都是意气风发,*爱理不理*的女强人。(亦舒《香雪海》)

(35)那伙计本来一副*爱理不理*的样子,这种土头土脑的外乡佬,他一向看不顺眼。(古龙《陆小凤传奇》)

C 级的"爱 V 不 V"具有以下特征。

第一，从可带宾语的自由度方面看，在 B 级中，句中变项 V 隐现的宾语常常比较复杂。这些复杂的宾语项难以进入"爱 V 不 V"格式，使得该格式相对稳定，这些复杂的宾语项我们可以通过还原的方法找出来。可是在 C 级的"爱 V 不 V"中，我们很难找出合适的宾语项。我们认为这种结构上的表现，恰恰表明 C 级的"爱 V 不V"格式的整合度相当高。如例（33）中的"理"后根本无法补出相应的宾语，"爱理不理"已经变成一种描述感情态度的固定词语了，后面没有相应的宾语。

第二，从充当句法成分方面看，相比前两个等级的"爱 V 不V"，C 级的"爱 V 不 V"充当句法成分的能力显然更为灵活，不仅可以出现在谓语位置，还可以自由出现在修饰语的位置，充当定语或者状语。如例（34），用"爱理不理"自由充当定语。

第三，从受语境的影响程度方面看，C 级的"爱 V 不 V"的语义结构相当稳定，"不满，无所谓，不在乎"的浮现意义已成为这个格式必不可少的组成部分。不论实际使用中的语境如何变化，都不影响其浮现意义的存在。如例（35）。

综上所述，我们可以大致判定构式"爱 V 不 V"在整合的过程中是具有一定的等级性的，在格式内部大致存在三种不同整合度的"爱 V 不 V"，分别是低整合度的 A 级、中整合度的 B 级和高整合度的 C 级，三种不同等级的"爱 V 不 V"在句法上的差异见表 6-2。

表 6-2　"爱 V 不 V"的整合度等级与句法差异

等级表现＼句法表现	可变项 V 是否稳固	充当句法成分的能力	浮现意义是否稳固
A 级：低整合度	－	－	－
B 级：中整合度	＋	＋	－
C 级：高整合度	＋	＋	＋

　　"爱 V 不 V"构式具有以下特征：在韵律音节上，动词 V 以单音节为主，也有少数的双音节动词；在韵律切分上，应该切分为结构稳定、节奏性强的"2+2"模式的"爱 V／不 V"；在句法功能上，"爱 V 不 V"可以作单句内部的谓语、定语、状语和宾语，也可以充当复句的分句，还可以单独成句。按照带宾语的自由度、充当句法成分的能力和受语境影响程度这三条标准，我们把"爱 V 不 V"构式按整合度从低到高分为：低整合度的 A 级、中整合度的 B 级和高整合度的 C 级。

第7章 列举构式"X什么的"的形成机制

近年来,三音节列举助词"什么的"不断引起学界的关注,但已有研究大都是对"什么的"现代汉语共时层面的句法语义语用进行分析,比如董晓敏(1998)、张谊生(2001)、龙泉(2007)、李劲荣(2015)等。从历时角度探讨"什么的"的来源及形成机制的成果还非常少,只有卢惠惠(2012),但该文讨论的并不是形成机制而是形成动因,认为"X什么的"是列举义构式"什么X"出于消解歧义、完句煞尾等表达需要而产生的衍生形式。对于"什么X"具体怎么衍生出"X什么的",即"X什么的"的具体形成过程及形成机制,卢文并未涉及。本章从共时、历时两个方面探讨"什么的"的句法特征及历时来源:共时层面主要讨论已有研究涉及很少的列举项X的句法特征;历时层面主要利用概念叠加和构式整合理论,探讨"什么的"的形成机制。

7.1 列举项"X"的句法特征

本章把"什么的"前面的成分称为列举项,用"X"表示。下面主要讨论列举项 X 的数量与性质、X 内部的连接形式等问题。

7.1.1　X 的数量与性质

根据我们对语料的统计，并列成分的数量可以为 1 项至 5 项不等，其中以 1 项、2 项为最多。例（1）—例（5）中的构造单位数量依次是 1 项、2 项、3 项、4 项以及 5 项。

（1）承认别人的某一篇作品比自己的作品好，还写封"推荐信"什么的。（梁晓声《京华闻见录》）

（2）她看见学海左手拿着一瓶烧酒，右手拎着一捆青菜和韭菜什么的。（周而复《上海的早晨》）

（3）每天，书包里带块干粮，或者几个土豆，一棒玉米，一个萝卜什么的。（梁晓声《表弟》）

（4）小则打火机、丝袜、化妆品、假首饰什么的，大则录音机、照相机、彩电、录像机等等。（梁晓声《京华闻见录》）

（5）找对象，品格应放在首位，至于长相、家境、文凭、地位、金钱什么的，并不重要。（1994 年《报刊精选》）

搭配对象"X"的性质共有四种类型：语素、词、短语以及句子。其中又以词居多，短语数量居中，语素与句子出现的情况较少。如果并列项是词的话，其词性当为名词、动词与形容词这三类中的一种，没有发现其他词语的用例。

（6）读大江的小说，人物的名字净是些"蜜""鸟""鹰"什么的，稀奇古怪。（《当代报刊》）

（7）手里提一只鱼网栓成的大兜，兜里装着咸盐、火柴、酒瓶什么的，还有一台小收音机呢。（王润滋《三个渔人》）

（8）一边看武侠小说，一边喝点小酒、啃点零嘴什么的。（王丰《蒋家末代总管——孔二小姐》）

（9）而今哪个女人家没有化妆品，最简单的也要有"养颜护肤霜""大宝天天见"什么的。（1997 年《作家文摘》）

以上例句中，例（6）的构造单位为语素，例（7）的构造单位为名词，例（8）的构造单位为动宾短语，例（9）的构造单位为句子。

7.1.2　X 内部的连接形式

在 "X什么的" 中，并列项之间通常有语气停顿，一般用逗号、顿号来表示，如：

（10）人的美主要是自然的美，开个双眼皮，垫个鼻梁什么的，局部可能美化了，但破坏了总体的协调，看上去就显得别扭。（樊淑棣《刘晓庆整容了吗？》）

（11）女主人不知姓名，叫饱满婶娘。她家还做点小生意，卖点儿花生、桔子、糖果什么的。男人们多数是冲着饱满婶娘来的，目的是饱眼福。（2011 年《人民日报》）

（12）记得我第一次进入这个库房时，看着那些破布、毛线、旧毛巾什么的，问老同志，这是干什么用的？（董保存《毛泽东"管家"》）

并列项之间有时使用一些连词，如"和""以及""或"等，如：

（13）开始，他只搞文字报道，间或写些短篇小说、诗歌和报告文学什么的，每年见诸报刊的稿件平均五十篇左右。（1995 年《人民日报》）

（14）她一张口，郁积在心底的<u>苦闷、烦躁以及愤慨、压抑</u>什么的，都夹带在歌声里一齐释放了出去。（方方《桃花灿烂》）

（15）我就在她面前比划<u>大提琴或黑管</u>什么的，有时她就说："错了，你忘了，速度不对。"（1994 年《人民日报》）

并列项之间有时使用语气助词"啊""啦"等来间隔，如：

（16）他们和我开玩笑，说<u>养点花啊猫啊狗啊</u>什么的，我说我连养活自己都很困难。（1994《报刊精选》）

（17）这两三年多次举办<u>汇演啦歌奖啦舞赛啦美展啦诗会啦</u>什么的，累得够呛。（1994 年《读者》）

甚至有些语料还同时出现了多种连接方式，如同时使用符号与语气助词等，如：

（18）他们父女俩教给我不少知识，<u>什么版本了，印数了，出版社了，名著哇，作家呀</u>什么的。（1994 年《报刊精选》）

此外，还有些并列项之间并没有任何语音停顿，如：

（19）居民们过日子缺了<u>米面油盐</u>什么的，不用出门。（1994 年《人民日报》）

（20）也永远没有<u>小楼房小汽车大把钞票</u>什么的，可活得充实，活得有滋有味。（1994 年《人民日报》）

我们认为，这些并列项之间无停顿的原因有两个：一是它们在日常口语中经常共现，在很大程度上已经被当作完整的词语来使用，如例（19）；二是人们说话时因情感所需，无停顿可使语速加快、语气增强，表达的情感也会更加强烈，如例（20）。

　　并列项中的连接方式，除了上面的标点符号、连词、语气词，还有一些特殊形式。首先，动宾短语间常出现量词，如例（21）、（22）中的 "个" "串" 等。

　　（21）工业生产早已不是小零件加工，打个铁，做个家具什么的。（1994 年《报刊精选》）

　　（22）每回你爷爷总要花个块儿八毛的，买串糖葫芦、买个空竹什么的，这可是我们盼了一年的享受。（1994 年《报刊精选》）

　　其次，动词用重叠形式，如：

　　（23）往后只搞搞电影戏剧、吹吹单簧管什么的，以示 "一个作家的小小的抗议"。（1994 年《报刊精选》）

　　（24）我抽屉里总放着针线包，钉钉扣子、缀缀领章、补补尼龙袜什么的。（1997 年《读者》）

　　从上面的论述可以看出，口语色彩浓重是 "什么的" 区别于其他列举助词的主要特征，也是它最主要的语用特点。浓郁的口语色彩，增加了随和性，也使搭配对象 "X" 具有了很多口语化的表现，如前文提到的穿插语气词、叠词、量词等。

7.1.3　与其他列举格式共现

通过大量的语料分析，我们发现构式 "X 什么的" 偶尔会与其他表示列举的格式共现，以加强列举义，常见的共现格式有四种。

第一，在列举项之前加上有"列举义"的词语"比如""像"等，如：

（25）千万别自作聪明，比如烧个鸡汤什么的，以为那就是最好的良药。（1986年《读者》）

（26）中国现在有不少摇滚乐队，像"唐朝""黑豹"什么的。（1994年《报刊精选》）

第二，列举末项带有省略号，如：

（27）你说我假道学、假义气、假儿子、假哥哥……什么的，倒真是伤了我。（琼瑶《青青河边草》）

（28）说是牡丹、昆仑、金星、孔雀……什么的。（刘心武《公共汽车咏叹调》）

第三，框式列举构式"什么X什么的"，如例（29），以及列举助词句末连用的"X等/等等/之类/一类+什么的"等格式，如：

（29）还当着什么这个委员那代表什么的？事情弄大了怕是要有点麻烦。（1997年《作家文摘》）

（30）只要按他们提出的要求汇上报名费和评委费，交上一则200来字的自我介绍，就能成为文学家、诗人和歌星、影星等什么的。（《科技文献》）

（31）忽而读到《第二次握手》，倏然又读《辞海》、《诗经》、《楚辞选》等等什么的。（2000年《人民日报》）

（32）不强迫对方履行什么朋友的义务之类——譬如告之身高、体重、八字、祖宗八代之类什么的 。（林如是《一个陌生

男子的来信》)

（33）刚开始自己还以为是他弟弟一类什么的，但后来才
知道，颜雨峰和他是一点关系都没有。（大秦炳炳《校园篮球
风云》)

第四，在列举项的前后，偶尔还会出现一些总括性的先行词或
后指词，以界定列举项的范畴，其列举项都在这些总括性词语的所
指范围内。例（34）中的"洋货"是总括性词语，后面的"阿迪达
斯""耐克""皮尔卡丹""意大利鳄鱼皮鞋""日本棒球帽"是具体
的列举项；例（35）中的"农家用品"是总括性词语，前面的"柴
火""笆""簸箕"是具体的列举项。

（34）过去风流天下的男士名牌名货，先是洋货阿迪达斯、
耐克、皮尔卡丹，以及意大利鳄鱼皮鞋、日本棒球帽什么的。
（1994 年《报刊精选》)

（35）霍邱县沿淮的杞柳，原先并不起眼，只是当作柴火，
偶尔编个笆、簸箕什么的农家用品。（1994 年《报刊精选》)

即使有些单位基本义相差甚远，"什么的"往往会通过它们之
间某个共同的语义特征把各项归纳进一个共同的语义范畴。这时候，
构式前后往往还会带有总括性的词语。如例（36），其中的列举项
基本义相差甚远，但它们进入构式"X 什么的"以后就都具有一个
共同的语义特征［＋专业名称］，例句中的总括性词语便是首句中的
"专业"一词。

（36）开什么专业，要高起点，用得着的，如微机、机械制
造、制药、中医、涉外文秘什么的。（1994 年《报刊精选》)

7.2　构式"X什么的"的历时来源

7.2.1　"什么"列举用法的产生

"什么"最开始的词性是疑问代词，表疑问。在五代以后，代词"什么"出现了虚指用法，宋代出现了任指用法，从元明时期开始，其可以表否定。"什么"最早在清代出现了列举助词的用法，列举项至少是两项，如：

（37）什么老板、伙计，连着大人的跟班、差官，一齐都赶到那边船上去瞧热闹，这边却未剩得一人。（清《官场现形记》）

（38）再朝南走去，一带便是书坊，什么江左书林、鸿宝斋、文萃楼、点石斋各家招牌，一时记不清楚。（清《文明小史》）

列举项既可以是词，也可以是短语，如：

（39）又有叫什么绿蒉的，还有什么丹椒、蘼芜、风连。（清《红楼梦》）——词

（40）后来听说诓镖行之人为匪，什么抢绸缎店，抢白龙驹，俱是一片捏词。（清《三侠剑》）——动宾短语

（41）有的并把箱子里的衣服，什么纱的、罗的、绫的、绸的，还有大毛、中毛、小毛，一齐扯个粉碎，丢在街上。（清《文明小史》）——"的"字短语

并列项之间通常有语气停顿，一般用顿号来表示，如：

（42）你只看全国行省里头那些最重要的差使，什么<u>银元局、铜元局、铁路、矿务、军政、警军</u>。（清《九尾龟》）

（43）这里新马路左近几个有名的大公馆，什么<u>姨太太、少奶奶、小姐</u>头上戴的花，都是我一个人送去的。（清《九尾龟》）

有时，并列项之间会使用语气词 "啦" 等来间隔，如：

（44）他们这伙子并不是好人，什么<u>折腿啦，婆母急症啦，老头是小媳妇的叔叔</u>，全都没有一档子事。（清《三侠剑》）

此外，还有些并列项之间并没有任何停顿，如：

（45）晴雯道："宝二爷今儿千叮咛万嘱咐的，什么<u>'花姑娘''草姑娘'</u>，我们自然有道理。"（清《红楼梦》）

在清代表示列举的，除了 "什么"，还有 "甚么"，主要出现在《官场现形记》《二十年目睹之怪现状》中，如：

（46）我们便衣就可上街，甚么<u>烟馆里，窑子里，赌场上</u>，各处都可去得。（清《官场现形记》）

（47）从前在城里充医生，甚么<u>妇科、儿科、眼科、痘科</u>，嘴里说得天花乱坠。（清《二十年目睹之怪现状》）

7.2.2　框式列举构式"什么 X 的"的产生

几乎在以上"什么"列举用法产生的同时，清代还出现了前项"什么"与后项"等""等类""之类"套叠而形成的框式结构"什么 X 等 / 等类 / 之类"，也可以表示列举，如：

（48）只得翻出来带的书来，什么《宋明四书义》、《东莱博议》、《古文观止》等，看了多时，拣两个牛头不对马嘴的题目。（清《九尾龟》）

（49）只有少爷的行李顶多，什么铺盖、衣箱、书箱、吃食篮等类，足足堆了半间屋子。（清《文明小史》）

（50）宝玉听说，便回道："此处并没有什么'兰麝'，'明月'，'洲渚'之类，若要这样着迹说起来，就题二百联也不能完。"（清《红楼梦》）

"的"的列举用法最早在清代的《红楼梦》中出现，如：

（51）明日有人带花儿匠来种树，叫你们严禁些，衣服裙子别混晒混晾的。（清《红楼梦》）

（52）你若忘了时，日后半夜三更打酒买油的，我不给你老人家开门，也不答应你，随你干叫去。（清《红楼梦》）

（53）这么点子孩子就闹鬼闹神的，也不害臊，赶大了还不知是个什么东西呢。（清《红楼梦》）

"的"的列举用法在现代汉语中仍然使用，虽然用例不多，如：

（54）不能挑沉重的，我弄点糖儿豆儿的；一天赚三毛也

好，五毛也好。（老舍《四世同堂》）

（55）吃倭瓜与西瓜的时候，她必把瓜子儿晒在窗台上，等到雨天买不到糖儿豆儿的，好给孩子们炒一些，占住他们的嘴。（老舍《四世同堂》）

可能是受到以上框式列举构式 "什么 X 等 / 等类 / 之类" 的影响，在类推机制的作用下，已产生列举用法的 "X 的" 跟具有列举用法的 "什么 X" 套叠形成新的框式列举构式 "什么 X 的"。

（56）宝玉道："明儿就叫'四儿'，不必什么'蕙香''兰气'的。"（清《红楼梦》）

（57）我那里记得什么抱着背着的，提起这些事来，不由我不生气！（清《红楼梦》）

（58）他就编派了我这些混话，什么"面壁了""参禅了"的，等一会我不撕他那嘴。（清《红楼梦》）

（59）也别论远近亲戚，什么穷啊富的，只要深知那姑娘的脾性儿好模样儿周正的就好。（清《红楼梦》）

以上对列举构式 "什么 X 的" 的形成机制作了语料验证，这种假设的合理性还可以从时间上获得支持。列举用法的 "X 的" 和 "什么 X 的" 都在《红楼梦》中开始使用，列举用法的 "什么" 在《红楼梦》之前就已经产生，《红楼梦》中仍在使用。那么 "什么 X" 与 "X 的" 在《红楼梦》中套叠形成列举构式 "什么 X 的" 是完全有可能的。

7.2.3 列举构式 "X 什么的" 的产生与发展

经语料查找发现，一直到民国才出现了表列举的 "X 什么的"，并且8个相关例句都出自民国小说《雍正剑侠图》[例（60）—例（64）均出自该书，不再——注明]，其中列举项是两项的有两例，如例（60）和例（61）：

（60）南北城有缺与不足，红白事儿什么的，磨脐子压了手揭不开锅，只要借到咱们这儿，无论多少不能驳回。

（61）我也知道您二位会个三角毛儿四门斗儿，打个旋风脚，折个纺车儿跟头什么的。

其余6例的列举项都只有一项，如：

（62）孔秀忙说："哎，师大爷，我和我的师哥商量好了，一来嘛要见识见识，趁这个机会，想看看达摩堂。再者说嘛，也是帮着师伯们出一出主意什么的。"

（63）再往前走，就是山货铺，卖日用杂品什么的。

（64）单有这么一个小碗架，也有碗也有筷子笼，还有咸菜丝，还有水缸什么的。

列举助词"什么的"产生并大量使用以后，可能是受到之前产生的框式列举构式"什么X等/等类/之类/的"的影响，在现代汉语中又类推产生了新生框式列举构式"什么X什么的"，如：

（65）吴经理想了想又说：这样吧，我再支持你们一些装修材料。什么瓷砖啊装饰板什么的，你们盖饭馆用得上的。（1997年《作家文摘》）

（66）我不得不说，她又是向我宣战了。什么"要现实些"啦，"要有个自我中心"啦，"自我设计"什么的。（徐星《无主

题变奏》）

（67）我还以为你要我说什么艺术呀、情节呀什么的，所以吓得我在你这个艺术大师面前不敢胡说。（肖华《我和张艺谋的友谊与爱情》）

还有中间没有 "X" 的两个列举助词 "什么" 与 "什么的" 连用的 "什么什么的" 结构形式，前面常常有动词 "说" 与之呼应，共同表达列举功能。如：

（68）那天讲话时还点了叶帅的名，说刘诗昆后边还有黑手什么什么的，那是 1967 年 4 月 2 日，叫 "四二讲话"。（《鲁豫有约》）

（69）现在我们在媒体上常常看到说 "一个留级生写出一部长篇小说""一个 17 岁的少年写出长篇小说" 什么什么的。（《韩仁均杂文》）

（70）过去曾听说中国政府对西藏进行压迫什么什么的，实际上是不真实的。（1994 年《人民日报》）

（71）穿布衣的共产党的领导干部少了。因为有了的确凉、的卡、混纺、其他什么什么的。（梁晓声《京华闻见录》）

现代汉语中，"什么的" 除了跟 "什么 X" 共现形成框式列举构式 "什么 X 什么的" 之外，还可以跟一些列举助词连用，形成 "X 等 / 等等 / 之类 / 一类 + 什么的"，共同表示列举。

（72）那就奇怪了，自毕业以来，每次聚会你都会忘记，或事出突然地带动物来我家参观，混一顿吃的，或叫我替野猫野狗治病疗伤等什么的。（李馨《冥王的恋人》）

（73）也许可能会在任何人都不知情的情况下，有意制造一起人为的事故，从而彻底地把你从古城监狱开除出去。比如像<u>丢了枪支，武器出现严重锈蚀</u>等等什么的。（张平《十面埋伏》）

（74）喷！喷！喷！你这老护士实在恶毒，我可还没提醒你一般护士该尽的职责，像<u>擦澡、换衣服</u>之类什么的。（妹子《老婆有难》）

（75）"这个……打开天窗说亮话吧，他……对你……有没有过下流的……比如说，<u>那种见不得人的表现</u>一类什么的……"我领悟了他的所指。（童戈《战地》）

在清代的《官场现形记》《二十年目睹之怪现状》中"什么"还有另一种写法"甚么"，可以表示列举。那么跟"什么的"相对应的"甚么的"，也可以表示列举吗？我们在近代汉语语料库中没有发现"甚么的"表示列举用法的例句，但是根据卢惠惠（2012）的调查，日本明治时期汉语会话教科书中，可以见到一些"甚么的"表列举的例句，如：

（76）快放桌子，想必爷们都饿了，<u>饭哪甚么的</u>都简决些儿。（《亚细亚言语集》）

（77）今儿是二十八，离月底还有两天，索性叫他赶下月初一那天再来倒好。是！还有他的<u>铺盖甚么的</u>，也都叫他一块儿拿来罢。（《官话指南》）

跟以上两种日本汉语会话教科书几乎同时代的《老残游记》《九尾龟》《二十年目睹之怪现状》《儿女英雄传》等一批文人白话小说作品中却没能搜寻到其踪迹。卢惠惠（2012）据此推测，"X什么的"可能是先在口语中普遍流行,然后才被吸收进书面语系统中的。本书也基本赞同这一观点。

7.3 构式 "X 什么的" 的形成机制

吕叔湘(1985:165)认为,"X 什么的"在"什么"之后加一个表连类而及的"的"字,是一种晚近兴起的用法。太田辰夫(1987:317)也认为,"什么的"可以看成由"什么"和表等类的助词"的"复合而成的。卢惠惠(2012)对"X 什么的"的产生动因进行了分析,认为"X 什么的"是列举义构式"什么 X"出于消解歧义、完句煞尾等表达需要而产生的衍生形式。"X 什么的"继承了"什么 X"的核心意义——列举,因此"X 什么的"与"什么 X"相互间有传承连接关系,"X 什么的"是在"什么 X"基础上产生的变异形式。但是对怎么从"什么 X"衍生出"X 什么的"的,即"X 什么的"的具体形成过程及形成机制,卢文并未涉及。

我们认为后附列举助词"什么的"的产生,是建立在框式列举构式"什么 X 的"的基础上的,夹在中间的成分 X 前移,从而形成"X 什么的",进而后置的"什么的"发生词汇化形成三音节列举助词。也就是说,列举助词"什么的"的历时形成经过了以下两个步骤。

第一步,表列举的构式"什么 X"与构式"X 的"发生概念叠加,进而构式整合为构式"什么 X 的"。所谓概念叠加和构式整合,是在两个意义基本相同的概念之间发生的,意义相同的两个概念叠加后,通过删减其中的某些成分(主要是相同成分),整合为一个新的构式(江蓝生,2008)。我们认为"什么 X"和"X 的"就是意义基本相同的两个概念（都表示列举），在概念叠加以后，通过删减其中的相同成分"X"，最后整合为一个新的框式列举构式"什么X的"。也就是说，"什么X的"源自"什么X"和"X的"的概念叠加和构式整合。具体过程如下：

什么 X ＋ X 的 → 什么 X 的
　　叠加　　整合

第二步，夹在中间的成分 X 前移，从而形成"X什么的"，后置的"什么的"发生词汇化形成三音节列举助词。具体来说，由于列举项 X 发生前移，留在句末的"的"既不是语义重心，又是单音节的，很难占据一个音步的位置，这就促使它前附于"什么"，跟"什么"构成一个跨层的三音节超音步。三音节超音步的形成是指"什么的"在句末发生固化，成为三音节词。

什么 X 的 → X 什么的
　　"X"移位

列举助词"什么的"前面的列举项 X，在数量上可以是 1 项至 5 项不等，可以是各级语法单位，列举项内部的连接形式多种多样。列举助词"什么的"在民国产生，其形成机制是概念叠加和构式整合：表列举的构式"什么X"与构式"X的"发生概念叠加，进而构式整合为构式"什么X的"；夹在中间的成分 X 前移，从而形成"X什么的"，后置的"什么的"发生词汇化形成三音节列举助词。

现代汉语中"甚么的"也有列举用法，但是用例非常少，只在个别作家的作品中出现。比如香港作家金庸先生的《倚天屠龙记》

和《天龙八部》中有少数用例：

（78）他心念一转之间，小昭所说的四句口诀已全然明白，只是 "天方地圆" 甚么的还无法参悟。（金庸《倚天屠龙记》）

（79）王夫人说到无量山石洞、玉像、石壁剑影甚么的，虽然听在耳里，全没余暇去细想。（金庸《天龙八部》）

内地作家张正隆的文学作品中也有个别用例，如：

（80）开头还弄口棺材，接着是大柜、炕席甚么的，后来就那么往外拖。（张正隆《雪白血红》）

（81）挖个大坑，把钢轨甚么的架上，尸体放在上面烧。（张正隆《雪白血红》）

我们认为 "甚么的" 很有可能只是 "什么的" 的另一种写法而已，因为近代汉语中 "什么" 就可以写作 "甚么"。

第8章 从概念整合看"出乎意料之外"的形成

作为"出乎意料"的近义表达方式,"出乎意料之外"的合法性一直都遭到质疑。邵明德(1986)认为"出乎意料之外"犯了语法上的错误。在"出乎意料"后面加上"之外"两个字,不仅显得重复啰嗦,表达不规范,而且违反逻辑,令人费解。李雪信(2004)指出,从规范语言的角度出发,要么用"出乎意料",要么用"在意料之外",二者选其一,不可把这两种不同的结构混在一起。李国英(2006)认为,"出乎意料之外"从形式和内容上来看都不规范,完全可以用"出乎意料"或"意料之外"来代替。张荣初编著(2006)认为"出乎意料之外"是错词,因为超出意料之外也就是意料之外,再在它后面加"之外"显然是叠床架屋;"超出于意料"容易理解,"超出意料之外"却不好理解,所以在"出乎意料"后面加"之外"是画蛇添足。

以上这些关于"出乎意料之外"的讨论,都是零散的、浅显的、语文学角度的分析,非常缺乏语言学方面的系统性研究。本章将结合北京大学 CCL 语料库,力求更为详细而全面地探讨"出乎意料"与"出乎意料之外"、"出乎 X 意料"与"出乎 X 意料之外"之间的共性和差异，进而尝试探索出一些倾向性的规律。最后利用概念叠加和构式整合理论，探讨"出乎意料之外"的形成机制。

8.1　"出乎意料之外"的合法性

从上面已有研究可以看出，"出乎意料之外"的合法性一直都遭到质疑。因而对"出乎意料之外"的合法性进行论证，就显得非常有必要。

首先是语义上的合法性。"出乎意料之外"和"出乎意料"意思相同，都有事情超出人们的预料之意。在《古代汉语常用字字典》中，"出"作为动词，有"产生、出产"的意思。所以，"出乎意料之外"有"产生在意料之外"的意思，并不属于错词。根据《现代汉语八百词》，"出"有"超出"和"发生、产生"等义项。在"出乎意料"一词中，"出"是超出的意思，"出乎意料"就是指事情的好坏、情况的变化等超出人们的预料。"出乎意料之外"中的"出"是发生的意思，"出乎意料之外"可以理解为"发生在意料之外"或"在意料之外发生"，并非"超出意料之外"的意思。因此，添加"之外"一词并不是画蛇添足之举，"出乎意料之外"这一表达在语义上是合法的。

其次是使用上的合法性。根据我们对北大 CCL 语料库的检索，"出乎意料之外"一词最早出现在清代，清代和民国一共有 4 个用例，如例（1）—例（3）。现代汉语中"出乎意料之外"用例多达114 个。

（1）诗却合格，兴致亦尚不浅。不逾时，忽调考功掌印，

甲午可得京察，<u>出乎意料之外</u>。遂不复作得差之想，考差时草草成篇，未刻即交卷出场。（清《春明梦录》）

（2）梁冀听罢，真是<u>出乎意料之外</u>，哈哈大笑道："我早就料定了，夫人是一定错听人家的话了。"（民国《汉代宫廷艳史》）

（3）闻得相国也在后园醉歌，知是与他凑趣，益加畅意。属吏见此情形<u>出乎意料之外</u>，不觉看得呆了，心想相国也与彼等一伙胡闹，真是无法可想。（民国《西汉野史》）

总之，从以上的分析和用例可以看出，"出乎意料之外"这一表达是符合汉语规范的，是合法的，并不像已有研究中认为的是一个错词。

8.2 "出乎意料"与"出乎意料之外"

8.2.1 两者的相似性

两者表意相同，都有"事情或情况超出人们的预料"之意，在大部分情况下，两者可以互换，句子意思不变，如：

（4）<u>出乎意料</u>的是，新年前夕，我意外地收到阿朵寄来的贺年卡。（1998 年《人民日报》）

（5）我这个六十上下的人，还得去上大学，眼下还要应付考试，真是<u>出乎意料之外</u>。（1988 年《读者》）

两者句法功能相似，都可以作谓语和宾语，分别如例（6）和例（7）。

（6）a. 下面三个小问题，请你先想好答案，再亲自动手验证一下，结果往往<u>出乎意料</u>。(《读者》)

　　 b. 这个答案<u>出乎意料之外</u>。巨人跟人类一样是物质界的居民，虽然外观跟人类相同，但体型却大了两倍甚至三倍以上。(《罗德岛战记》)

（7）a. 为了运动员们每一记精彩的扣杀，万众欢呼，鼓号鸣奏。这种沸腾的气氛真是<u>出乎意料</u>。（1995 年《人民日报》）

　　 b. 我这个六十上下的人，还得去上大学，眼下还要应付考试，真是<u>出乎意料之外</u>。当教师这一关也不容易过啊！（1988 年《读者》）

两者都可以修饰名词和动词，作定语或状语，分别如例（8）和例（9）。

（8）a. 那是白井清的名片，反面用铅笔写着如下<u>出乎意料</u>的消息。(《地狱的滑稽大师》)

　　 b. 于是大家也会意似的一阵轰笑，挽回了那个<u>出乎意料之外</u>的僵局。(茅盾《子夜》)

（9）a. 她把脸盘凑近小姑的脸盘，<u>出乎意料</u>地又哭起来了。(《战争与和平》)

　　 b. 泰斯原本以为可以在这个检验室中看到各式各样的新鲜玩意，但是他<u>出乎意料之外</u>地发现这里一片空荡。(《龙枪编年史》)

两者都可以受"最""很""大大""完全""有点""太"等程度副词修饰，如例（10）和例（11）。

（10）a. 我们还正在思索，应该躲在哪里比较安全的时候，最出乎意料的景象出现在我们面前。(《魔戒》)

b. 你会在最出乎意料之外的地方找到盟友。我会尽可能地送出讯息，通知这广大世界中的朋友。(《魔戒》)

（11）a. 每当他提到与神相关的一些言论时，他新婚的妻子总是会很出乎意料地重新再看看他的脸。(《银河英雄传说》)

b. 这一件礼物使这小男孩很出乎意料之外，他用小鸟儿换了玉镯，已经觉得占了便宜。(金庸《白马啸西风》)

两者都能单独使用，即都可以放在句首和句中，分别如例（12）和例（13）。

（12）a. 出乎意料，波洛对她面带微笑。(《清洁女工之死》)

b. 出乎意料之外，他们在大厅上看见一乘轿子。(巴金《家》)

（13）a. 问卷一下去，出乎意料，学生都不知道自己在想些什么、该想些什么。(1997 年《读者》)

b. 不久前，在芝加哥看到了《大红灯笼高高挂》，出乎意料之外，我完全被这部片子吸引住了。(1992 年《读书》)

两者都可以加"的是"，作独立成分，单独使用，如：

（14）楼道上一股葱油和烤肉的味道，邻居们已在准备晚餐了，我开了门，拧亮灯，<u>出乎意料的是</u>，天天不在屋里，桌上也没有任何留言的纸条。（卫慧《上海宝贝》）

（15）然而，<u>出乎意料之外的是</u>，划船运动的危机度却高达10 次危机 / 小时；攀登帕米尔高原和喜玛拉雅山的登山运动的危机度更甚，约为 40 次危机 / 小时，高于歼击机驾驶员的危机度。（1989 年《读者》）

最后，两者都有"出乎 +X+ 意料"/"出乎 +X+ 意料之外"的结构（本章第三节将展开论述），如：

（16）能在这里看到这么大规模的彩灯的确<u>出乎大家的意料</u>。（新华社 2004 年新闻稿）

（17）曾几何时，女儿在报上竟也发表了几篇文章，这倒<u>出乎我意料之外</u>。（程乃珊《吾家有女初长成》）

8.2.2　两者的差异性

"出乎意料"可以修饰形容词，作状语，如例（18）和例（19），"出乎意料之外"不可以。

（18）不仅如此，在管理者的人生当中，让时间流失、死亡的状况，是<u>出乎意料地</u>多。（罗锐韧主编《哈佛管理全集》）

（19）他们摧毁了大量的敌机，而在战斗的交锋中却发现日本在莱特岛的守军<u>出乎意料地</u>薄弱。（《第二次世界大战回

忆录》)

"出乎意料"可以作补语,如例(20)和例(21),"出乎意料之外"不可以。

(20)攻击快得<u>出乎意料</u>,帕拉斯来不及躲开。(朱学恒译《龙枪短篇故事集》)

(21)房间好得<u>出乎意料</u>。拉开窗帘,你喜欢的海冲出夜色向我们扑来。(张贤亮《绿化树》)

"出乎意料之外"作状语修饰形容词和作补语都比较受限制,而"出乎意料"则比较自由,这可能跟嵌入成分总体受音节限制这一普遍规律有关:相对来说,"出乎意料"由于整体音节较短,所以比较自由;而"出乎意料之外"整体音节较长,所以比较受限。但是通过对语料的检索可以发现,至少在作状语这一点上,这一解释的合理性值得商榷。因为虽然"出乎意料之外"不能作状语修饰形容词,但是可以作状语修饰动词性短语,如:

(22)徐义德暗暗抬头向课室四周一看,<u>出乎意料之外</u>地吃了一惊:课室里空荡荡的,椅子上没有一个人。(周而复《上海的早晨》)

(23)她显然是把一头长发盘了一只堕马髻在脑后,这么一个古典的发型,<u>出乎意料之外</u>地叫她非但不显老,反而更能在青春的气质之中觉得端庄。(梁凤仪《弄雪》)

"出乎意料"可以受语气副词、否定副词等修饰,"出乎意料之外"则不行。具体来说,语气副词只有"反而"可以修饰"出乎意

料",其他的都不行。否定副词"并非""无不""并不"都可修饰"出乎意料",其他的都不行。如:

（24）在温泉客栈听按摩女谈艺妓的身世,那是太平常了。唯其平常,<u>反而出乎意料</u>。(《雪国》)

（25）一些艺术门类受到忽略而日渐萎缩,就<u>并非出乎意料</u>了。(1994年《报刊精选》)

（26）戏校礼堂里近千名师生,<u>无不出乎意料</u>、瞠目结舌,好几秒钟的沉寂后,是炸雷般的喝彩。(陈建功、赵大年《皇城根》)

但是通过对语料库的检索,我们发现唯一例外是否定副词"没有",因为它既可以修饰"出乎意料",也可以修饰"出乎意料之外",如:

（27）a.<u>没有出乎意料</u>,被国人视为雅典奥运会皮划艇夺金重点的孟关良杨文军组合没有在27日男子双人划艇1000米决赛中使出全力。(新华社2004年新闻稿)

b.如果您想要死守帕克塔卡斯,我们必须照计划撤退,并且关上大门。请记住,这个状况并<u>没有出乎意料之外</u>,我主。(朱学恒译《龙枪传奇》)

两者句法位置分布存在差异,"出乎意料之外"单独使用时不能放在句尾,而"出乎意料"则可以,如:

（28）这一举动引起了许多房地产公司的纷纷效仿,售房情况之好,<u>出乎意料</u>。(1995年《人民日报》)

（29）电视系列专题片《爱心世界》在各地近百家电视台陆续播出，最近又在中央电视台与观众见面，反响之强烈，<u>出乎意料</u>。(2000 年《人民日报》)

此外，在北京大学 CCL 现代汉语语料库中，"出乎意料的是"有 91 个例句，而"出乎意料之外的是"只有 2 个例句。其中，"出乎意料的是"单独使用时，可以放在句首和句中，分别如例（30）和例（31），但"出乎意料之外的是"只能放在句首，如例（32）。

（30）<u>出乎意料的是</u>，之后厂长的手机不断响，他便不断通电话，在他没发言时也是一样，大家只能停下来等着。（1996 年《人民日报》)

（31）据报载，南方某市对中学生做了一次"你心中的偶像"的调查，<u>出乎意料的是</u>，得票最多的前 10 人中竟有 9 人是港台影视歌星。（1994 年《报刊精选》)

（32）<u>出乎意料之外的是</u>，奥地利政府居然也积极支持这个新草案，而这个新草案是与四国前已取得协议的决定以及奥地利从前的立场相矛盾的。（1954 年《人民日报》)

8.3 "出乎 X 意料"与"出乎 X 意料之外"

8.3.1 构件 X 的构成

X 可以是"代词"或"代词＋的"，包括"你（的）""我

（的）" "他 / 她（的）" "我们（的）" "你们（的）" "他们（的）"
等，如：

（33）真正的拿波里人都麇聚在令人欲呕的小胡同里面，而
且<u>出乎你的意料</u>，他们都具有南方人的欣快。（李健吾《拿波里
漫游短札》）

（34）导演王若冰说，"无间道Ⅳ" 的反响之大<u>出乎他们的
意料</u>。（新华社 2004 年新闻稿）

（35）安东事务所的考试只有这一项，这一点<u>出乎我们的意
料之外</u>。（1994 年《读者》）

X 可以是 "名词" 或 "名词 + 的"，如：

（36）《活着》的版本之多<u>出乎余华意料</u>。（1994 年《报刊
精选》）

（37）这场取名为 "生活奥斯卡" 的晚宴，吸引了百余位企
业界知名人士踊跃参与，这一结果大大<u>出乎主办者的意料</u>。（新
华社 2004 年新闻稿）

（38）<u>出乎徐义德的意料之外</u>，杨健说："我晓得你还没有
下决心坦白，当然想不出来。回去写也好，别再浪费时间了。"
（周而复《上海的早晨》）

X 可以是词组，但是这种例句比较少，如：

（39）这<u>出乎李世杰和范灵芝的意料</u>：他爹他妈向来和他大
哥是一气，为什么又和他分在一块呢？（赵树理《三里湾》）

（40）巴格达胥的报告<u>出乎尤里安和其他幕僚人员的意料之</u>

外。(《银河英雄传说》)

8.3.2　两者之间的共性

"出乎 X 意料"和"出乎 X 意料之外"都可以作谓语和宾语，分别如例（41）和例（42）。

> （41）a. 中国培养的 MBA 学生能够这么快的站到领奖台上，确实出乎我的意料。（新华社 2004 年新闻稿）
>
> 　　　b. 这些动作往往出乎读者意料之外，初看很突兀，但细细推敲，就会发现以前都有了伏笔。（1979 年《读书》）
>
> （42）a. 尽管行前做了比较充分的思想准备，可是大漠戈壁之荒凉，还是出乎我们意料。（1994 年《人民日报》）
>
> 　　　b. 这样的话，当然是出乎幕僚们的意料之外，所以杨不得不加以详细的说明。(《银河英雄传说》)

"出乎 X 意料"和"出乎 X 意料之外"都可以修饰动词（或动词性短语）和名词（或名词性短语），作状语和定语，分别如例（43）和例（44）。

> （43）a. 而改革之星党也出乎人们意料地跻身于全国十大党。（新华社 2004 年新闻稿）
>
> 　　　b. 她说时出乎我意料之外地拿出了一块纯金的小匾，上面精致地雕刻着中文。（1990 年《读者》）
>
> （44）a. 这一出乎人们意料的调整目的在于促进经济复苏。（1993 年《人民日报》）
>
> 　　　b. 由于儿童的这种往往出乎大人意料之外的模仿能

力，家长的榜样对孩子的攻击行为的影响是很大的。（方富熹、方格主编《儿童的心理世界——论儿童的心理发展与教育》）

两者都有"形容词／动词＋得＋'出乎X意料'／'出乎X意料之外'"的结构，在这个结构中，"出乎X意料／出乎X意料之外"作情态补语，如：

（45）中国与东盟各国的各种交往越来越多、发展越来越快，而且快得出乎人们的意料。（新华社2004年新闻稿）

（46）其实黄花衣买起来非常的容易，只要梅佐贤去一个电话，要多少有多少，价钱便宜得出乎人的意料之外，比一号破籽还贱。（周而复《上海的早晨》）

（47）1997年诺贝尔物理学奖获得者朱棣文，他是一个美籍华人，祖籍是江苏太仓的，他也要走一条恍恍惚惚的成功之道，经过不断地努力，他悟出来了，这个悟悟得非常地巧妙，悟得出乎我们意料之外。（《百家讲坛》）

但是这种结构形式是非常少见的，在北大CCL语料库中"形容词／动词＋得＋'出乎X意料'"的结构仅有1例，"形容词／动词＋得＋'出乎X意料之外'"的结构一共也就4例。

"出乎X意料"和"出乎X意料之外"独立成句，可以单独使用。两者的句法位置分布都有句首、句中和句尾三种情况，分别如例（48）和例（49）。但三种句法位置分布情况又存在差异，其中句首和句中比较普遍，而句尾的例子则比较少。

（48）a.出乎所有人的意料，希特勒盛装出现在展厅，随

　　　　行副官还带来了一大束白玫瑰。（1995 年《作家文稿》）

　　b. 我们本来举办的是名牌西装和衬衫的市场确认活动，可出乎我们的意料，有太空棉衬衫报名参加了我们的活动。（1994 年《报刊精选》）

　　c. 但众所周知，我国房地产业的复苏发展速度之快，出乎所有人的意料。（1994 年《人民日报》）

（49）a. 出乎富力克意料之外，竟然没有人对它有兴趣。（1989 年《读者》）

　　b. 这年他出版了他的第一册童话，内有 4 篇故事，出乎他意料之外，这些童话故事很受欢迎，于是他又立刻再写了 7 篇新的。（池元莲《安徒生就是丑小鸭》）

　　c. 我国近年来的社会政治稳定和经济发展，出乎不少人意料之外。（1993 年《人民日报》）

　　"出乎 X 意料"和"出乎 X 意料之外"都可以加"的是"，单独使用作独立成分，句法位置分布也较为自由，既可以放在句首，如例（50），也可以放在句中，如例（51）。

（50）a. 出乎我意料的是，这条街确有过狄更斯提到的那条金手臂的招牌。（1989 年《读书》）

　　b. 出乎金枝意料之外的是，妆快卸完的时候，有人真的送来了一束鲜花。（陈建功、赵大年《皇城根》）

（51）a. 并不是所有人都同意政府的补偿条件，但大大出乎我们意料的是，他们都把保护文物放在了首位，全部同意拆迁。（新华社 2004 年新闻稿）

b. 许多同学和友人都认为他将以文学或哲学为其追
求的目标，但是出乎大家意料之外的是，他受了家人
的指使报名进了医学院学习医科。（1983 年《读书》）

除上面的用法外，"出乎 X 意料 + 的是"和"出乎 X 意料之
外 + 的是"后面还可以不停顿而直接跟句子，但这种用法比较
少，如：

（52）王立强向他们笑了笑，出乎我意料的是王立强并没有
责备我，而是用他粗大的手掌盖住我的脑袋。（余华《在细雨中
呼喊》）

（53）那只船便穿过圆拱桥慢慢地向前驶去。出乎众人意料
之外的是后面还有一只，依旧泊在桥边，几个少女从船上走下
来。（巴金《家》）

8.3.3　两者之间的差异

在"出乎 X 意料 + 的是"的结构中，X 可以是名词、词组或代
词。但此时的代词仅限于"我""我们""他""他们"，其他的代词
皆不能用，如：

（54）出乎我意料的是，我和其他战犯在抚顺战犯管理所都
受到了极为人道的待遇。（1995 年《人民日报》）

（55）出乎我们意料的是，在装物品的车上，两条用红纸写
成的条幅跃然眼前：祝女子沙漠探险活动圆满成功！（1994 年
《报刊精选》）

（56）然而出乎他们意料的是，知情的人们表现出了难得的

热情。（刘郎《替父征婚和为媳作媒》）

在"出乎 X 意料之外 + 的是"的结构中，X 可以是名词、词组或代词。但此时的代词仅限于"他""你"，其他的代词皆不能用，如：

（57）大大<u>出乎你意料之外的是</u>这对所谓的"奸夫淫妇"说出的真情恰恰与你所料相反。（钱林森、廉声《大宋提刑官》）

（58）茅盾早就知道萧楚女是"楚男"，<u>出乎他意料之外的是</u>，楚女是麻面黑脸。（武在平《毛泽东与茅盾》）

8.4　"出乎意料之外"的形成机制

所谓概念叠加和构式整合，是在两个意义基本相同的概念之间发生的，意义相同的两个概念叠加后，通过删减其中的某些成分（主要是相同成分），整合为一个新的构式（江蓝生，2008）。概念叠加和构式整合是发生在不同的层面、前后相继的两个过程：概念叠加是语义层面的一种概念操作，发生在前；构式整合是句法层面的一种句法合并，出现在后。我们认为"出乎意料"和"意料之外"就是意义基本相同的两个概念（都是指"事情的发展变化超出人们的预料"），在概念叠加以后，通过删减其中的相同成分"意料"，最后整合为一个新的构式"出乎意料之外"。也就是说，"出乎意料"和"意料之外"经过概念叠加和构式整合生成了构式"出乎意料之外"，并且其中的构件"出"的语义也发生了变化，从"出乎意料"中表示"超出"义演变为表示"发生、产生"义。

出乎意料 + 意料之外 → 出乎意料之外
　　叠加　　　　整合

例（59）是共时层面现代汉语的整合过程。其中 a 句是"出乎意料"，b 句是"意料之外"，c 句的"出乎意料之外"，是在 a、b 两句概念叠加的基础上通过构式整合而生成的，如：

（59）a. 长江文艺出版社社长周百义说："我们一直很看好这两个小作家，他们不仅有写作的天赋，文学功底也非常扎实。他们加入作家协会应该不是出乎意料的事情。"（新华社 2004 年新闻稿）

　　　b. 突发事件是首次出现的，无前例可循，没有一般原则作直接依据，是非程序化决策的最典型表现，相对于哈佛经理曾经处理过的，比较熟悉处理方法和程序的常例工作，确实是意料之外的事情。（罗锐韧主编《哈佛管理全集》）

　　　c. 虽然百货公司进货，都是进一些被认为可销之货，但其中也有出乎意料之外的事情发生，一天中就被顾客抢购光了。（罗锐韧主编《哈佛管理全集》）

再来看历时层面近代汉语的整合过程。其中 a 句是"出乎意料"，b 句是"意料之外"，c 句的"出乎意料之外"是在 a、b 两句概念叠加的基础上通过构式整合而生成的，如：

（60）a. 我蒙祖父余泽，频频获得非分的荣誉，这次升官，尤其出乎意料，早晚恐惧反省，实在没有德行足以当此大任。（北京大学 CCL 语料库）

b. 丽辉接过牌道："人说你斗的好，果然不错。才看这几牌，都在我的<u>意料之外</u>，倒长许多见识。明日一定要送门生帖过去。"（清《镜花缘》）

c. 文炜将刘贡生等借约二张拣出，交付文魁。文魁喜欢的心花俱开，<u>出乎意料之外</u>，极力的将文炜誉扬贤孝，正大不欺。（清《绿野仙踪》）

同理，"出乎 X 意料"和"X 意料之外"经过概念叠加和构式整合，从而生成构式"出乎 X 意料之外"，如：

<u>出乎 X 意料</u> + <u>X 意料之外</u> → <u>出乎 X 意料之外</u>
　　叠加　　　　　整合

以下是共时层面现代汉语的整合过程。a 句是"出乎我意料"，b 句是"我意料之外"，c 句的"出乎我意料之外"，是在 a、b 两句概念叠加的基础上通过概念整合产生的，如：

（61）a. 沛沛这女儿，饮了外国的水，身体和心思的成长速度大大<u>出乎我意料</u>。（梁凤仪《风云变》）

b. 我终于发现<u>我意料之外</u>的奇迹了：我的马飞快地在山上升腾，马蹄铁霍霍地击着黑色岩石，随着霍霍的蹄声，乃有无数的金星飞迸。（李广田《马蹄》）

c. 我激动的向她报告了这一特大喜讯，可她的反应竟完全<u>出乎我意料之外</u>：你的绵绵苦难现在终于结束，开始过一种全新的生活了。（1988 年《读者》）

沈家煊（2006a）将概念整合分为"糅合"和"截搭"两种类

型。"糅合"好比将两根绳子各抽取一股重新拧成一根,"截搭"好比将两根绳子各截取一段重新接成一根。我们认为"出乎意料之外"的产生就跟"截搭"型整合有关,所谓"截搭"型整合指的是两个成分在整合过程中仍保留着原来的形式。"出乎意料之外"是通过截取"出乎意料"中的"出乎",截取"意料之外"中的"之外",然后将两者共有的"意料"保留,从而重新截搭而生成的。同理,"出乎 X 意料之外"通过截取"出乎 X 意料"中的"出乎",截取"X 意料之外"中的"之外",然后将两者共有的"X 意料"保留,从而重新截搭而生成。

最后,虽然"出乎意料"与"意料之外"的核心语义是一样的,都表示所发生的事情超出了意料,但是两者之间还是存在一些差别的,主要体现在两个短语的语义焦点是不同的:"出乎意料"的语义焦点在前,强调事情的好坏、情况的变化等超出人们的预料;"意料之外"语义焦点在后,强调在某范围之外。

本章对"出乎意料"与"出乎意料之外"、"出乎 X 意料"与"出乎 X 意料之外"之间的共性和差异作了较为详细的分析,找到了一些倾向性的规律,并从概念叠加、构式整合角度尝试探讨了"出乎意料之外"的形成机制。

汉语中通过概念叠加和构式整合而产生的构式,除了本章讨论的"出乎意料之外",类似的还有很多,比如"除了 X 之外(以外)",即"除了 X + X 之外(以外)→ 除了 X 之外(以外)"。当其中的 X 为指代上文内容的代词"此"时,句式中的"了"省略,就产生了现代汉语中经常使用的"除此之外"。再比如,汉语中有一种特殊句式——介词和时体标记远距离重合句,我们认为其也是通过概念叠加和构式整合而产生的,如"他在床上看电视""妈妈在厨房做饭""有个人在门口说话""有个叔叔在路灯下看书"等句子。

这在英语里也有相应的体现，如"He is doing his homework in the classroom.（他在教室里在做家庭作业 = 他在教室里做家庭作业）"。

（62）他在床上看电视。　　（63）妈妈在厨房做饭。

　　=他在床上 + 他在看电视　　=妈妈在厨房 + 妈妈在做饭

　　→他在床上在看电视。　　→妈妈在厨房在做饭

　　→他在床上看电视。　　→妈妈在厨房做饭

　　我们认为概念叠加、构式整合理论，除了可以解释汉语中特殊构式的生成之外，还可以用来解释兼语句的生成。汉语的兼语句是指动宾短语的宾语和主谓短语的主语套叠，合二为一。比如"我派他去上海"，是"我派他 + 他去上海 → 我派他去上海"。以上的分析用结构层次可以表示为：

　　江蓝生（2008）指出："概念叠加和构式整合是汉语句法创新的一种重要手段，存在于从古代汉语到现代汉语的历史发展过程中，目前对这一重要现象的了解还很不够，希望能引起同行们的关注。"李思旭（2017）尝试利用这一理论，对汉语三音节固化词语"X不是"的形成机制进行了探讨，讨论的主要是词法层面的构词问题。本书也是利用这一理论，主要关注的是语法层面的构式问题，对"出乎意料"和"出乎意料之外"的形成机制进行了探索。由于学识有限，一些倾向性规律可能还未得到较为合理的解释，希望能够引起学界的关注，起到抛砖引玉的作用。

第三部分

类型学与汉语构式

第9章 "偏称宾语处置式"的类型学意义

　　把字句是汉语的句式之一,有关把字句的研究文献非常多,但是据本书调查,迄今为止讨论吕叔湘(1948)所说的把字句动词后面带"偏称宾语(partitive object)"(如"把一盏酒淹一半在阶基上""怎肯把军情泄露了一些儿")的文献非常少。

　　国外研究汉语的少数学者,早已注意到此类特殊把字句。Thompson(1973)从及物性角度讨论汉语把字句的时候,注意到除了介词"把"可以带宾语之外,谓语核心动词后面也可以带"保留宾语(retained object)",比如"把"的宾语为整体,动词后的保留宾语为部分。司马翎(Sybesma,1992)认为"把"字后面的名词短语和动词后面的名词短语之间,必然有固定的语义关系,如不可分离的领属关系(inalienable possession)或部分与整体关系(part-whole);这类关系多半可以用复杂名词短语的形式来表达,所以可以将这两个名词短语在初始阶段看成一个整体,作为动词的宾语,然后在转换过程中将其中一部分移到"把"字后面的位置上去,动词后面保留下来的部分仍然是宾语。在国内,只找到了李裕德(1991)这一篇文章,此文首次对汉语普通话中的整体—数量宾语(偏称宾语)把字句进行了语义功能方面的描写和分析。

　　下文我们将转换一下研究的视角，在进一步描写此类把字句的句法特点的同时，将研究的重点放在以下几个方面：①此类处置式在汉语处置式结构类型中的地位；②从语言类型学的角度对其作跨方言的考察；③调查其在近代汉语中产生的年代，尝试解释产生动因。在展开讨论之前，有必要限定本章的研究范围。

　　（1）我把门踢了个洞。
　　（2）张三把橘子剥了皮。
　　（3）他把遗留的家产分作三份。
　　（4）他把那筐苹果吃了八个。
　　（5）我把《红楼梦》读了三遍。
　　（6）我把这首歌唱了二十分钟。

　　例（1）中的动词宾语"洞"表示的是动作的结果，是结果宾语。例（2）中的动词宾语"皮"跟"把"字宾语"橘子"之间是一种部分与整体之间的领属关系，"皮"和"橘子"之间是一种构件关系，即"皮"是整个"橘子"的构成成分之一，此外还有"瓤""籽"等。

　　例（3）比较特殊，"把"字宾语"遗留的家产"和动词宾语"三份"是等量关系，即三份之和等于全部遗留的家产。例（5）和例（6）中的动词后宾语，分别表示动量"三遍"和时量"二十分钟"，它们虽然也处在动词后，也是数量短语，但是跟"把"字宾语"《红楼梦》""这首歌"没有语义关系，只跟谓语动词有关，分别表示动作发生的次数和动作持续的时间。

　　以上只有例（4）是我们将要讨论的，动词宾语"八个"与"把"字的宾语"那筐苹果"是部分与整体关系，并且"八个"表示的是部分量，是表整体的"那筐苹果"中的一部分。

9.1 句法特征描写

所谓"偏称宾语处置式",就是"把"字宾语是表全称的名词,动词宾语是表偏称(partitive)的数量词语的把字句。如:

(7)他把橘子吃了三个。

(8)我把鞋子脱了一只。

例(7)和例(8)这类把字句,《现代汉语八百词》(以下简称《八百词》)和《实用现代汉语语法》(以下简称《实用》)也都说:"把"的宾语"名₁"和动词的宾语"名₂"之间存在整体和部分的关系,"名₂"是"名₁"所表示事物的一部分,如:

(9)把杂志翻了几页。(《八百词》)

(10)他把衣服脱了一件。(《八百词》)

(11)把个北京城走了一多半。(《八百词》)

(12)他把眼睛闭上了一只。(《实用》)

(13)他打老婆打得厉害,有一次把她的头发揪下来一大把。(《实用》)

吕叔湘(1948)在讨论偏称宾语时已经说到这类把字句,只是没有给一个明确的称呼。吕叔湘所举的部分例句如:

(14)把衣服脱了一件。

(15)把方才的钱拿来一些。

（16）炸弹把教学楼炸坏了一个角。

（17）他随手把这本杂志翻了几页。

例（14）—例（17）中的宾语都被分成两个部分，先是全称的名词作"把"字的宾语，后是偏称的数量作主要动词的宾语。"把"字宾语和动词宾语之间形成"全称"和"偏称"关系。数量词语的作用是对"把"字宾语进行修饰限制。这类把字句可以形式化为：把 $+O_1$（整体）$+V+O_2$（部分）。其中宾语 O_1 表示整体，在语义指称上是定指的；由数量词语充任的 O_2 表示部分，在语义指称上是不定指的，即"把"字宾语所指事物的一部分。宾语 O_1 和数量 O_2 之间是"整体"与"部分"关系，O_2 是 O_1 的一部分，表达的是部分量。

吕叔湘（1948）在讨论把字句动词带宾语时指出，把字句的动词后面可以带三类额外宾语（extra objects）：偏称宾语（partitive object）、动量宾语（quantitative object）和保留宾语（retained object），其中的偏称宾语，就出现于本章所说的偏称宾语把字句。

那么以上这些句子中表整体的 O_1 能否后移呢？这又有以下几种情况。

第一，O_1 能移至 O_2 后，接受 O_2 的修饰，句子表达的意思基本保持不变。即"把"字的宾语和动词后的偏称宾语有时可以合并为一个短语，合并后的短语可以作一般主动宾句的宾语。

（18）他把橘子吃了三个。

　　→　他吃了三个橘子。

（19）他把衣服脱了一件。

　　→　他脱了一件衣服。

第二，O_1 不能直接移至 O_2 后，接受 O_2 的修饰。O_1 能移至 V后，但必须在 O_2 前，并且移位的 O_1 后面须带助词"的"，O_1 跟 O_2组成一个偏正结构，如例（20）、（21）中的 a 句，但 O_1 不能移位于O_2 后，如例（20）、（21）中的 b 句。

（20）炸弹把教学楼炸坏了一个角。

→ a.炸弹炸坏了教学楼的一个角。

→ b.* 炸弹炸坏了一个角教学楼。

（21）他随手把这本杂志翻了几页。

→ a.他随手翻了这本杂志的几页。

→ b.* 他随手翻了几页这本杂志。

第三，O_1 能移至 O_2 后，但是句子所表达的语义有一定的差异。例（22）中的 a 句是说"谈了这些经验中的许多"，b 句则是说"谈了许多的经验"。在 b 句中也许所有的经验都谈完了，但在 a 句中则一定没有谈完。

（22）a.接着就把她领导妇女们打柴、担水、采野菜等经验谈了许多。

b.接着就谈了许多她领导妇女们打柴、担水、采野菜等经验。

第四，当"把"字的宾语和动词后面的宾语之间是数量领属关系时，即两个宾语都有数量词语，"把"字的宾语和动词后的偏称宾语也不能合并为一个短语，如例（23）中的 a 句。但是可以在"把"字宾语和动词宾语之间加上修饰词"中的"，这样句子又可以成立，如例（23）中的 b 句。

（23）我把五个苹果吃了三个。

→　a.* 我吃了三个五个苹果。

→　b. 我吃了五个苹果中的三个。

第五，动词后面的数量偏称宾语与谓语动词的关系，比与"把"后名词的关系更近。这可以通过话题化来进行验证，因为数量词语不能脱离动词后面的位置而进行话题化操作，如：

（24）他把橘子吃了三个。

→　* 三个，他把橘子吃了。

最后来看这种特殊把字句是如何通过移位生成的。司马翎（Sybesma，1992）认为保留宾语把字句中，"把"字宾语和动词宾语在初始阶段可以看成一个整体，共同作为动词的宾语。然后在转换过程中将其中一部分移到"把"字后面的位置上去，保留下来的就是动词宾语。Thompson（1973）则认为这种句式是从一般主动宾句转换而来的：在深层结构中设立两个无标记的宾语位置，然后按转换规则在衍生过程中将"把"字加进去。

9.2　跨方言考察及类型学意义

上面所讨论的这类动词后面带有偏称宾语把字句的现象，在汉语的一些方言中也有所体现。解正明（2006）对北方方言、吴语、湘语、赣语、客家话、粤语、闽语、徽语、晋语等 9 大方言区进行了考察，共收集了 21 个方言点的把字句材料，这些方言点又可以认为是各大方言区把字句分布的代表点，详见表 9-1。

表 9-1 各大方言区把字句分布代表点

北方方言	吴语	湘语	赣语	客家话	粤语	闽语	徽语	晋语
齐齐哈尔、呼和浩特、双鸭山、通辽	上海	长沙	南昌	梅县	广州	厦门	绩溪	神木
北京、青海、兰州、英山、巢县	金华	临武			阳江	汕头		

解正明按照把字句动词后宾语的语义和形式，将把字句分为复指宾语把字句、保留宾语把字句和零形式宾语把字句三种类型。据他的调查结果，这三类把字句的地理分布具有很强的规律性：复指宾语把字句方言主要出现在南部和中部，保留宾语把字句方言主要出现在中部和北部，零形式宾语把字句方言主要出现在北部。他指出，北部黑龙江的齐齐哈尔、双鸭山和内蒙古的通辽等地就没有保留宾语把字句（按：偏称宾语把字句是保留宾语把字句中的一类）。比如内蒙古通辽话中不能说"他们把松鼠赶跑了三只"，可以说"他们把三只松鼠赶跑了"。

解正明（2006）对把字句的跨方言类型学考察，给我们的研究提供了一定的参考。以保留宾语把字句的一小类带偏称宾语的把字句为例，解正明认为其主要出现在我国中部和北部。下面我们将以带偏称宾语的处置式为对象，考察其地域分布情况。

为什么不继续调查保留宾语把字句，而是要换个名称（即"偏称宾语处置式"）来做跨方言调查呢？这是因为在汉语普通话及多数官话方言里，虽然处置式的语法标记是介词"把"，但是在南方的一些汉语方言中，处置式的语法标记并不是介词

"把"，而是有"将"（粤语、客语、闽语）、"拿"（吴语、部分湘语、客语和赣语）、"提"（徽语休宁话）、"搦"（赣语南昌话和闽语泉州话）、"帮"（部分吴语、湘语、徽语及赣语）、"共"（闽语）、"同"（客语梅县话）等词语形式（黄伯荣，1996；曹茜蕾，2007）。此外《汉语方言地图集·语法卷》（图093）通过对全国930个方言点的调查发现，汉语处置标记的词语更多，主要有"把""摆""拨""将""拿""帮""畀""分""给""共""甲""得""逮""捞""拉""拎""掠""安""叫""做""着"21个。

带偏称宾语的处置式，就我们所能搜集到的方言例句来看非常有限，下面按照方言区地理方位由北向南进行描写，在北方方言、吴方言、湘方言、赣方言、闽方言、客家方言、粤方言这7大方言区30个方言点中都有所体现（见表9-2）。

表9-2　30个方言点"偏称宾语把字句"语料信息汇总

方言区	方言点	方言例句	对应的普通话	语料来源
北方方言（21）	户县话	把个北京城走咧多半个儿。	把北京城走了一大半。	孙立新（2003）
	西安话	我把杯子打咧一个。	我把杯子打碎了一个。	孙立新（2007）
	关中话	我把家具买咧一部分咧。	我把家具买了一部分了。	孙立新（2013）
	北京话	让我把杯子给打碎了一个。	我把杯子打破了一个。	解正明（2006）
	郯城话	他叫家里的粮食卖了一多半。	他把家里的粮食卖了一大半。	颜峰、徐丽（2005）
	枣庄话	她叫碗摔了一个。	她把碗摔了一个。	王莹莹（2023）
	确山话	老李喝醉酒掉沟里叫门牙磕掉一个。	老李喝醉酒掉沟里把门牙磕掉了一个。	刘春卉（2008）

续表

方言区	方言点	方言例句	对应的普通话	语料来源
北方方言（21）	淮北话	他把手套子弄丢了一只。	他把手套弄丢了一只。	王莹莹（2023）
	亳州话	我叫碗摔了一个。	我把碗摔了一个。	王莹莹（2023）
	蒙城话	他叫坏人的耳朵咬掉了一个。	他把坏人的耳朵咬掉了一个。	胡利华（2011）
	怀远话	我给手套丢了一只。	我把手套弄丢了一只。	王莹莹（2023）
	射阳话	把手套弄掉得一只。	把手套弄丢了一只。	王莹莹（2023）
	如皋话	我把作业写啊一半啊。	我把作业写了一半了。	王莹莹（2023）
	高淳话	拿衣服脱掉一件。	把衣服脱掉一件。	王莹莹（2023）
	宿松话	你把衣裳脱脱一件。	你把衣服脱了一件。	王莹莹（2023）
	芜湖话	狗把小鸡咬死了一个。	狗把小鸡咬死了一只。	王莹莹（2023）
	绩溪话	我把苹果吃脱了三个。	我把苹果吃了三个。	黄伯荣主编（1996）
	鄂东话	猪把饭吃了一半。	猪把饭吃了一半。	陈淑梅（2001）
	孝感话	他把钱花了一大半。	他把钱花了一大半。	王莹莹（2023）
	襄樊话	王老头给拖拉板拖鞋穿掉了一只。	老王把拖鞋穿丢了一只。	王丹荣（2006）
	竹山话	母猪不强，叫猪娃子压死了好几个。	母猪虚弱，把小猪崽压死了好几个。	何洪峰（2004）

续表

方言区	方言点	方言例句	对应的普通话	语料来源
吴方言（2）	苏州话	拿衣服脱了一件。	把衣服脱了一件。	刘丹青（1997）
	上海话	侬拿凳子坐断脱一只脚。	你把凳子坐断了一条腿。	刘丹青（2003）
湘方言（2）	洞口老湘语	我把鸡蛋吃呱一个哩。	我把鸡蛋吃了一个了。	胡云晚（2010）
	岳阳话	火把头发胡子烧落哒一半。	火把头发胡子烧掉了一半。	伍云姬主编（2009）
赣方言（2）	南昌话	地也搦渠一半。	把地耕了一半。	黄伯荣主编（1996）
	芦溪话	坏人把渠打伤哩一只脚。	坏人把他打伤了一只脚。	王莹莹（2023）
闽方言	汕头话	将伊脚锯掉一只。	把它的脚锯掉一个。	施其生（1997）
客家方言	梅县客家话	阿嫂同厓挽啊架上个衫洗口两件。	嫂子把我挂在衣架上的衣服洗了两件。	林立芳（1997）
粤方言	广州话	将杯打烂摔咗一只。	把杯子打烂了一个。	王莹莹（2023）

从以上汉语 7 大方言区 30 个方言点的例句可以看出如下两点。①方言中的偏称宾语处置式跟普通话的构造模式基本一样，"把"字宾语是表全称的名词，动词宾语是表偏称的数量词语。②这 30 个方言点的处置标记词各异，如"把""叫""给""拿""将""同"等。有的处置标记词可以横跨不同方言区，比如"把"横跨北方方言、湘方言和赣方言。有的处置标记词则专属某一个方言区，比如只用于客家方言的"同"。

下面我们来看偏称宾语把字句在汉语处置式的结构类型中所处的地位。曹茜蕾（2007）根据语序、直接成分和直接宾语跟它的标记位置，把汉语方言处置式分为以下5种类型。

1）一般处置式

（NP_{主语}）—［标记_{宾语标记}＋NP_{直接宾语}］—动词短语

例：北方话、晋语、湘语、吴语、徽州方言、闽语、客家话、粤语、瓦乡话和广西平话等。

徽州祁门话：尔分门关上（你把门关上）。

南昌赣语：人家就搋糖把你人吃（人家就会把糖给你吃）。

2）"唐代式"处置式，动词之后有一个复指代词

（NP_{主语}）—［标记_{宾语标记}＋NP_{直接宾语(i)}］—动词_1—（动词_2）—代词_{(i)}

例：梅县客家话、广东粤语、上海话（吴语）、江淮官话（应山和巢县）以及西南官话（公安）。

上海话：拿旧书旧报侪卖脱伊（把旧书旧报纸都卖了）。

湖北英山话：把这盆水泼了它（把这盆水泼了）。

3）宾语放在句首且宾语标记引出复指代词的处置式

NP_{直接宾语(i)}—［标记_{宾语标记}＋代词_{(i)}］—动词短语

例：台湾、厦门、汕头、潮州和海南（闽南）、福州（闽东）、浙江南部的闽方言，温州（吴）和其他浙江吴方言。

台湾闽南话：门共伊关起来（把门关上）。

温州话：苹果代渠吃交（把这苹果吃掉）。

4）"上古式"处置式，宾语放在句首但宾语标记之后是零

形式

NP$_{直接宾语}$—［标记$_{宾语标记}$+__］—动词短语

例：洞口（湘）、隆回（湘）、淮阴（江淮官话）和秀篆客家话。

洞口湘方言：衣衫担［__］脱咖（把衣服脱了）。

隆回湘方言：眯双鞋子其担［__］甩过哩（他把那双鞋子扔了）。

5）有两个宾语标记的混合型处置式

（NP$_{主语}$）—［CHIONG$_{宾语标记}$—NP$_{直接宾语(i)}$］—KA$_{宾语标记}$—代词$_{(i)}$—动词短语

例：台湾话、潮州话（闽南话）。

台湾闽南语：将门共伊关起来（把门关上）。

潮州闽南语：伊将个碗甲伊扣破喽（他把一个碗打破了）。

我们认为汉语的处置式类型，除了曹茜蕾（2007）归纳出的 5 种之外，应该还有一种，那就是我们上文所讨论的带偏称宾语的处置式。仿照以上 5 种类型的表述方式，我们可以把带偏称宾语的处置式形式化为：

6）（NP$_{主语}$）—［标记$_{宾语标记}$+NP$_{直接宾语}$］—动词短语—NP$_{间接宾语}$

例：北方话、徽语、吴语、赣语和粤语等。

目前对以上 6 种类型处置式的研究是不平衡的，其中研究最多最充分的是类型 1）的一般处置式，这可能与类型 1）是汉语中最常用的处置式有关。动词之后有一个复指代词的类型 2），已经有跨方言的类型学研究，比如石毓智、刘春卉（2008）就对汉语方言中这种代词回指现象进行了全面的调查分析并追溯其历史渊源。

对类型 3)、4)、5)这三类处置式的专文讨论还没有见到,其原因可能是它们都只存在于方言之中,不太常见,所以还没有专文讨论。然而带偏称宾语的类型 6)是普通话和部分方言中的常用句式,但目前学界研究还很不够。

此外,这种处置式在整个把字句中所占的地位又是怎样的呢?下面我们将结合已有的研究,从语言习得角度来进行分析。

李向农等(1990)对 70 名 2—5 岁的儿童习得和运用把字句的情况进行了考察。他们从经过整理的语言材料中共获得把字句843 句,按照句法结构的差别共分为 9 大类 17 小类。其中的类型5d"把 + 名 $_1$ + 动 + 名 $_2$(名 $_2$ 是名 $_1$ 的部分)",如"把他头砍半块喽",就是我们讨论的偏称宾语把字句。这种把字句在 4.5 岁组的230 句把字句中只有 2 例,在 5 岁组的 226 句把字句中仅有 1 例。用例很少说明这种把字句比较特殊,在 4.5 岁组和 5 岁组的儿童中才出现使用这种把字句的情况,说明这种把字句习得难度较大,高龄儿童才会使用。

赵淑华等(1997)对 28 万字的"小学语文课本句型语料库"进行了统计分析,共搜集到把字句 702 个,按照句型分为 32 类。作者所分析的 B31"主 + 把 + 宾 + 动 + 宾(把宾的一部分)",句义为"对事物的一部分进行处置",如"又把他脸上的肉揪起一块",就是我们讨论的偏称宾语把字句。这种类型的把字句只有 3 例,在 702个例句中占比为 0.427%,出现频率排在 32 种类型的第 21 位。

高小平(1999)对母语背景分别为英语、日语、韩语的留学生习得 12 大类 18 小类把字句的情况进行考察,得出了留学生把字句客观习得顺序。其中类型 11"带宾语(N $_2$ 是 N $_1$ 的部分)",就是我们讨论的偏称宾语把字句,它的习得处在 12 类把字句的倒数第 2位,习得难度较大。它在高文所调查的 12 类把字句中,使用频率为0.43%,可见其使用频率非常低。

以上对学龄前儿童习得、小学语文课本习得和留学生习得这三个方面的把字句习得的研究都可以证明一点：偏称宾语把字句是一种使用频率很低、习得难度较大的把字句。

9.3　产生年代及动因

吕叔湘（1948）将“把一个南京城走了大半个”中的“大半个”称为“偏称宾语”，蒋绍愚（2005）进一步指出，隋唐时期的把字句似乎还不带这种宾语。由于“把”是近代汉语里的新兴介词，把字句在中唐出现用例，晚唐五代以后大量出现，所以我们就从“把”字处置式产生以后的唐末开始进行调查，看带“偏称宾语”的把字句大概是从什么时候开始出现的。

吕叔湘（1948）所举的带“偏称宾语”的把字句用例最早见于元代，明代、清代继续使用（本书在引用以下语料时作了进一步的校订和完善）。

（25）你待把我做真个的哥哥讲，我欲说话别无甚伎俩，把一盏酒淹一半在阶基上。(《元曲选》)

（26）（正末唱）：“呀！呀！呀！他把我个竹眼笼的球楼蹬折了四五根。”(《元曲选》)

（27）不许你在汉子跟前弄鬼，轻言轻语的；你说把俺每躧下去了，你要在中间踢跳。我的姐姐，我对你说，把这等想心儿且吐了些儿罢。（明《金瓶梅》）

（28）林之孝向贾琏进言说：“不如拣个空日回明老太太、老爷，把这些出过力的老人家，用不着的，开恩放几家出去。

一则他们各有营运，二则家里一年也省些口粮月钱。"（清《红楼梦》）

（29）听见窗纸微响，细看时，又无动静，自己反倒疑心起来，掩了怀，坐在灯前，呆呆的细想，又把那果子拿了一块翻来覆去的细看。（清《红楼梦》）

我们依次对作于唐末的敦煌变文（吴福祥，1996）、成书于五代十国南唐时期的《祖堂集》（张美兰，2003）和成书于南宋时期的《朱子语类》（吴福祥，2004）进行考察，都未发现这种把字句。我们在南宋《话本选集》中的《简帖和尚》一文里发现了一例这类把字句，这可能就是最早的用例，即例（30），比上面吕叔湘先生指出的元代更早一些。明代的用例如例（31）—例（35），清代的用例如例（36）—例（44）。

（30）皇甫松去衣架上取下一条绳来，把妮子缚了两只手，掉过屋梁去，直下打一抽，吊将妮子起去。（南宋《简帖和尚》）

（31）那日把席上椅子坐折了两张，前边跟马的小厮，不得上来掉嘴吃。（明《金瓶梅》）

（32）说毕，西门庆就着钟儿里酒，把穿心盒儿内药吃了一服，把粉头搂在怀中，两个一递一口儿饮酒咂舌，无所不至。（明《金瓶梅》）

（33）金莲也叫过来安儿来："你对春梅说，把昨日你姥姥捎来的新小米儿量二升，就拿两根酱瓜儿出来，与他妈妈儿吃。"（明《金瓶梅》）

（34）好个撼山力士，一声喝，就象个响雷公，两手一推，尽着那些番力，就象个地龙一颤，果真的名下无虚，把座敌楼推塌了一角。（明《三宝太监西洋记》）

（35）他还把小女儿的地卖了二十亩，又是四十两。（明《初刻拍案惊奇》）

（36）宝玉那里肯不拿进去？踟蹰再四，单把那文理雅道些的拣了几套进去，放在床顶上，无人时方看。（清《红楼梦》）

（37）把这经资先与他们一半，好叫他们籴米买柴的安了家，才好一盼心的念经。（清《醒世姻缘传》）

（38）天爷笑了笑，吩咐那手下人，你把用不着的玉带，丢赠他一大捆。（清《聊斋志异》）

（39）十七老爷把这件事托了我，我把一个南京城走了大半个，因老爷人物生得太齐整了，料想那将就些的姑娘配不上，不敢来说。（清《儒林外史》）

（40）和尚走热了，坐在天井内把衣服脱了一件，敞着怀，腆着个肚子，走出黑津津一头一脸的肥油。（清《儒林外史》）

（41）后生在后，赶不上大汉，一着急却跌倒了，把靴子脱落了一只，却露出尖尖的金莲来。（清《七侠五义》）

（42）山东马一刀，照着他脖颈上，只见红光一片，把贼人头皮削下来一块。（清《康熙侠义传》）

（43）宝剑儿把茶铛边冷水舀了一盏儿，放在绍闻面前。（清《歧路灯》）

（44）罗成把饼吃了几个，忽见苏定方一马跑到。（清《说唐》）

在现当代汉语中，这种特殊把字句的使用频率不断提高，如：

（45）一个战士把衬衣撕下一片，说："来，连长，把你的脚包住。"（杜鹏程《保卫延安》）

（46）灯光突然大亮了，书桌上《新青年》三个大字映入她的眼里。她随手把这本杂志翻了几页，无意间看见了下面的几句话："……我想最要紧的，我是一个人，同你一样的人……"（巴金《家》）

（47）不错，这几年来，他已经把少年时的理想与热气扫除了十之八九，可是到底他还是太直。（老舍《东西》）

（48）其实，马老先生只把话说了半截：他写的是个"美"字，温都太太绣好之后，给钉倒了，看着好像"大王八"三个字，"大"字拿着顶。（老舍《二马》）

（49）徐鹏飞随手把新送来的公文拿起一件，那是情报竞赛的总结报告。（罗广斌、杨益言《红岩》）

（50）这位庸医在本乡真的是"三世行医，一方尽知"，总算那一方人抵抗力强，没给他祖父父亲医绝了种，把四方剩了三方。（钱钟书《围城》）

（51）北边远处一个红闪，像把乌云掀开一块，露出一大片血似的。（《皇帝的新装后传》）

（52）这个日本兵往旁边一闪，只听喀嚓一声，把日本兵的胳膊给劈下来了一只。（刘流《烈火金钢》）

（53）一不小心，热度很高的防火帽前脸把鼻梁处的皮粘下来一块。（1994年《报刊精选》）

（54）因此，你徒弟的徒弟，徒弟的徒弟的徒弟，只要获得殊荣，都要把光荣榜上佩带红花的相片送你一张。（1996年《人民日报》）

前面也说到，把字句又称处置句，所谓处置就是施事对受事施加某种影响，并造成某种结果。已有的把字句研究认为，"动词在意义上必须是能对受动物产生完全影响"（张伯江，2000）。我们认为更为精确地说把字句的处置结果应该有两种。一种是动作对受事的完全作用，即受事宾语完全受动作影响，是完全处置。这是目前已有把字句研究中的普遍观点。还有一种就是动作对受事是部分作用的，受事是部分受动作影响的，是部分处置。

上面所讨论的偏称宾语把字句，其形成动因我们认为主要是受事宾语不是完全受处置，而是部分受处置，如"我把橘子吃了三个"中的"橘子"不是全部被吃了，只是其中的三个被吃了；"他把我一柜子的书借走了十本"中的"我一柜子的书"并不是全部被借走，只是其中的"十本"被借走了。

语言中可以采用一些专门的句法或词法手段来表示焦点。可以使用专门的焦点标记，汉语中的"是"就可看作一个焦点标记，其后的成分是焦点。也可用一些特殊的句式来表达焦点（董秀芳，2003）。我们认为偏称宾语把字句就是表达焦点的一种特殊句式。把字句的使用就是让有定、已知的受事成分前置于动词，让句子的重要信息（特别是结果成分）占据句末的自然焦点的位置。根据焦点理论，语言的自然焦点跟语序有很大关系：SOV 型语言中，紧接在句中动词前的成分是自然焦点所在；语序为 SVO 的汉语，句子末尾通常是句子的焦点所在。"把"字的受事通常是有定的已知信息，由动词及其补语表示的处置行为和结果才是要强调的新信息。那么偏称宾语把字句动词后面通常由数量词语担任的偏称宾语就是新信息，如"他把苹果吃了三个"中的数量词"三个"就是自然焦点，是被强调的成分。这就是近现代汉语以及部分方言使用偏称宾语把字句的另外一个动因。

第10章　"偏称宾语被动句"的类型学研究

被动句是汉语中比较常见的句式之一，有关汉语被动句的研究文献非常多，但是据本书调查，迄今为止专文研究动词后面带偏称宾语的被动句还没有，虽然有些研究被动句的文献偶尔会提到此类句式，但大都也只是一笔带过，没有作具体的分析。下面我们就对此类特殊的被动句作全面的考察研究，首先描写偏称宾语被动句的句法特征，然后对方言和民族语言中的偏称宾语被动句作类型学考察，最后分析偏称宾语被动句的产生年代及动因。

10.1　句法特征描写

所谓偏称宾语被动句，就是句首主语是表全称的名词，动词后的宾语是表偏称的数量词语的被动句。例（1）—例（5）中的宾语都被分成两个部分，先是表全称的名词作主语，后是表偏称的数量作主要动词的宾语，主语和动词宾语之间形成"全称"和"偏称"关系。

（1）橘子被我吃了三个。

（2）书被我看了三本。

（3）庄稼被淹了一大片。（《现代汉语八百词》）

（4）小鸡被黄鼠狼叼去了一只。（《现代汉语八百词》）

（5）那本书被你的孩子撕了四五页。

这类被动句可以形式化为：NP_1（整体）+ 被 +NP_2+V+NP_3（部分）。其中 NP_1 表示整体，在语义指称上是定指的。由数量词语充任的 NP_3 表示部分，在语义指称上是不定指的。主语和数量之间是整体与部分的关系，NP_3 是 NP_1 的一个部分，数量表达的是部分量，是主语所指事物的一部分。

这类被动句不像典型被动句那样，把整个宾语全部从动词后位置移到主语位置上，而是只让宾语中表示"整体"的成分前移，让表示"部分"的成分保留在动词后的原来位置。像汉语这种受事成分一分为二（即"表整体的成分出现在主语位置，表部分的成分出现在宾语位置"）的被动句，在英语中是根本不存在的（Hashimoto，1988；熊学亮、王志军，2003）。

从第 9 章的讨论可以看出，不仅把字句动词后面可以带偏称宾语，被字句也可以。我们把第 9 章吕叔湘（1948）论及的偏称宾语的把字句稍加变换，就可以得到本章所讨论的偏称宾语被动句。以下"衣服""钱""教学楼""杂志"都表示整体，而数量短语"一件""一个角""几页"和部分量词"些"都表示部分。

（6）把衣服脱了一件。

　→ 衣服被脱了一件。

（7）把方才的钱拿些来。

　→ 方才的钱被拿来了些。

（8）炸弹把教学楼炸坏了一个角。

　　→　教学楼被炸弹炸坏了一个角。

（9）他随手把这本杂志翻了几页。

　　→　这本杂志被他随手翻了几页。

　　当然还有更为复杂的情况，那就是"把"字与"被"字的套用，构成"被……把"的结构。其中"被"前面的受事宾语和"把"后的宾语成分具有整体与部分关系，如：

（10）全连战士被营里把一大半调走了。

（11）张三被刀把一个手指割破了。

例（10）、（11）中的"全连战士"和"一大半"之间，"张三"和"一个手指"之间，都是整体与部分关系。当然例（11）还可以继续发生分裂移位，从而构成更为复杂的整体与部分关系，如：

（12）张三被刀把一个手指割破了。

　　→　张三被刀把手指割破了一个。

其中受事主语"张三"与"把"字宾语"手指"，"手指"与动词宾语"一个"，受事主语"张三"与动词宾语"一个"都构成整体与部分关系。例（12）这种"把"字与"被"字套用的复杂结构，我们认为应该是在被字句基础上生成的，其推导过程如下。

（13）张三被刀割破了一个手指。

　　→　张三被刀把一个手指割破了。

　　→　张三被刀把手指割破了一个。

10.2　跨方言考察

以上的这类偏称宾语被动句广泛存在于汉语的 7 大方言中，具有跨方言的普遍性。以下按照方言区所在地理位置，由北向南对 7 大方言区的 50 个方言点进行考察（见表 10-1），受所搜集到语料的限制，各方言区内部方言点的语料数量不均。

表 10-1　50 个方言点"偏称宾语被动句"语料汇总

方言区	方言点	方言例句	对应的普通话	语料来源
北方方言（14）	乌鲁木齐话	杯子让打碎咧一个。	杯子被打破了一个。	周磊（2002）
	西安话	教室的课桌叫抬走咧五个。	教室里的课桌被抬走了五个。	兰宾汉（2011）
	微山话	昨夜里，叫贼把俺的羊偷走了两只。	昨天夜里，我的羊被贼偷走了两只。	殷相印（2006）
	泗洪话	鱼挨小猫吃得一个。	鱼被小猫吃了一条。	黄伯荣主编（1996）
	罗山话	山上的树昨晚上叫谁锯走几棵。	山上的树昨晚上被谁锯走几棵。	王东（2010）
	高淳话	他讨车子压断辣一条腿。	他被汽车压断了一条腿。	石汝杰（1997）
	襄樊话	五个欢喜团儿叫哥哥吃了两个。	五个糯米团子被哥哥吃了两个。	王丹荣（2006）
	竹山话	一瓶酒叫一个人喝了一大半。	一瓶酒被他一个人喝了一大半。	何洪峰（2004）
	鄂东话	饭把猪吃了一半。	饭被猪吃了一半。	黄伯荣主编（1996）

续表

方言区	方言点	方言例句	对应的普通话	语料来源
北方方言（14）	黄州话	一根甘蔗把他一个人吃了一大简。	一根甘蔗被他吃了一大截。	黄伯荣主编（1996）
	黄冈话	菜根把到地蚕吃了不少。	菜根被地蚕吃了不少。	何洪峰、程明安（1996）
	通山话	鸡把得贼偷走了三只。	鸡被贼偷走了三只。	范新干（2006）
	西充话	他着人家砍断了一条腿。	他被人家砍断了一条腿。	王春玲（2011）
	黔阳话	五个鸡蛋都让她打烂嘎三个咧。	五个鸡蛋被她打烂了三个了。	孟玉珍（2006）
吴方言（4）	苏州话	小鸡拨黄鼠狼衔得去一只。	小鸡被黄鼠狼抓走了一只。	刘丹青（1997）
	上海话	报纸拨小囡撕脱半张。	报纸被小孩儿撕了半张。	黄伯荣主编（1996）
	温州话	他给汽车压一只脚断爻。	他被汽车压断了一条腿。	潘悟云（1997）
	宁波话	钞票拨伊赢去交关。	钞票被他赢走很多。	阮桂君（2010）
湘方言（8）	汝城话	萝卜拿哪个捹甲一个。	萝卜被谁拔了一个。	黄伯荣主编（1996）
	武冈话	鸡崽崽乞猫狸咬死一只。	小鸡被猫咬死一只。	向柠（2005）
	洞口老湘语	其人大势讨车子轧倒呱几个。	他们大家被车子轧倒了几个。	胡云晚（2010）
	攸县话	十只碗得其打过哩五只。	十个碗被他打了五个。	伍云姬主编（2009）

续表

方言区	方言点	方言例句	对应的普通话	语料来源
湘方言（8）	常德话	笼里的鸡逗黄鼠狼吃啊两只。	笼里的鸡被黄鼠狼吃了两只。	伍云姬主编（2009）
	益阳话	他着鞭炮炸伤哒一隻眼睛。	他被鞭炮炸伤了一只眼。	伍云姬主编（2009）
	岳阳话	三瓶酒尽他一个人喝落哒两瓶。	三瓶酒被他一个人喝了两瓶。	伍云姬主编（2009）
	长沙话	田里的谷子把得麻雀子吃咖一半。	田里的谷子被麻雀吃了一半。	卢小群（2007）
赣方言（6）	岳西话	五个小猪让豹子咬死着三个。	五只猪崽被豹子咬死了三只。	储泽祥（2006）
	安义话	渠讨汽车压断的一只脚。	他被汽车压断了一条腿。	万　波（1997）
	芦溪话	渠等坏人打伤哩一只脚。	他被坏人打伤了一条腿。	刘纶鑫（2008）
	阳新话	啊鞋啊把渠穿破几双。	鞋被他穿破了几双。	陈晓云（2007）
	都昌话	羊等村长打死得三只。	羊被村长打死了三只。	冯桂华、曹保平（2012）
	常宁话	那本书得佢撕地一半。	那本书被他撕了一半。	姚丽娟、占升平（2011）
闽方言（3）	泉州话	茶瓯传伊拍破去两块。	茶杯叫他打破了两个。	李如龙（1997）
	厦门话	鸡仔互困仔踏死一只。	小鸡被孩子踩死一只。	黄伯荣主编（1996）
	汕头话	伊分汽车压断一隻脚。	他被汽车压断一条腿。	施其生（1997）

续表

方言区	方言点	方言例句	对应的普通话	语料来源
客家方言（6）	江西客家话	该本书拿别人撕了几页。	这本书被别人撕掉了几页。	刘纶鑫（2001）
	成都客家话	杯子拿给我给打烂了一个。	杯子被我打碎了一个。	郗远春（2012）
	连城客家话	佢乞炮弹炸断一隻脚骨。	他被炮弹炸断了一只脚。	项梦冰（1997）
	宁化客家话	汽车畀人偷去一隻轮子。	汽车被人偷走了一只车轮。	张 桃（2010）
	永定客家话	菜分牛踏撖几多。	菜被牛踩烂很多。	李小华（2014）
	梅县客家话	汽车分人偷走一隻轮子。	汽车被人偷走了一只车轮。	林立芳（1997）
粤方言（9）	广州话	啲杯畀我打烂咗一只。	杯子被我打碎了一个。	邓思颖（2003）
	香港话	啲杯畀我打烂咗一只。	杯子叫我给打碎了一个。	李如龙、张双庆主编（1997）
	南宁粤语	本书挨撕去一页哂啊。	这本书被撕掉了一页。	黄 阳（2012）
	福绵粤语	羊著疯佬撅死了两隻。	羊被疯子打死了两只。	郭必之（2012）
	宾阳平话	张三著流氓一隻脚断。	张三被流氓打断了一条腿。	覃东生（2007）
	桂南平话	羊挨村长打死三只了。	羊被村长打死了三只。	褚俊海（2007）
	广西平话	个聂羊着村长打死三只。	羊被村长打死了三只。	覃凤余、田春来（2013）
	粤西马兰话	花盆畀人搬走欬几个。	花盆被人搬走了好几个。	陈云龙（2012）

续表

方言区	方言点	方言例句	对应的普通话	语料来源
粤方言（9）	梨市土话	花盆拿人搬走了好几个。	花盆被人搬走了好几个。	李冬香、徐红梅（2014）

从以上汉语 7 大方言区 50 个方言点的语料汇总中可以看出如下四点。

第一，方言中的偏称宾语被动句跟普通话的构造模式基本一样，都是表示整体的名词性成分在句首作主语，表示偏称的数量短语在动词之后作宾语。

第二，在这 50 个方言点中，有 43 个方言点材料是表示整体的光杆名词或带修饰语的名词短语在句首作主语，在语义上都是定指的。只有襄樊话、竹山话、黄州话、黔阳话、攸县话、岳阳话和岳西话这 7 种方言是句首的数量短语表示总量，动词后的数量短语表示动作的实现量，两者之间是数量领属关系。句首的数量短语在语义指称上虽然不是定指的，但至少都是特指的。

第三，这 50 个方言点的被动标记词各异，如"让""叫""给""挨""讨""把""把到""把得""乞""拿""互""分""得""着""畀"等。有的被动标记词可以横跨不同方言区，比如"把"横跨北方方言、湘方言、赣方言，"着"横跨北方方言、湘方言、粤方言，"拿"横跨湘方言、客家方言、粤方言，等等。有的被动标记词则专属某一个方言区，这又可以分为两种情况：一是只用于某一方言区特定的方言点，比如双音节的"把到"只用于北方方言的黄冈话；二是只用于某方言区，比如"叫"只用于北方方言，"拨"只用于吴方言。

第四，还有少数被动标记词只是零星地分布在两个方言区的方言点之中，这很有可能是方言接触的结果。比如用于北方方言通山话和湘方言长沙话的"把得",用于客家方言和粤方言的"畀",用于闽方言和客家方言的"分"。

10.3 汉藏语系民族语言考察

偏称宾语被动句不仅在汉语普通话及方言中普遍存在,在汉藏语系的其他几个语族的语言中也存在,如藏缅语族、侗台语族和苗瑶语族三大语族共 22 个语言点的 18 种民族语言中都存在。以下语料例句除了标注出处的,其他的均选自李洁(2008)的附录一"被动句调查问卷",我们对其按照语族的不同进行了分类整理,并利用当代语序类型学理论,尝试解释为什么表示"偏称"的数量短语在不同语序的语言中位置分布会存在差异:在 OV 语序语言中,表示"偏称"的数量短语在动词之前;在 VO 语序语言中,表示"偏称"的数量短语在动词之后。

(一)藏缅语族

(14)羌语:

tɕy:tʂ-la-ha　　　　tʂoqu-ɯɯ　　e-ze　　sə-dzi-k.

小鸡(定指)(量词) 黄鼠狼(施事) 一(量词)(方向)吃(推测)

小鸡被黄鼠狼叼去了一只。

(15)景颇语:

u³¹ khai⁵⁵ la⁵⁵ŋai⁵¹ mji³³ pheʔ⁵⁵ ma³¹ lat³¹ e³¹

小鸡　一　　一(受助) 黄鼠狼(施助)抬

phai³³ ʃa⁵⁵ mat³¹ ɯa³¹ sai³³.

吃(助动)(助动)(句尾)

小鸡被黄鼠狼叼去了一只。

（16）独龙语：

ka^{31}ti^{55} pə^{31}suŋ^{55}mi^{31} ti^{31}gɯ^{55} ə^{31} gua:ŋ^{55} -lu: ŋ^{31}.

小鸡　黄鼠狼（施格）一只　扛（叼）（体）

小鸡被黄鼠狼叼去了一只。

（17）仙岛语：

kju^{31}kɔŋ^{31} xai^{55} ŋɔ^{31}lum^{31} ŋjaŋ^{31} a?^{31} sum^{31} lum^{55}kjɔ^{31}.

梨　这　五个他（施助）　　三　个　吃

这五个梨被他吃了三个。

（18）勒期语：

kjɔʔ^{31}nu^{55} ʃui^{31}tʃo^{55}ŋjɛ^{53} ta^{53}tu^{33} le:i^{55}ʃɛ^{33} lo^{55}pjɛ^{33}.

小鸡　黄鼠狼（施助）一只　叼　去了

小鸡被黄鼠狼叼去了一只。

（19）哈尼语：

a.xa^{33}za^{31} tɕhi^{31}za^{31} phu^{31} du^{31}do^{31}mi^{31}ne^{33}ba^{31}dza^{31}xe^{55}tsa^{33}a^{55}.

小鸡　　一　　只　黄鼠狼　（施助）叼　去　了

小鸡被黄鼠狼叼去了一只。

b.a^{31}phe^{55}ɕi^{55} ŋa^{31} si^{31} a^{31}jo^{31} ne^{33} sɔ^{55}si^{31} dza^{31}a^{55}.

梨　这　五　个他（施助）　三　个　吃　了

这五个梨被他吃了三个。

（20）拉祜语：

xa^{54}zɛ^{53}ɛ^{35}te^{53}khɛ^{33} fa^{54}la^{53}ky^{33} tɕhi^{53}qai^{33}ɕe^{31}o^{31}.

鸡小　　一只　黄鼠狼　　叼　走　了

小鸡被黄鼠狼叼去了一只。

（21）纳西语：

a^{31}dɯ^{33}me^{33}xua^{31}tsv^{33}la^{31}nɯ^{33} pə^{33}xɯ^{33}.

鸡一只　黄鼠狼　（施助）叼　走

小鸡被黄鼠狼叼去了一只。

（22）白语：

se^{33}ki^{35}tsi^{44}a^{44}tɕo^{35} xua^{42}lɔ^{42}tshv^{33}a^{44} ta^{35}tsi^{21}xɯ^{55}a^{44} tɯ^{21}.

小鸡子　些着黄　狼　鼠些叼去了一只

小鸡被黄鼠狼叼去了一只。

（23）义都语（江荻，2005:138）：

a^{55}he^{55} a^{55}i^{3} tɕi^{55} a^{55}ka^{33}ri^{53} aŋ^{55}ge^{55}ɕa^{33} a^{55}deŋ^{55}ge^{31}

那　孩子小 汽车　腿　　　一条

ri^{35}tiu^{55} ja^{31}(h)i^{53}ba^{31}.

压 被动 已行体

那个小孩被汽车压断了一条腿。

（24）仙仁土家语（戴庆厦、田静，2005）：

za^{35}pi^{35} ɯa^{33}su^{54}le^{33} ko^{33} no^{54} ka^{35}o^{54}lu^{33}.

小鸡　黄鼠狼（施助）一只 叼（助）了

小鸡被黄鼠狼叼去了一只。

（25）苦聪彝语（常俊之，2009）：

zi^{33} ti^{31}vi^{55}tshu^{33}yɯ^{33}khɯ^{33}pa^{33}tchi^{55}tshy^{33}kie^{55}ne^{33}ti^{31}pa^{33}za^{31}

那一位人的腿　汽　车（施助）一只

thie^{33}po^{33}=pɯ^{33}o^{33}.

压断 体助 体助

那个人被汽车压断了一条腿。

（26）撒都语（白碧波等，2012:168）：

i^{33} zi^{21} gɛ^{21} zi^{55} fa^{33}sa^{33} gu^{55} te^{21}dze^{42} khao^{55} phi^{42} la^{33}.

他家的　烟 冰雹（施助）一些 打　掉（语助）

他家的烟被冰雹打掉了一些。

（27）梁河阿昌语（时建，2009）：

aŋ³¹ tsaʔ⁵⁵ paŋ³³ tai³³ xa³³ zi³¹pā³³ tca³¹ laʔ³³ xeiʔ⁵⁵.

青菜　兔子（施助）　一半　吃　去　了

青菜被兔子吃了一半。

（二）侗台语族

（28）南康壮语：

kai³³lai³³ te:ŋ⁵⁴ tu¹¹kuk⁵⁵nou⁵⁴ka:m¹¹ tu¹¹ ʔde:u⁵⁴ pai⁵¹ kva³³.

鸡　小被　黄鼠狼　　叼　只　一　去　了

小鸡被黄鼠狼叼去了一只。

（29）燕齐壮语（韦景云、何霜、罗永现，2011）：

ki³⁵ ta:ŋ⁴² kɯn⁴² ta:i⁴² ʔdo:i²⁴ he⁵⁵ kɯ²⁴ po:i²⁴ ʔan²⁴ hu⁵⁵ lu³³.

些　糖　上面　桌子　被　他　吃　去　个　一（语气词）

桌上的糖果被他吃掉了一块。

（30）武鸣壮语（黄美新，2012 邮件交流）：

piŋ² ko³ ŋai² kɐu¹ kɯ¹ liu ɬam¹ ʔɐn¹.

苹果挨　我　吃　完　三　个

苹果被我吃了三个。

（31）傣语：

ʔe¹ kai⁵ tso³ ma¹lin⁶ kap⁸ ka⁵ to⁶ ləŋ⁶.

小鸡　被　黄鼠狼　叼　去　只　一

小鸡被黄鼠狼叼去了一只。

（32）布依语（周国炎，2003）：

soŋ¹¹ta:ŋ²⁴ teŋ³³ oɯm³¹ pɯt³⁵ va:i¹¹ va³³ʔdeu³³lo⁴².

窗户　被　风　吹　坏　扇　一　了

窗户被风吹坏了一扇。

（三）苗瑶语族：

（33）弥勒苗语：

nua^{13}qai^{43}tʂo^{24}lo^{31}tlaŋ^{31}cu^{55}lɛ^{24}i^{43}to^{21}.

小鸡 被 黄鼠狼 叼了 一 只

小鸡被黄鼠狼叼去了一只。

（34）凯里苗语：

moŋ^{22}qa^{33}tɛ^{33}qei^{33}ko^{21}tɛ^{22}la^{44}ki^{53}moŋ^{22}i^{33}tɛ^{22}zɛ^{55}.

群 小鸡 被 狗 叼 去 一 只 了

小鸡被狗叼去了一只。

（35）湘西苗语（余金枝，2009）：

a^{44} e^{35} a^{31} n^{44} o^{22} te^{53} me^{31} n^{31} tu^{44} a^{44} naŋ^{22} te^{35}.

一 碗 肉这着 小妹 吃完 一 半 碗

这碗肉被小妹吃了半碗。

从以上 22 个语言点的 18 种民族语言的偏称宾语被动句中，我们可以总结出如下倾向性规律：从语序上来说，侗台语族和苗瑶语族的 4 种民族语言都是 SVO 语序，都有表示被动的词汇标记；藏缅语族的 14 种民族语言都是 SOV 语序，都没有表示被动的词汇标记［例（22）的白语除外，因为白语是 SVO 语序，有被动词汇标记"着"］。那么为什么会产生这一倾向性规律（即 SVO 型语言的"介词型被动句"和 SOV 型语言的"助词型被动句"）呢？这是因为 SVO 语言的动词位于宾语之前，动词容易虚化为介词；SOV 语言动词位于宾语之后，这就很难产生介词或介词结构。SOV 语言由于主语 S 和宾语 O 都前置于动词 V，那么 S 和 O 的语义关系就容易产生歧义，这时就需要对其中的一个成分进行施受关系的标记，以分化歧义，格助词正好可以起到区分施受关系的作用，从而弥补 SOV 语言缺乏介词的不足。

　　以上 22 个语言点的 18 种民族语言，虽然汉语的翻译都是表"全称"的名词在前，如"小鸡"、"这五个梨"和"窗户"（布依语），表示"偏称"的数量短语在动词之后，如"一只"、"三个"和"一扇"（布依语）；但是如果我们仔细分析就会发现，在这 18 种民族语言中表示"偏称"的数量短语的位置分布有很大不同，可以分为以下三种：

　　　　1）NP 受事 +NP 施事 + 数量短语 +V

　　　语言有 10 种：羌语、独龙语、仙岛语、勒期语、彝语、撒都语、阿昌语、义都语、土家语和哈尼语。

　　　2）NP 受事 + 数量短语 +NP 施事 +V

　　　语言有 4 种：景颇语、拉祜语、纳西语和哈尼语。

　　　3）NP 受事 +NP 施事 +V+ 数量短语

　　　语言有 5 种：壮语、傣语、布依语、苗语和白语。

　　上面表偏称宾语的数量短语为什么会有三种分布类型呢？这一现象背后的动因又是什么呢？我们认为可以从这些民族语言的基本语序着手来进行解释。汉藏语系的藏缅语族的基本语序都是 SOV（白语除外），这就要求句子中的体词性成分都在动词之前。这就解释了上面类型 1）和类型 2），因为这两种类型里的 13 种语言都是属于藏缅语族的。同是藏缅语族的语言，语序又都相同，有的语言中表偏称的数量短语既可以在施事之前，又可以在施事之后，其背后的动因还有待进一步研究。侗台语族和苗瑶语族的语言基本语序都是 SVO，那么这两个语族的语言（还有语序为 SVO 的白语）把表示偏称的数量短语放在动词之后，也就很好理解了，因为这是一般宾语的常规位置。

此外，现代汉语普通话、古代汉语以及前面调查的 7 大方言区的 50 个方言点的方言，由于其基本语序都是 SVO，所以被动句中偏称宾语也都是处在动词之后的句末位置。总之，跟汉语普通话和汉语方言一样，汉藏语系其他民族语言的偏称宾语被动句也都是表示整体的语言成分在前，或者在句首，或者在动词前，表示部分的偏称宾语在动词之后，而没有相反的情况，即表整体的在后，表部分的在前。

下面从焦点跟语序关联性的角度，尝试分析造成上面数量短语位置分布的动因。根据焦点理论，语言的自然焦点跟语序有很大关系：SVO 型语言中，句子末尾通常是句子的焦点所在；SOV 型语言中，紧接在句中动词前的成分是自然焦点所在。比如在语序为 SOV 的匈牙利语中，焦点就有非常固定的句法位置，紧靠着动词谓语之前的句法位置，就是专放句子焦点的位置。而据 Kim 对世界范围内众多语序为 SOV 的语言的考察，大多数语言都遵循信息焦点紧靠动词之前这一规则，只有在少数情况下受其他规则的影响才会有所偏离（转引自刘丹青，2008:231）。所以上面语序为 SOV 的羌语、独龙语、仙岛语、勒期语、土家语、哈尼语等 10 种语言中的数量短语都位于动词之前。

语序为 SVO 的汉语句子末尾通常是句子的焦点所在，所以语序为 SVO 的壮语、傣语、布依语、苗语和白语等 5 种民族语言中数量短语都处在动词之后的位置。由于数量短语处在焦点位置，其就正好被强调。

10.4 产生年代及动因

汉语表被动的被字句在汉代开始出现。据唐钰明（1988）考察，动词带宾语的被字句唐宋时期有 253 例，约占被字句总数（1492）的 17%。据本书调查，带偏称宾语被动句（我们这里的被动句是广义的，只含有被动语义没有"被"字的也包括在内）在汉语中出现得比较晚，大概从唐代开始出现，如：

（36）昔有秦故彦是皇帝之子，当为昔鲁家斗戏，被损落一板齿，不知所在。（《敦煌变文集》）

在宋、元、明、清四个朝代，这种被动句得以延用，如：

（37）忽闻叫声，奴辈寻逐，无所见。循虎迹，十余里溪边，奴已食讫一半，其衣服及巾鞋，皆折叠于草上。（宋《太平广记》）

（38）南壁上为楚所败，西壁上又被秦国夺地七百里。（元《直说通略》）

（39）小的一向逃在涿州地方，卖些老鼠药。刚刚是老鼠被药杀了好几个，药死人的药其实再也不曾合。（元《窦娥冤》）

（40）正话间，宋宪、魏续至，告布曰："我二人奉明公之命，往山东买马，买得好马三百余匹；回至沛县界首，被强寇劫去一半。打听得是刘备之弟张飞，诈妆山贼，抢劫马匹去了。"（明《三国演义》）

（41）当时智深直打到法堂下，只见长老喝道："智深！不得无礼！众僧也休动手！"两边众人被打伤了数十个，见长老来，各自退去。（明《水浒传》）

（42）使出冯妈妈来，把牌面幌子都收了。街上药材，被人抢了许多。（明《金瓶梅》）

（43）周、梁谓隰侯重曰："汝为我击鼓勿休！"乃各挺长戟，跳下车来，左右冲突，遇者辄死，三百甲士，被杀伤了一半。（清《东周列国志》）

（44）落后一连换了十位先生，倒被他打跑了九个，那一个

还是跑得快,才没挨打。(清《儿女英雄传》)

到了现当代,这种被动句的使用频率和使用范围都不断拓展,如:

(45)鲁大海:走吧。我要你跟我滚,跟我滚蛋。

周冲:(他的整个的幻想被打散了一半,失望地立了一回,忽然拿起钱)好,我走;我走,我错了。(曹禺《雷雨》)

(46)两位服务员到桌前,声称"陪你们坐一会儿",一盘水果还被她俩吃了大半。(1993 年《人民日报》)

(47)温水乡白家滩一村民说,他去年种的两亩多玉米,棒子又长又大,但被松鼠"转旋涡"吃了一半,院子里苹果树上的果子吃掉咬烂的有四分之一。(1994 年《人民日报》)

(48)序盘阶段,黑棋在上方行棋意图不连贯,被吃掉 3 子,观战室内的高手们认为白棋形势稍好。(新华社 2004 年新闻稿)

(49)死亡的 2 头牛中有一头已经被吃光,另一头牛也被吃掉了少半个。从现场留下的踪迹看,至少有 2 只东北虎到过这里。(新华社 2004 年新闻稿)

(50)平安县古城乡石壁村村民马明忠说:"前几年几乎看不到野鸡,退耕还林后,生态环境发生了巨大变化,现在野鸡一年比一年多,我家每年的收成要被野鸡吃掉三成。"(新华社 2004 年新闻稿)

(51)这个事实就是,她班上的尖子生被人"掐"掉了一个,今年高考,能上国内一流大学的学生就少了一个,这对她是巨大的损失。(罗伟章《奸细》)

(52)就是那么一点可怜的夺命钱,还被继母和同父异母的小弟分走一多半,剩给他和奶奶的没有多少了。(徐坤《野草根》)

(53)大头被这一声吓缩小了一半,他噤了一下,嘻嘻笑着

说："嘻，画一个伢子。"（苏北《恋爱》）

（54）母亲率领我们跑过去一看，看见了吊在脚手架上的一条狗，皮已被剥下一半儿。一个人还正剥着。（梁晓声《母亲》）

（55）一堆堆石碴瀑布般泻下，开工刚半年，那座庞大的巨山已被拦腰吃掉了一块。（1994年《人民日报》）

（56）去年他又种了3亩三七，从苗期开始，他就在地头搭了个窝棚看守，结果还是被偷了一半。今年说啥他也不种药材了。（1995年《人民日报》）

（57）于是阿良饭吃不香，觉睡不好，一段时间下来，那身幸福的膘被生生磨掉一圈。（盛可以《归妹卦》）

（58）她的衣服是像已经烘干了一部分，头发还有些湿，鬓角凌乱地贴着湿的头发。（曹禺《雷雨》）

　　汉语被动句的概念语义，是表示某一参与者（通常为受事）受到另外一个参与者（通常为施事）动作的影响而产生某种变化。受事受到动作行为的影响，存在受影响程度或范围大小的差别。大部分的被动句表示的都是受事完全受动作影响，表现为动词后带结果补语或体标记，如"苹果被我吃完了"。但是还有一种表示受事是部分受动作影响的，那就是本章讨论的偏称宾语被动句。当然表示受事是部分受动作行为影响的也可以用一般的主动宾句，如"我吃了三个苹果"，但是把受事放在句首的被动句，更易强调受事遭受某种影响或处置，如"苹果被我吃了三个"。

　　一般认为句末是句子自然焦点的常规位置，也就是说，一句话的语义重点通常在谓语部分，如果谓语动词带宾语，宾语通常会成为语义的重点，或称"自然焦点"（沈家煊，1999:228）。由于焦点是强调的常用手段，所以我们认为偏称宾语被动句句末的数量短语有强调的作用，强调句首的受事主语是部分受影响，而不是完全受影响。

第11章 "论元分裂式话题"的类型学考察

11.1 句法特征描写

徐烈炯、刘丹青（1998）把位于句首位置的受事称为主话题，把位于主语之后谓语动词之前的受事称为次话题。那么宾语的修饰语和中心语分裂移位到句首，担任的都是主话题，分裂移位到主语后谓语动词前，担任的是次话题。这就是袁毓林（1996）所说的话题化，即让某个本来处于句中位置的成分移至句首，成为话语平面上的主话题，如例（1），或次话题，如例（2）。

（1）她洗了几件衣服。

　→ 衣服她洗了几件。

（2）他吃了三个苹果。

　→ 他苹果吃了三个。

以上的这种一个名词宾语被动词一分为二的结构，即分裂出来的光杆名词短语位于动词前作话题，其他部分留在动词后作宾语，就是"关涉话题（aboutness topic）"：它来自小句的论元结构内部，是一个从内部提取出来的表达一定题元的名词性成分，充当话题后，总能在其后的述题小句中找到一个与话题同指的复指成分或空位语迹。从生成语法的观念来说，这类话题总是经历了某种移位而产生的（刘丹青，2008:247）。

刘丹青（2001a）把类似于例（1）、例（2）这种分裂移位后的结构叫作"论元分裂式话题"。这种话题结构让一个受事类论元成分分裂成两部分，其中的光杆名词短语（不带指称、量化成分的NP）放在动词前或句首，而指称、量化成分放在动词后宾语的位置。刘丹青认为这种位置分配是不可逆的，即话题和宾语不能互换位置。

在把"论元分裂式话题"跟本书的论元分裂移位相比较时，我们发现，刘丹青（2001a）认为论元分裂式话题在语义指称上都是类指的，这种说法不太准确。刘丹青所举例句中论元确实是类指的，如例（3）中的"衬衫"、例（4）中的"黄鱼"；但是我们发现动词前的光杆名词也可以是定指的，如例（5）中的"苹果"和例（6）中的"啤酒"。这种动词前光杆名词在语义指称上的差别，主要是由谓语动词的不同造成的：具有［＋消耗］语义特征的动词，其前面的光杆受事名词一般是定指的；而其他类动词，其前面的光杆受事名词一般是类指的。

（3）他衬衫买了三件。
（4）我黄鱼买了三条。
（5）我苹果吃了五个。
（6）他啤酒喝了两瓶。

对话题成分在句子中的位置，汉语学界有不同的观点。有的认为话题成分占据的位置，类似英语疑问词占据的 Spec/CP 位置；有的认为话题成分占据的是挂在主语前面的一个特殊位置；还有的认为话题成分占据的是全句大主语的位置（徐杰，1999）。假定话题成分的位置是 Spec/CP，那么"苹果我吃了三个"类论元分裂式话题的派生过程，可形式化为：

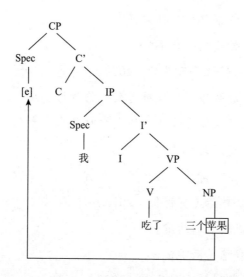

11.2 方言类型差异

以上论元分裂式话题在普通话中用得偏少，但是在汉语方言里广泛存在，即具有跨方言的普遍性，尤其是在一些南方方言里这种结构很常见。分裂前移的成分以占据主语之后谓语动词之前的次话题位置为主，也有极少数方言分裂前移的成分占据主语之前的主话题位置。

"论元分裂式话题"在以下吴方言、闽方言、客家方言、湘方言、粤方言、北方方言 6 大方言区近 30 个方言点里都有所体现。

（一）吴方言

（7）上海话（徐烈炯、刘丹青，1998）：

a. 侬酒起码要脱三杯。

你至少要喝三杯酒。

b. 侬茶要吃一杯口伐？

你要喝一杯茶吗？

（8）海门话（王洪钟，2009）：

a. 后来乌女婿故事夷大概收着特十几只。

后来傻女婿故事他大概收集到了十几个。

b. 夷唐诗拢总背出特七八首。

他唐诗总共背出了七八首。

（9）常熟话（皇甫亿，2011）：

饭我吃则两碗。

我吃了两碗饭。

（10）苏州话（刘丹青，2003）：

俚屋里大小老婆倒有好几来浪。

他家大小老婆倒有好几个呢。

（11）绍兴话（刘丹青，2003）：

a. 伊信已经寄出特三封哉。

他信已经寄走三封了。

b. 伊酒呷特了一半。

他酒喝了一半。

（12）宁波话（阮桂君，2010）：

a. 昨么子黄鼠狼鸡偷去三只啦。

昨天黄鼠狼偷了三只鸡。

b. 阿姐毛线衫搭其结两件。

姐姐给他打了两件毛衣。

（13）丽水话（曹志耘，2008）：

我饭吃了一碗。

我吃了一碗饭。

（14）乐清大荆话（刘丹青，2003）：

尔还是雨伞带把去，省得雨淋义感冒。

你还是带一把雨伞去，省得被雨淋感冒。

（15）金华汤溪话（曹志耘，1997）：

a. 我糖分两块尔吃吃。

我糖给你几块吃吃。

b. 尔碗借两个我用用。

你借我两个碗用用。

（16）温州话（郑张尚芳，1996）：

我饭吃义两碗。

我吃了两碗饭。

（17）鄞州话（肖萍、郑晓芳，2014:327）：

李明作业只做咧一半。

李明作业只做了一半。

（二）闽方言

（18）福州话（陈泽平，1997、1998）：

a. 依爸笔乞我蜀把。

爸爸给我一支笔。

b. 我碗做破蜀只咯。

我弄破了一只碗。

（19）厦门话（周长楫等，1998）：

a. 碗拿两块来贮饭。

拿两个碗来盛饭。

　　　　b. 钱借伊两百。

　　　　　　借给他两百块钱。

　　（20）泉州话（李如龙，1997）：

　　　　　　伊牛牵一只来唠。

　　　　　　他牛牵一头来了。

　　（21）宁德话（曹志耘，2008）：

　　　　　　饭我吃了一碗。

　　　　　　我吃了一碗饭。

（三）客家方言

　　（22）梅县客家话（黄映琼，2006）：

　　　　　　正买阿倒个新书就看撇半过疑。

　　　　　　才买的新书就看完一多半了。

　　（23）连城客家话（项梦冰，1997）：

　　　　　　饭食一碗添。

　　　　　　再吃一碗饭。

　　（24）宁化客家话（张桃，2010）：

　　　　　　你畀堆个钱使掉一百块。

　　　　　　你给我的钱花掉了一百块。

　　（25）上杭客家话（邱锡凤，2007）：

　　　　　　李明作业总做哩一半。

　　　　　　李明作业只做了一半。

（四）湘方言（林素娥，2006）

　　湘方言的论元分裂式话题不是很发达，使用时该结构带有较强的语用色彩：多出现在对比性的话语之中，强调句末动词后的数量，句子的焦点落在数量词语上；相反，如果强调受事名词则使用一般的动宾句。

（26）邵东话：

    a. 菜吃个两碗哩，饭还莫动。

       吃了两碗菜了，还没怎么吃饭。

    b. 渠一年生要过两只。

       他一年要过好几个生日。

（27）衡阳话：

    a. 苹果吃咖三只。

       吃了三个苹果。

    b. 裤穿咖两条。

       穿了两条裤子。

（28）衡山话：

    票我买咕三张。

    我买了三张票。

（29）隆回话：

    书我也买格炮本。

    我也买了十几本书。

（30）城步话：

    书我只买呱三本，钢笔买呱十支。

    我买了三本书，买了十支钢笔。

（五）粤方言

（31）台山粤语（甘于恩、吴芳，2005）：

    恁碗汤佢饮减唻。

    那碗汤他喝了一口。

（32）会城话（李慧敏，2014）：

    啲碗打烂减一只啦。

    碗打烂了一个了。

（33）勾漏粤语（黄美新，2012 邮件交流）：

苹果我吃开三只。

苹果我吃了三个。

（六）北方方言

除了上面的几大南方方言之外，在北方方言江淮官话兴化话和山西晋语里也有"论元分裂式话题"。江淮官话兴化话如（王健，2014:105）：

（34）这本书我看特三十页啊。

这本书我看完三十页了。

山西晋语中"论元分裂式话题"还没有如吴语、闽语里那样达到高度的语法化。这种句式也不是常规句式，它只出现在话轮转换的应答句中，具有重复旧信息引出新信息的语用功能，如（郭校珍，2008: 5）：

（35）甲：夜儿红红买佬一条裤儿，一口外袄儿。

昨天，红红买了一条裤子，一件上衣。

乙：我裤儿佬，买佬一条，袄儿佬没提买。

我裤子呢，买了一条，上衣没有买。

跟上面的山西晋语相似，在新加坡华语（汉语在海外的变体，跟汉语方言有些类似）中"论元分裂式话题"也很少用，只是在相声脚本中偶尔使用（林素娥，2009:148）。例（36）、（37）中"有"的宾语"一大筐理由""几分力气"中的"理由""力气"均被话题化了。

（36）乙：是应该劝。

甲：可是她理由有一大筐，我劝不了，就骂。（谭天《怪病》）

（37）力气我倒是有几分。（谭天《过狼记》）

表 11-1 是对上文 6 大方言区及新加坡华语，共计 30 个方言点的归纳总结。

表 11-1 "论元分裂式话题"30 个方言点汇总

方言或语言	方言点数量（个）	具体语言或方言点
吴方言	11	上海话、海门话、常熟话、苏州话、绍兴话、宁波话、丽水话、乐清大荆话、金华汤溪话、温州话、鄞州话
闽方言	4	福州话、厦门话、泉州话、宁德话
客家方言	4	梅县客家话、连城客家话、宁化客家话、上杭客家话
湘方言	5	邵东话、衡阳话、衡山话、隆回话、城步话
粤方言	3	台山粤语、会城话、勾漏粤语
北方方言	2	兴化话、山西晋语
新加坡华语	1	新加坡

从上面的跨方言考察可以看出如下两点。

第一，在吴方言、闽方言、客家方言的诸多方言点中，"论元分裂式话题"的使用相对比较自由；在湘方言、山西晋语、新加坡华语中，"论元分裂式话题"的使用很不自由，都受到特定语用条件的限制，或者是在对比性话语中，或者是在对话的话轮转换之中，或者是在口语性较强的相声脚本之中。

第二，论元分裂式话题大部分在主语之后谓语动词之前的次话题位置，但在少部分方言点方言中出现在主语之前的主话题位置，如海门话、宁德话、城步话和两个点的粤方言（台山、勾漏），这跟现代汉语普通话比较相似。此外，还有方言论元分裂式话题中主语省略的，如厦门话、两个点的客家话（梅县、连城）、邵东话和衡阳话。

11.3　跨民族语言考察

以上主要调查了汉语方言中的论元分裂式话题的分布情况，下面我们把研究视野转向中国境内的民族语言。据本书调查，在中国境内以下 10 种民族语言中，都存在论元分裂式话题。

（38）义都语（江荻，2005:162）：

ka^{33}lie^{55} ŋgoŋ^{55}　ŋa^{35}　ka^{33} ni^{55}　ha^{33} ja^{31}.

包子　　　　我　两个　吃 已行体

包子我吃了两个。

（39）扎巴语（龚群虎，2007:137）：

lI^{35}　ŋa^{55} na^{55} ji^{55}　kə^{55}　tsl^{55}　gI^{31}.

包子 我 两（量）（前加）吃（助）

包子我吃了两个。

（40）拉祜语（李景红，2011）：

t^{11}　lI^{33}　llI^{13}　tie^3 khtt^3 tlal^3-o^{31}.

饭（话助）他　两碗　吃了

饭他吃了两碗。

（41）格曼语（李大勤，2002）：

pau⁵⁵ tsi⁵⁵ ki⁵³ kɯ³¹ jin⁵³ ɕa³³ ki³⁵.

包子　　我　两个　　吃（附）

包子我吃了两个。

（42）白语（赵燕珍、李云兵，2005）：

ŋv²¹ xuo³⁵ pɔ³³ tse⁴⁴ tɯ⁴⁴ sa⁵⁵ tuo³³ lɔ⁴².

黄花　　他　摘　得　三朵　了

黄花他摘了三朵。

（43）哈尼语（陈怡蓉，2017）：

a⁵⁵ hɯ³¹ me³³ ŋa³¹ le³³　ni³¹xm³¹　tsa³¹ pe³³ ya³³.

饭（话助）　我（助）　两碗　吃　完　了

饭我吃完了两碗。

（44）纳西语（李毅，2015）：

xa³³ i³³ thɯ³³ ni³³ khua⁵⁵ tsɯ³³ se³¹.

饭（话助）他　两碗　　吃（语助）

饭他吃了两碗。

（45）下坳壮语（韦茂繁，2012:198）：

li⁵⁵mi:n³¹ so³¹ ne³¹ sl⁵⁵ ku³¹ le:u³¹ to:n³¹ deu⁴³.

李明　　作业　只　做　完　半　一

李明作业只做了一半。

（46）武鸣壮语（黄美新，2012 邮件交流）：

piŋ²kɔ³ kɐu¹ kɯ¹ liu⁴ łam¹ ʔɐn¹.

苹果　我　吃　完　三　个

苹果我吃了三个。

（47）居都仡佬语（康忠德，2009）：

a. bja³⁵dzen³¹ ne³⁵ i⁵⁵ ɯ³⁵dze³¹ tci³³tco³¹ tsl³³bu³³.

钱　　语助我 要退　　你们　一半

　　　　　　　　钱我要退你们一半。

　　b. da³⁵ma³⁵tciu³¹ mau³³ tshei³¹ ka³¹ vu³³ tsl³³bu³³.

　　　　小李　　　饭　才　吃　去　一半

　　　　小李饭只吃了一半。

例（38）—例（47）虽然都属于论元分裂式话题，但具体的类型还是有些差异的：有的语言话题处在句首位置（即担任主话题），如义都语、扎巴语、拉祜语、格曼语、白语、哈尼语、纳西语、武鸣壮语；有的语言话题处在主语之后谓语动词之前（即担任次话题），如下坳壮语；还有的语言话题的位置比较灵活，两者兼而有之，如居都仡佬语。

　　如果把话题跟语序相结合，数量词语相对于谓语核心动词的位置分布也富有规律性：白语、下坳壮语、武鸣壮语、居都仡佬语的基本语序是 SVO，跟汉语普通话相似，表示部分的数量词语都在动词之后的句末位置；义都语、扎巴语、拉祜语、格曼语、哈尼语、纳西语这 6 种语言的基本语序都是 SOV，所以表示部分的数量词语都在动词之前。

　　论元分裂式话题中数量词语跟句子中主要核心谓语动词的语序关系，即在动词之前还是动词之后，在语序较为自由的德语中体现得更加明显。德语的基本语序有 SVO 和 SOV 两种，相应地：在基本语序为 SVO 的句子里，数量词语就出现在动词后面的句末位置，如例（48）；在基本语序为 SOV 的句子里，数量词语就出现在动词前面，如例（49）。

　　（48）Doktor braucht der keinen mehr.

　　　　医生需要很多。

（49）Wir können das beide bezeugen.

我们可以帮助他们两个。

还有个值得进一步研究的课题，那就是这种论元分裂式话题的历时产生过程。在方言史方面，上海话相关历史文献中已经有了此类句式。《土话指南》是一本学习上海话（松江一带方言）的会话课本，客观地记录了当时的上海方言。在这本书中我们发现了论元分裂式话题，如：

（50）银子先付一半，还有一半末等生活满工之，然后交清。（《土话指南》）

在汉语史方面，张赪在 2012 年与笔者的邮件交流中指出，这种动词后带"数量宾语"的现象应该是在量词产生并普及后才出现的。汉魏时期量词已经产生，唐代已经普及。张赪指出这种句式在唐代已经出现了，如敦煌变文中的"诸家书体，粗会数股""赎香钱分减两三文，买笑银拼七八挺"等。据本书的粗略搜查，这种结构在明清时期的文学作品中已经大量使用了，如：

（51）好酒做了一百缸，全有九十九缸似滴醋，自家店小二是也。（元《醉思乡王粲登楼》）

（52）清早晨起来，头不曾梳，脸不曾洗，喝了五六碗茶，阿的们大烧饼，吃了六七个，才充了饥也。（元《刘玄德醉走黄鹤楼》）

（53）不瞒你说，我大蒜一顿吃一二十，烧刀子一连吃五六瓶，这张嘴妙得紧。（明《浣纱记》）

（54）前者为想你，茶叶一日吃了二斤。（明《玉环记》）

（55）且说小侠客低头一看，亮银叉丢了一只，想起方才斩熊向背后插刀时，许是掉在那里。（清《三侠剑》）

（56）昨日老太太赏的那枣泥馅的山药糕，我倒吃了两块，倒像克化的动似的。（清《红楼梦》）

（57）贾宅族中凡有的子侄，俱已认熟了一半，凡是那些纨绔气习者，莫不喜与他来往。（清《红楼梦》）

（58）台上的和尚跑了三两个，拿着二十余僧。捕快一人牵一个。（清《侠女奇缘》）

最后，对于此种论元分裂式话题的历时语法化衍生过程、动因及机制，还有待进一步研究。

第四部分

量范畴与汉语构式

第12章 "不是 A，而是 B"的量级构式研究

　　"不是 A，而是 B"是目前学界研究较多的一个构式，但已有研究多集中在"不是 A，而是 B"的句法语义、语用否定功能等方面，对该构式所具有的量级特征鲜有涉及，只有沈家煊（1993）、宗守云（2012）、王志英（2013）、谭方方（2021）等论述了变项 A、B 之间在数量、程度、范围等方面存在的量级/等级关系。另有学者在研究中虽然发现 A、B 存在程度语义上的差别，但只是将其视为一种语义上的递进，并没有深入探讨 A、B 之间的量级关系，如邵敬敏、王宜广（2010）和朱斌（2007）等。鉴于以上研究现状，本章主要从构式的"量级语义"入手对"不是 A，而是 B"构式进行全新的研究与探索，研究主要涉及"不是 A，而是 B"的构式程序分析、量级维度、构式化及形成机制，旨在从"量级构式"这一全新视角进一步加深对"不是 A，而是 B"的认识。

12.1 "不是 A，而是 B"的构式程序分析

12.1.1 量级构式判定

对于"不是 A，而是 B"的性质，学界目前有几类看法：第一类认为"不是 A，而是 B"是选择复句，如万一（1986）；第二类认为"不是 A，而是 B"是假性否定的特殊句式，如邵敬敏、王宜广（2010）；第三类将网络中出现的"不是 A 是 B"看作新构式，并将其和同形异义的旧构式进行了对比，如卢英顺（2010）。在功能上，王志英（2013）认为构式"不是 A，而是 B"具有语义否定和元语否定功能，且已经固化成为一个很成熟的构式。宋佳（2018）则直接将"不是 A，而是 B"界定为假性否定构式，对其否定功能、发展过程和非预期情况进行了深入挖掘。本章也将从"构式"角度对"不是 A，而是 B"进行研究，从"语用量级"角度对"不是 A，而是 B"的构式义进行重新界定。我们认为"不是 A，而是 B"不仅是构式，还是标记量级信息的量级构式。

为了证明上述观点，我们将对研究对象的范围进行界定。从否定类型来看，"不是 A，而是 B"既可以否定语句的真值，也可以否定语句的非真值，前者被称为"语义否定"，如例（1），是该构式"最基本、最原始的用法"（卢英顺，2010），而后者被称为"语用否定"，如例（2）。构式的语用否定吸引了众多学者的关注，沈家煊（1993）最早对"不是……，而是……"相关构式的语用否定功能进行了研究。邵敬敏、王宜广（2010）也重点探讨了"不是 A，而是 B"的假性否定功能（即语用否定），并提出了 6 种具体的语义类型。王志英（2013）在文中专门区分了"不是 A，而是

B"的语义否定和元语否定功能。两种不同类型的例句如下:

（1）这一次的发现不是<u>数学上的</u>，而是<u>物理学上的</u>。（钱钟书《上帝的梦》）

（2）谈到这个问题，她尤感幸运，因为她的良师不是<u>一个</u>，而是<u>三个</u>。（1996 年《人民日报》）

例（1）中"不是"否定的是语义真值，即否定命题的真实性，意在纠正此次发现非数学上的，而是物理学上的。例（2）则是否定语句表达的"适宜条件"，也就是沈家煊（1993）所说的"语用否定"。"一个"和"三个"在数量上构成递增关系，且"三个"可以衍推出"一个"。这种构式整体表达语用否定，且构式变项间具有量级衍推关系的"不是 A, 而是 B"就是本章所要研究的对象。

Goldberg（1995）对"构式"的经典定义是："C 是一个构式，当且仅当 C 是形式意义的配对 < Fi, Si >, 且 C 的形式（Fi）或意义（Si）的某些方面不能从 C 的构成成分或其他先前已有的构式中得到完全推测"。Goldberg（2006）对其定义进行了修订，认为任何语言结构，只要在形式或功能的某个方面不能从其组成部分或其他已知构式中被严格预测出来，就可视为构式。即使是能够被完全预测出来的语言结构，只要有足够的出现频率，也可被视为构式。根据这两项定义，我们将对"不是 A, 而是 B"的量级构式身份进行鉴定。

从形式上看，"不是 A, 而是 B"是复句形式的待嵌构式，由常项"不是""而是"和变项 A、B 构成。其中 A、B 项可以是性质不同的词或短语。从意义上看，常项"不是"表示否定，"而是"表示转折。两者所连接的变项 A、B 处于同一语义维度，且两者间具有量增或量减的语义关系，如上述例（2）中两个变项就在数量维度上构成量增关系。而根据构式化语境可知，"不是 A，而是 B"主要表达量级修正义和反预期义，而这两种含义并不是组构成分语义的简单相加，也不能从其他构式推导出来，因此具有一定的不可预测性。此外，根据调查，这一构式的语料十分丰富。我们在北京大学 CCL 语料库中随机抽取了 5000 条"不是 A，而是 B"相关语料，具有上述构式义的语料多达 504 条，可以说其语义已倾向于规约化。因此我们认为"不是 A，而是 B"不仅是构式，而且是标记量级信息的量级构式。

12.1.2　构式义

卢英顺（2010）认为新兴构式"不是 A，是 B"的构式义是"主体 NP 通过某种方式（即 VA 所表示的行为）获得或者消除 B 所表示的状态"。王志英（2013）认为具有元语否定功能的构式"不是 A，而是 B"表达强调义。宋佳（2018）认为这一构式除了表达强调义之外，还具有凸显义。在以上研究的基础上，我们认为量级构式"不是 A，而是 B"主要具有量级修正和反预期的语义。下面我们结合语料进行说明。

（3）至于工程效益，投资超概算，有的超过不是<u>几成</u>，<u>而是一倍两倍</u>；工期拖长，工程质量欠优，不在少数。（1994 年《人民日报》）

（4）同季节不同蔬菜的施肥、用药都有严格的步骤和标准；用他的话说，不是<u>准确</u>，而是<u>"精确"</u>。（1996 年《人民日报》）

（5）看了公函，何开荫才知道，他的这封信刚刚发出，李长春已不是<u>省长</u>，而是<u>出任河南省委书记了</u>。（陈桂棣、春桃《中国农民调查》）

从以上三例可以看出，"不是……，而是……"所连接的两项均在同一语义场中（或同一语义维度上），且两者间均为递进关系，如例（3）中的"几成"和"一倍两倍"在倍数上呈现递增关系；例（4）中的"准确"和"精确"在精准度上逐级递增；例（5）中的"省长"和"省委书记"在官职地位上是递升关系。可见，构式的 B 项均是对 A 项量级语义的调整和修正，且修正后的 B 项往往是违反说话人或听话人预期的信息。因此，我们认为量级构式"不是 A，而是 B"的构式义是说话人根据实际情况或主观立场对已有量级进行修正，并提出反预期的适宜量级。

12.1.3 构件分析

（一）构式常项的句法特征

在以往对构式"不是 A，而是 B"的研究中，对常项构件"不是""而是"进行专门研究的并不多，仅见宋佳（2018）一文。其他学者只是在分析构式语义的时候略提"不是""而是"的语义特点。我们认为对于构式而言，变项构件的特征固然重要，但常项构件亦是不可忽略的部分，因此本章将对常项构件"不是""而是"进行研究，并提出我们的看法。

在"不是"的众多用法中，我们最关注的是它的"语用否定"用法，因为这直接关系到构式整体的语义功能。沈家煊（1993）最早发现"不是"经常被用来进行"语用否定"。胡德明（2008）也提出，"不是"作为引述性否定标记，经常用于语用否定中。干薇、陈蔚（2014）则指出"不是"用作语用否定时，具有否定命题的"适量准则"、"适宜范围"和"适用条件"的特征。在上述研究基础上，我们认为量级构式"不是 A，而是 B"中的"不是"具有"语用否定"功能，但只有在特定语境下才能发挥"引述性否定"的功能。

此外，我们认为量级构式中的"不是"主要否定命题的适量准则，并起到标记预期量信息的作用。如：

（6）杨建德委员直言，我们国家在收入分配这块的差距不是<u>较大</u>，而是<u>非常大</u>。（2013 年《人民政协报》）

（7）"我哪是去找她，我是去吃饭，那个餐厅的服务员我认识多了，差不多一半，要是其中哪个出了点事都找我，我顾得过来吗？"

"不是出了点事，而是出大事了。"老单开宗明义，亮出底牌："刘丽珠死了！"（王朔《枉然不供》）

例（6）中的"不是"否定的并不是"较大"的语义真值，而是否定"较大"这一命题的适宜条件，因此属于语用否定。而根据"适量准则"的要求，说话人要"按特定的目的和当前需要提供足够量的信息"（沈家煊，1993）。句中说话人认为社会预期的"较大"不足量，因此提出反预期的足量信息"非常大"。例（7）中的"不是 A，而是 B"出现在对话语境中，此时"不是"不仅具有语用否定功能，还充当引述性否定标记，因为"不是"所否定的"出了点事"是上文出现的语句，听话人老单对引述内容进行否定后，进一步提出违反说话人预期的适量信息"出大事了"。

宋佳（2018）认为"而"既可以表示"进一步"，也可以表示"转折"。当"而"表示"进一步"的时候，在构式"不是 X，而是 Y"中，其可以表达一种意义或程度上的递进关系。我们认为，要确定构件"而（是）"的性质，还要看与其搭配的"不是"。卢英顺（2010）指出，表示语义否定的原型构式"不是 A，而是 B"前后分句之间的关系是转折关系。我们认为这种"转折关系"是这一句式所固有的，前人所说的"递进""进一步"等语义实则是变项之间的语义关系，并非句式本身的语义。因此，我们更倾向于将本章所研究的"不是 A，而是 B"界定为"递进式转折句"，即句式是转折句，但变项间的逻辑语义关系是递进关系。此时，"而是"不仅是转折标记，还是反预期量级信息和焦点信息的标记。如：

（8）它们虽然是一次拍的，但已不是<u>一个镜头</u>，而是<u>几个镜头</u>了。（龚勋主编《中国儿童百科全书》）

（9）比如顾家好男人代表——黄磊。对于做饭，黄磊不是<u>喜欢</u>，而是<u>酷爱</u>。（杨澜《成功，没那么痛》）

例（8）、（9）中的"不是……而是……"均是表达转折关系的构式，但是变项之间的逻辑关系却不是转折，而是递进。如例（8）中从"一个镜头"到"几个镜头"，体现了镜头数量的增加，"而是"凸显了句末的焦点信息和反预期量级信息"几个镜头"。例（9）同理，转折标记"而是"凸显的是喜爱程度更高的反预期量级信息"酷爱"。

（二）构式变项的句法特征

相较于形式固定的常项，变项 A、B 在句法上的特征更为突出。就句法单位而言，变项 A、B 既可以是词，也可以是短语。就句法性质而言，A、B 项既可以是名词性成分，也可以是谓词性成分。

根据我们对从北京大学 CCL 语料库中抽取的 5000 条语料的考察，"不是 A，而是 B"中的变项 A、B 可以是 7 种不同的词类：数词、名词、形容词、副词、动词、代词和拟声词。考虑到这 7 种词类的语料数量不一，我们只举部分例句来进行说明。如：

（10）如果泰国不实行计划生育，今天泰国的人口就不是6000万，而是8000万了。（1996年《人民日报》）

（11）后来我猜想，小慧一定是她幼年时代的朋友，一个沉落在记忆深处、也许早就故去的人。不，不是也许，而是一定。（张洁《世界上最疼我的那个人去了》）

（12）张军长宁生燕生就这么一路走一路做着各种高难动作，摸爬滚打，大张着嘴都不是哭而是号——武松打虎时虎发出的声音。（王朔《看上去很美》）

（13）我一听见脚步声就知道是她。雪积厚了，她的脚步声不是沙沙的，而是咯喳咯喳的，但仍然非常轻盈。（张贤亮《绿化树》）

例（10）中变项A、B均是复合数词，在数量维度上"6000万"和"8000万"构成典型的量增关系。例（11）中"也许"和"一定"在可能性维度上构成量增关系。例（12）中的"哭"和"号"都是动作动词，《现代汉语词典》（第7版）中"号"有"大声哭"的义项，因此两者在响度维度上构成量增关系。例（13）中的"沙沙"和"咯喳咯喳"都是拟声词，根据语境和常识可知，当积雪较薄时，脚踩在雪上的声音很轻薄，类似于"沙沙"声；而积雪较厚时，踩雪发出的声响更大，类似于"咯喳咯喳"的声音，因此A、B两项在响度上构成量增关系。

A、B项的短语性质既可以相同，也可以不同，但以性质相同的为主。我们认为这种不对称跟构式的句法语义特征有关。量级构式"不是A，而是B"以凸显量级信息为主，而构式中的量级项往往是在同一语义场上。当表达量级语义的用法泛化时，构式"不是A，而是B"也相应放宽了对于变项句法性质的限制，因此也就出现了变项 A、B 性质不同的情况。

（14）我的头颅大张开嘴，翻起眼睛向四面八方搜寻。但那声音不是<u>发自哪一方</u>，而是<u>在整个森林中回荡</u>。（张贤亮《邢老汉和狗的故事》）

（15）信息革命带来的可能是一个贫富分化更加严重的世界。而且，这不是<u>某一个国家</u>而是<u>整个世界面临的挑战</u>。（1995年《人民日报》）

（16）一个盲人，他的责任不是<u>让自己重见光明</u>，而是<u>让世界更多的人能拥有一双健康的眼睛</u>。（1993年《人民日报》）

例（14）A 项是中补短语，B 项是状中短语。"发自哪一方"限定了某一范围，而"在整个森林中回荡"范围更大。例（15）是"多枝共干结构"（multi-branched structures），A 项和 B 项共用中心语"面临的挑战"，但说话人考虑到语言表达的经济性，省略了 A 项的中心语，仅保留定语部分，而从量级角度看，正是保留的这部分定语和 B 项的定语构成了范围维度上的量级关系。例（16）的变项则是兼语结构，构成量级关系的是兼语结构的宾语"自己"和"世界更多的人"，两者在数量维度上构成量增关系。

通过以上语料可以发现，虽然变项的短语类型各异，但每类中充当量级信息的都只是短语中的一小部分。也就是说，构成量级关系的只是变项中体现"量级"的部分。其余部分为变项共有成分，这些共有成分的隐现并不直接影响句子的量级关系，它们一般是上文中出现的旧信息或听说双方共享的社会知识，而量级信息才是说话人想要强调的新信息，同时也是句子的焦点信息。

12.2 "不是 A，而是 B"的量级维度

根据变项的语义特征，我们对"不是 A，而是 B"的量级语义维度进行了考察，主要可分为数量维度、范围维度、时间维度和其他维度四大类。

在量级构式中，数量是最能直观体现出量级变化的语义维度。数量维度还可以划分出人数、金钱数量和单位数量三个次类。如：

（17）我被艾伦带到了另一间大会议室，推开门，我的天！不是<u>几个人</u>，而是<u>几百号人</u>！（李开复《世界因你而不同》）

（18）合并拖了整整 10 年，有人说要是早合并 5 年，带来的经济效益就不是<u>一个亿</u>，而是<u>几十个亿</u>！（1994 年《人民日报》）

（19）这几年，我们的见义勇为之风，扶危济困之风，扶老携幼之风，不是<u>一个一个地</u>，而是<u>成批成批地</u>出现。（1995 年《人民日报》）

例（17）是人数维度的语义量级。从"几个人"到"几百号人"，体现了人数的大幅增加，远远超过说话人的预期值。例（18）是金钱数量维度的语义量级。从"一个亿"到"几十个亿"，体现了量级的大幅递增，表现了拖延合并计划带来的巨大损失。例（19）是单位数量维度的语义量级。从"一个一个"到"成批成批"，体现了正义事件的数量增加之迅速，象征社会风气越来越好。

范围维度内部可以分为个体集合范围、空间范围、选择范围三类。如：

（20）少儿读物出版事业不是<u>少数人的事业</u>，而是<u>整个社会</u><u>的事业</u>。（1994 年《人民日报》）

（21）兰州市政府表示，正在建设中的兰州商贸中心，<u>不</u><u>是甘肃一家的中心</u>，而是<u>西北各省区的中心</u>。（1994 年《报刊精选》）

（22）心理健康的关键，并不是<u>这样或那样</u>，而是<u>既这样也</u><u>那样</u>。（罗锐韧主编《哈佛管理全集》）

例（20）是个体集合范围维度。其中变项 A 是少数人，而 B 项是整个社会，量级范围从个体扩展至整体，意味着少儿读物出版事业关乎整个社会的发展，意义重大。例（21）是空间范围的语义量级。结合地理常识，"西北各省区"是包括陕西省、甘肃省、青海省和宁夏回族自治区、新疆维吾尔自治区在内的地理区域；而"兰州商贸中心"不只是甘肃一个省份的中心，还是西北各省区的中心，从一省到西北各省区，体现了空间范围的扩大。例（22）是选择范围维度的语义量级。从 A 项的析取到 B 项的合取，体现了选择范围的扩大，意味着对于心理健康发展来说，个人独立发展和倾听他人意见两者不可偏废。

当量级变项是时间词或具有［＋时间性］语义特征的词、短语以及随时间发展而产生变化的词时，我们将其界定为时间维度。主要可以分为两类：时间长短维度和时间顺序维度。如：

（23）在本店购物只要你觉得不满意，只要有发票，商品无损伤，随时可以来退货。原价退货的期限不是<u>30 天</u>，而是<u>3</u><u>年</u>。（1995 年《人民日报》）

（24）可见反腐败斗争并不是<u>一场"突击战"</u>，而是<u>一场</u>

"持久战"。（1994 年《报刊精选》）

（25）记住，此刻你不是要"解决"，而是要"了解"这个问题。时机一到，潜意识中自会浮现出答案来。（罗锐韧主编《哈佛管理全集》）

以上是时间长短维度的语料。例（23）具有明显的时间词，变项间的量增关系显而易见；例（24）虽然没有明显的时间名词，但是变项是具有［＋时间性］语义特征的词，根据战争常识可知，"突击战"的时间长度远短于"持久战"，因此两者在时间长短维度上构成量增关系。例（25）则是时间顺序维度的语义量级，遵循的是"发现问题→了解问题→解决问题"的事件发展进程。这一维度的量级语义需要推理。若仅凭事件发展的先后顺序，体现不出量级的变化，但若是以某一时间为参照时间，则时间轴上的各个时点到这个参照时间点的距离不同，此时便可根据距参照时间点的远近建立起量级关系，距离参照时间点近的量级小，距离参照时间点远的量级大。

量级的高低还可以反映出关系的亲疏或远近。在亲疏关系的量级维度上，量级的最高点意味着亲密无间，而量级的最低点则意味着关系陌生。

（26）他一急，就"俺俺"个不停。这时我才知道，这个女孩根本不是他老婆，而是他的"女朋友"，他们刚认识 3 个月，他很爱她，离了她就不能活。（《中国北漂艺人生存实录》）

根据社会常识，例（26）中的"老婆"作为男性的配偶，比"女朋友"的关系更加亲近。根据"距离象似性"原则，这种社会关系的远近也会映射到语言上，具体体现为"的"字的有无。"他"与"老婆"之间没有"的"，说明两者语义距离更近，而"他"与"女朋友"之间有"的"间隔，语义距离远。因此，"老婆"和"女朋友"在亲疏维度上构成量减关系。

在社会生活中，任何领域都存在级别和地位的高低。这种级别、地位的高低和量级的高低也具有一一对应的关系。在职场语境里，例（27）中"下级干部"的地位要低于"领导干部"，因此变项间是量增关系。

（27）有些失误，我也有责任，因为我不是下级干部，而是领导干部，从一九五六年起我就当总书记。（《邓小平文选》第三卷）

12.3 "不是 A，而是 B" 的构式化及形成机制

12.3.1 构式化历程

（一）"不是 A，而是 B" 的萌芽与发展

构式"不是 A，而是 B"最早可以追溯到清代，如例（28）。此例既可以理解为语义否定，也可以理解成表达语用否定的量级构式，可看作是"构式演变"的第一阶段。

（28）飞云僧说："这位好汉，你不必多疑，她不是外人，而是我的嫂子。"（清《彭公案》）

上述语句出现在对话中，飞云僧对拦路人的盘问进行了回答，指明身边跟随的妇人不是与自己毫无关系的"外人"，而是有着亲属关系的"嫂子"。这既可以看作一种语义否定，也可以看作对亲疏量级进行调整的语用否定。

民国时期，"不是A，而是B"的语料共有11条，其中具有量级关系的语料有2条，处于"过渡性语境"的语料有1条。和清代相比，此时构式的量级语义更为凸显，因此可看作"构式演变"的第二阶段。

（29）谁知那床前坐的并不是<u>恭忠亲王而是咸丰皇帝</u>，皇帝听了，非但不恼，反劝太后好好养病，不可胡思乱想。（民国《清宫十三朝演义》）

通过对北京大学CCL古代汉语语料库中"不是A，而是B"相关语料的梳理可见，量级构式"不是A，而是B"萌芽于清代，至民国时期才得到进一步发展；但总体来说，此时的"不是A，而是B"仍处于构式演变阶段，尚未形成新的构式网络节点。

（二）"不是A，而是B"量级的形成与发展

量级构式"不是A，而是B"的形成和进一步发展是在现当代。为了使调查的语料更加规范，我们以北京话为切入点，分别调查了现代作家老舍和当代作家王朔、刘心武作品中出现的"不是A，而是B"相关语料。老舍作品中的"不是A，而是B"语料有209条，其中A项和B项之间具有量级关系的共有7条，占其语料总数的3.35%。

（30）她走得极稳，用轻移缓进控制着锣鼓。在必要时，她也会疾走；<u>不是走</u>，而是<u>在台上飞</u>。（老舍《四世同堂》）

（31）他向来没有觉得这五六里——由松林到王宅——是这么长，这么累人，这么难走过。这不是<u>五六里地</u>，而是<u>五六万里地</u>。（老舍《火葬》）

例（30）中作者首先对文若霞"（疾）走"的动作进行了语用否定，进而调整为动作速度更快的"飞"，认为"飞"更能准确体现文若霞行动之快。"走"和"飞"在行动速度维度上构成量增关系。例（31）中 B 项虽具有夸张语义，但从数量维度来看，A 项和 B 项之间具有明显的量级变化，在句法形式上两者也都是定中结构。这种在句法上对称、在语义上体现数量量级变化的构式是量级构式的典型形成标志。而形式和语义双重维度的变化也是"构式化"的体现，标志着"不是 A，而是 B"网络中新节点的产生。

王朔作品中"不是 A，而是 B"语料共出现 60 条，而 A、B 具有量级关系的语料有 9 条，占其总数的 15%。刘心武作品中"不是 A，而是 B"语料共出现 43 条，A、B 具有量级关系的共有 8 条，占其总数的 18.6%。这一变化趋势或许可以说明，在现代"不是 A，而是 B"的量级用法形成，到了当代则进一步发展成熟。

（32）她是那么激动地对我讲过想向你倾诉的话，不是<u>一句</u>，而是<u>很多很多</u>。她死了，但我可以肯定告诉你。她是决不甘休的！（王朔《空中小姐》）

（33）他更吃惊了。他呆呆地望着她。她掏出手帕，满脸按着，不是<u>揩干</u>而是<u>擦干</u>那泻下的眼泪。（刘心武《多桅的帆船》）

例（32）中"一句"和"很多很多（句）"在数量上构成量增关系。例（33）中"揩干"和"擦干"在着力程度上构成量增关系，"揩"着力轻，"擦"着力重。

　　总之，量级构式"不是 A，而是 B"的形成经历了两次构式演变和一次构式化。两次构式演变均发生在构式化之前，且两次演变均体现在语义方面：第一次构式演变是从构式变项间无语义关联演变为具有语义关联，第二次演变在于构式变项之间具有了量级语义关系。到了现当代，典型的数量语义量级构式出现，"量级义"开始成为"不是 A，而是 B"的固有语义，且此时构式变项的句法特征也出现对称和一致的特点。这种"新形式—新语义"的组合则意味着构式化的完成。

12.3.2　形成机制

　　上文我们对量级构式"不是 A，而是 B"的构式化过程进行了梳理。可见"构式不是固有的，而是逐步显现的，是构式语法化演变的结果"（蔡淑美，2020）。那么，量级构式"不是 A，而是 B"是如何形成的？其构式义是如何在发展演变中浮现出来的呢？为了回答以上问题，我们有必要对量级构式"不是 A，而是 B"的形成机制进行探讨。

　　蔡淑美（2020）对目前构式浮现的几大机制进行了梳理，限于篇幅，本章只讨论其中跟量级构式"不是 A，而是 B"最相关的"构式压制"。关于"构式压制"，国内外构式语法学界已进行过探讨；但随着研究的深入，学者们发现如果只讨论构式对构件的压制，就会忽略词义在构式中的特殊作用。因此越来越多的学者开始关注"构式"与"构件"之间的双向互动。如施春宏（2014）对"构式压制"进行界定：所谓构式压制，是（构式）"招聘"和（构件）"求职"同时发生的双向互动过程，是在相互的条件不完全契合时寻找关键契合点的过程。王寅（2011）也认为"构式压制"体现不出词汇的地位，因而又提出"词汇压制"的术语作为补充。魏在江、张英（2022）也认为构式和构件之间的互动同时涉及构式整体自上而下的强势压制和构件的非强势影响两方面。上述研究均表明，"构式压制"一词已无法充分描绘构式和其构件之间的复杂关系，因此将"构式压制"纳入"构式互动"这一上位概念成为目前的主流趋势。本章也将从宏观的"构式互动"的视角来探讨量级构式"不是 A，而是 B"的形成机制。

构式互动包括构件与构件的互动、构式与构件的互动以及构式与构式的互动三个方面（施春宏，2016）。前两个是发生在构式内部的互动，后一个是构式之间的互动，即构式外部的互动。对于量级构式"不是 A，而是 B"来说，主要探究的是构式的内部互动，即构件与构件的互动、构式与构件的互动。

（一）构件与构件的互动

东晋时期的"不是 A，而是 B"尚表达语义否定，变项 A、B 分属于不同的语义范畴。此后，随着语言的使用和表达的需要，A、B 之间具有语义关联的现象越来越普遍，具有量级关系的 A、B 项也逐渐增多。到了现当代，知名作家开始在其文本中大量使用这种具有量级关系的"不是 A，而是 B"来增强语言表述的精确性。随着使用频率的提高，原本语言使用者的个人用法，如今却变成了"不是 A，而是 B"的固有语义。由此可见，量级构式"不是 A，而是 B"的变项之间的互动就体现在构式的演变过程之中。

从最开始两者语义不相关，到后来 A、B 项之间语义逐渐靠近，进而产生量级层面的关联，句法上也体现出对称和一致的特征，变项互动的层次也不断加深；以至于现在当量级构式"不是 A，而是 B"出现在话语中时，听话人的大脑无须进行深加工，就能感知到说话人强调的是量级语义的变化，而不是语义真值的肯否情况，而这主要得益于变项 A、B 之间量级互动模式的形成和固化。

（二）构式与构件的互动

相较于构件与构件的互动，"不是 A，而是 B"构式与其构件之间的互动更为复杂，具体可分为两个方面：构式对构件的压制；构件对构式的影响。那么，两种互动是否存在一定的先后顺序呢？对于量级构式"不是 A，而是 B"而言，构件对构式的影响要先于构式对构件的压制。

1）构件对构式的影响

"不是 A，而是 B"是一个多功能构式，既可以表达语义否定，也可以表达语用否定。这两种功能构式生成的主要原因，不在于框架"不是……，而是……"，而在于其中的变项 A、B。因此我们所说的"构件对构式的影响"，就是指构式变项 A、B 对构式整体语义的影响。

具有量级语义关系的变项，其词类主要可分为两大类：一是体现数量的数量词，二是体现程度变化的性质形容词。综合来看，这两类词的共同特征可以被量化，数量词的这项特征无须赘述，而性质形容词在特定语境下，也体现出［＋可量化］的特征。如：他爷爷的身体不是好，而是很好。在说话人的认知中有一把"量级标尺"，不同程度的"好"对应着量级标尺上的不同刻度。评价语境中的性质形容词的［＋可量化］特征被激活，成为其凸显特征。而当构式变项间的量级语义频繁出现时，构式的整体语义受其影响，也开始发生变化：从原本表达"纠正义"的原型构式，如"这个人不是他女朋友，而是他上司"，转变为表达"量级调整义"的量级构式，如"这个人不是他女朋友，而是他妻子"。

随着高频次的使用，量级语义逐渐成为构式"不是 A，而是 B"的固有语义。若将变项看作构式的"内语境"，则也可以说构式是在反复且高频地吸收语境中的量级义之后，产生了量级语义。因此也可将"语境吸收"看作构件对构式义产生影响的内在机制。

2）构式对构件的压制

构式"不是 A，而是 B"在获得量级语义之后，反过来对进入其中的变项也提出了一定的准入条件限制，即 A、B 必须位于同一语义范畴，且 A、B 具有［＋可量化］的语义特征。当变项是数量词或形容词时，很容易满足这些准入要求；但当变项 A、B 之间不具备明显的量级语义关系时，在构式的压制下，A 项或 B 项会被临时赋予［＋可量化］的语义，或是通过添加一些具有［＋可量化］或［＋等级性］的修饰词来凸显量级关系。如：

（34）然而，此时的沈文荣考虑的已不是再买二手设备，而是向更高的目标冲刺——引进世界第一流的设备和技术。（1995年《人民日报》）

（35）我们看了两年圣保罗州青少年联赛，最后冠军都不是圣保罗队，而是一些名气不大的队。（1994 年《报刊精选》）

例（34）中的 B 项若是没有破折号后的补充部分，则变项 A、B 项间体现不出量级关系。因此在构式"量级语义"的压制下，变项 B 添加了具有［＋等级性］的序数词"第一流"，得以与 A 项的"二手设备"在等级维度上构成量级关系。结合语境可知，例（35）中的"圣保罗队"是当地有名的足球队，［＋有名气］是其隐含的量级语义特征，为听说双方所共知，而在构式语义压制的作用下，B 项中"一些球队"被赋予了显性的量级修饰词"名气不大"，A、B 两项的量级关系由此得以凸显。

例（34）、（35）都是量级关系本不明显的构式，但在构式语义压制的作用下，变项 A 或 B 都被赋予了量级义。当量级语义关系并不明显时，一方面需要通过构式压制的手段来凸显量级义，另一方面也需要听话人通过语用推理来主动获取构式的量级语义。

　　由上可见，"不是 A，而是 B"的形成机制是构式互动，主要体现为构件与构件的互动、构式与构件的互动，后者又包括构式对构件的压制以及构件对构式的影响。对于量级构式"不是 A，而是 B"来说，构件对构式的影响要先于构式对构件的压制。

第13章 量度形容词短语的认知语义

13.1 语言中量的主观性

语言中的"主观性（subjectivity）"表达和"客观性"表达这两个术语是由 Lyons（1977）引入的。主观性是指语言的这样一种特性，即在语言中多多少少总是含有说话人"自我"的表现成分。也就是说，说话人在说一段话的同时表明自己对这段话的立场、态度和感情，从而在话语中留下自我的印记。如果这种主观性在语言中用明确的结构形式加以编码，或者一个语言形式经过演变而获得主观性的表达功能，则谓之"主观化（subjectivisation）"（沈家煊，2001）。

如果从语言中量的角度来看，"主观性"在语言中形成的就是主观量，即含有说话人的主观评价因素，在语言中的形式标志就是词重音、副词和语气助词等。而"客观性"在语言中形成的就是客观量，即其中不含有说话人的主观评价。陈小荷（1994）对语言中的量进行了划分：

$$
量\begin{cases} 主观量（含主观评价）\begin{cases} 主观大量（评价为大） \\ \\ 主观小量（评价为小） \end{cases} \\ \\ 客观量（不含主观评价） \end{cases}
$$

李宇明（1997）在陈小荷的基础上，对汉语的量又提出了一些新的见解。他认为，如果把隐含的命题记为 S′，S′ 所包含的"社会常态量"记为 L′，把包含主观量的句子记为 S，把主观量记为 L，那么，主观大量和主观小量就可由下面的式子推导出来：

当 L < L′ 时，L 为主观小量　当 L > L′ 时，L 为主观大量

李首次把"社会常态量"引入语言量系统，比陈小荷前进了一大步，因为他为陈小荷的主观大量和主观小量划分找到了一定的依据。但我们认为李宇明的"社会常态量"还是不严谨的，因为"社会常态量"是属于百科知识的，而具体句子中的量，有时是很难找到"社会常态量"的。因而我们下文将在主观量和客观量之间设立参照量，在下文的分析中，我们将会看到，参照量不是主观设定的，而是根据句子的主观量和客观量、主观大量和主观小量之间的相对关系来确定的，即参照量是经常变化的。

13.2　量度形容词短语中的量

陆俭明（1989）认为，像"大""小""长""短""高""低""矮""厚""薄""重""轻"这些形容词都是表示量度的，含有［＋量度］

的语义特征，叫作量度形容词。他认为判定量度形容词的标准是看
其能否出现在下列表示偏离的格式里：

A＋（了）＋表示定量的数量词

能进入以上格式的是量度形容词，不能进入的是非量度形容词。
量度形容词都是成对的，可以分为相对的两组：一组是往大里说的，
为 a 组，记为 A（a）；一组是往小里说的，为 b 组，记为 A（b）。

a 组	b 组
大（了）一平米	小（了）一平米
长（了）三公分	短（了）三公分
高（了）三公分	矮（了）三公分
宽（了）两公分	窄（了）两公分
粗（了）一圈儿	细（了）一圈儿
重（了）三公斤	轻（了）三公斤

陆俭明认为凡 A（a）进入这个格式，都表过量；凡 A（b）进
入这个格式，都表不及。我们假设参照量为 0，那么"高（了）三
公分""矮（了）三公分"，就可以在如下的坐标中直观地显示出来
（说明："＋"表示正向偏离，"－"表示负向偏离，La 表示正向偏离
量，Lb 表示负向偏离量，Lc 表示参照量）。

如果客观量用 Lk 表示，那么：A（a）中的正向偏离量 La 就可以用下面的公式计算出来：Lk − Lc = La；A（b）中的负向偏离量 Lb 就可以用下面的公式计算出来：Lc − Lk = Lb。

13.2.1 "A（一）点儿"与"A了点儿"

A	B
高（一）点儿好看	高了点儿
辣（一）点儿有味	辣了点儿
瘦（一）点儿显得精神	瘦了点儿
短（一）点儿更合适	短了点儿

以上是形容词加"（一）点儿"或"了点儿"，这里的形容词，李向农（2005）称为意欲形容词，进入上面结构的是形容词的意欲用法。"意欲性指有生命的意欲主体具有某种意图和欲望"，"形容词的意欲性指有生命的意欲主体对于形容词所表示的性质（恒久的静态的）、状态（潜在的可变的）或程度（变化所达到的状态），有着拥有（或使成）、调整或避免的意图或欲望"。

A 组中的形容词都是说话人想要达到的，其中"高""辣"都是量大形容词，加上模糊量"一点儿"后，表量的加大或正向增值，例子中表达的是客观量 < 主观量，即现在的身高（客观量）比想象中显得好看的主观量要小。"辣"的分析与"高"的分析相似。而"瘦""短"则是量小形容词，加上模糊量"一点儿"后，表示量的减小或负向增值，例子中表达的是客观量 > 主观量，即现在的身材（客观量）比想象中显得好看的主观量要大。"短"的分析与"瘦"相似。

此外 B 组短语都有歧义，形容词加"了点儿"既可以表结果，也可以表量的偏差。

表结果的如例（1）。例（1）中a、b两例表达的是客观量＞参照量。a句中小树苗现在的高度（客观量）比两天前的高度（参照量）要高，b句中汤现在辣的程度（客观量）比刚才汤辣的程度（参照量）要高。c、d两例表达的意思是客观量＜参照量。c句中她现在的身形（客观量）比几个月前的身形（参照量）要瘦，d句中现在钢条的长度（客观量）比挤压前的长度（参照量）要小。

（1）a. 小树苗这两天高了点儿。

b. 汤加了辣椒粉后，比刚才辣了点儿。

c. 她经过几个月的锻炼，现在瘦了点儿，不像以前那样胖了。

d. 经过挤压后，钢条短了点儿。

表量的偏差的如例（2）。例（2）中a、b两例表达的是客观量＞主观量。a句中画现在的张贴高度（客观量）比理想的高度（主观量）要高，b句中菜现在辣的程度（客观量）比理想中辣的程度（主观量）要高。c、d两例表达的是客观量＜主观量。c句中小姑娘现在的身形（客观量）比需要的理想身形（主观量）要瘦，d句中绳子现在的长度（客观量）比需要的长度（主观量）要小。

（2）a. 画贴得高了点儿，再向下挪一挪。

b. 菜辣了点儿，再清淡一些就好了。

c. 这个小姑娘瘦了点儿，要是再胖一些，就符合戏中角色的要求了。

d. 这根绳子短了点儿，你去拿那根长的试一试。

当 B 组表量的偏差时，与"有点儿 A"的表义是相同的，如：

高了点儿 = 有点儿高
辣了点儿 = 有点儿辣
瘦了点儿 = 有点儿瘦
短了点儿 = 有点儿短

以上 B 组的分析可以归纳如下：

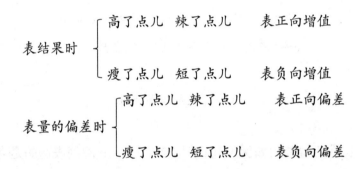

13.2.2 "VA 了"

陆俭明（1989、1990、2004b）三次讨论到"VA 了"结构，下面引用的是陆俭明（2004b）对"VA 了"结构的分析。此外文章分析了以下四组短语中，为什么有的既可以表期望结果的实现，也可以表结果的偏离，而有的则只能表两者中的一种。

	表期望结果的实现	表结果的偏离
① a.（头发）剪长了	−	+
b.（头发）剪短了	+	+
② a.（面条）拉长了	+	+
b.（面条）拉短了	−	+

③ a.（那手）画长了　　　＋　　　　　　　＋

　　b.（那手）画短了　　　＋　　　　　　　＋

④ a.（衣服）买长了　　　－　　　　　　　＋

　　b.（衣服）买短了　　　－　　　　　　　＋

　　下面我们将从认知语义出发，结合本章讨论的"主观量 / 客观量""主观大量 / 客观大量"两对语义范畴来探讨形容词"长""短"与不同动词搭配产生不同语义的原因。

剪长了：a. 表结果的偏离，客观量＞主观量，客观大量。

　　　　　头发剪长了，还剩这么短，难看死了。

剪短了：a. 表期望结果实现，客观量≈主观量。

　　　　　头发剪短了，这下老师该不会再批评我了吧。

　　　　b. 表结果的偏离，客观量＞主观量，客观大量。

　　　　　头发剪短了，长一些就好了。

拉长了：a. 表期望结果实现，客观量≈主观量。

　　　　　这根钢筋拉长了，正好符合要求。

　　　　b. 表结果的偏离，客观量＞主观量，客观大量。

　　　　　这根钢筋拉长了，短一些就好了。

拉短了：a. 表结果的偏离，客观量＜主观量，主观小量。

　　　　　这根钢筋拉短了，再长一些就好了。

画长了：a. 表期望结果实现，客观量≈主观量。

　　　　　用了很多墨水，他终于把那条龙画长了。

　　　　b. 表结果的偏离，客观量＞主观量，客观大量。

　　　　　那条龙画长了，短一些就好了。

画短了：a. 表期望结果实现，客观量≈主观量。

　　　　　他以前画人手总是画长，今天终于画短了。

b. 表结果的偏离，客观量＜主观量，主观小量。

那只手画短了，再长一些就好了。

买长了：a. 表结果的偏离，客观量＞主观量，客观大量。

他那么矮，这条裤子买长了。

买短了：a. 表结果的偏离，客观量＜主观量，主观小量。

他那么高，这条裤子买短了。

上文分析的"VA了"表偏离时，可以用以下的图式来表示：B点所处的点是参照量，拉长了是拉以后的客观长度（客观量）超越了B（参照量）点，即在B点的右边；缩短了是缩以后的客观长度（客观量）还没到达B（参照量）点，即在B点的左边。

需要说明的是，表偏离的"剪长了"与表偏离的"剪短了"，它们所表示的意思是一样的，都表示剪去的头发太多了。这是为什么呢？我们认为这是表述视角（perspective）的不同造成的，前者着眼于剪去的部分，后者着眼于剩下的部分。生活中由于观察视角的差异，对同一个问题产生不同看法的例子很多，如同样面对半杯水，乐观者看到的是杯子里剩下的水，而悲观者看到的却是杯子空了的部分。

13.2.3 "不A"与"很不A"

A	B	*C
不大／小（了）	很不小（了）	很不大（了）
不高／矮（了）	很不矮（了）	很不高（了）

不胖／瘦（了）　　很不瘦（了）　　很不胖（了）

不粗／细（了）　　很不细（了）　　很不粗（了）

A组中"／"左边的"大""高""胖""粗"是量大形容词，"／"右边的"小""矮""瘦""细"是量小形容词，"／"左右两边的形容词都可以用否定词"不"来否定，但是对"／"左边的量大形容词的否定，并不等于"／"右边的量小形容词，如：

不大≠小　不高≠矮　不胖≠瘦　不粗≠细

这类反义形容词比较特殊，它们可以有中间状态的存在，如图13-2。其与"生—死""内—外""男—女""对—错"不同，这类反义词不允许中间状态的存在，如图13-1。

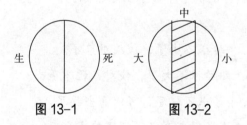

图 13-1　　　　　图 13-2

"很不"只能与量小形容词组合，不能与量大形容词组合，即C组不成立。此外，B组还可以作如下的变换：

很不小＝很大　很不矮＝很高　很不瘦＝很胖　很不细＝很粗

这可以从否定的范围看出，对"小"的否定，即对"中"和"大"的肯定，在"不小"前再加程度副词"很"，肯定的范围缩小了，即只肯定"大"。还有一个特点，那就是b组中，程度副词"很"修饰的是"不小",而不是否定词"不",即 B 组可以用如下公式进行转换("A 小"代表量小形容词,"A 大"代表量大形容词):

$$很 + 不 + A 小 \rightarrow 不 + 很 + A 小 \rightarrow 很 + A 大$$

吕叔湘(1965)曾经非常敏锐地指出:"假如'X'没有反义词'Y',那么'不X'就是'X'的反义词。'不X'在语义上构成一个整体,不仅仅是'X'这个概念的否定'X'可以有程度的差别,'不X'也可以有程度的差别。"如可以对"不高兴"加以限定,可以说"很不高兴",也可以说"有点不高兴",这个例子与上面的"很"修饰"不大"的情况一样,程度副词修饰的对象是"不X"这个整体组合,而不是只修饰其中的一部分。

C 组之所以不能成立,可以与例(3)、(4)、(5)、(6)中的 b 组作对比,在具体的例子中显示出来,如:

(3)a. 年龄很不小了,该谈对象了。

b.* 年龄很不大了,谈对象还早着呢。

(4)a. 个子很不矮了,可以去当兵了。

b.* 个子很不高了,还不能去当兵。

(5)a. 她很不瘦了,应该有五十公斤。

b.* 她很不胖了,还不到五十公斤。

(6)a. 这棵树很不细了,有碗口那么粗。

b.* 这棵树很不粗了,只有碗口那么粗。

13.3 "A 着呢"中的量

通过对语料的检索，我们发现"A 着呢"结构中的形容词 A 大多是非贬义的，后接"着呢"表示程度量的主观夸大，即量的正向增值，意思跟"……得很"相近，如图 13-3（参看沈家煊，1999）：

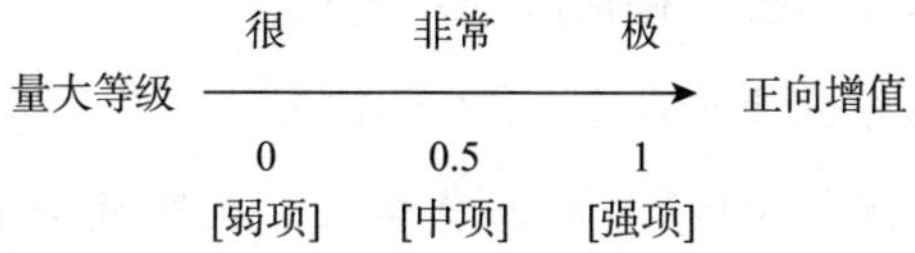

图 13-3

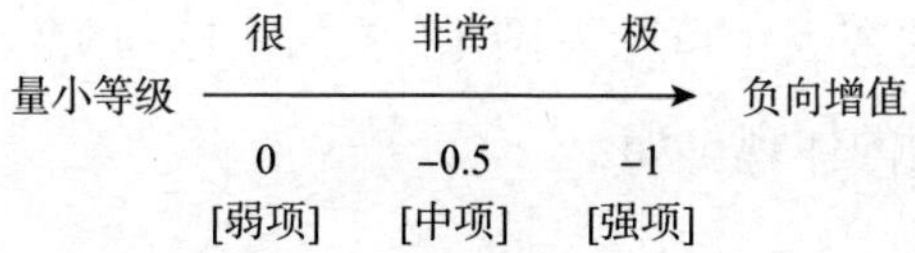

图 13-4

按照形容词音节的单双，"A 着呢"可分为两大类。

1）A 单 + 着呢

A（数量）	B（度量）	C（距离）
家里的钱多着呢	损失大着呢	离这儿远着呢
菜场上的黄瓜多着呢	这井深着呢	路还长着呢
D（时间）	E（性质）	F（温度）
八点上班，还早着呢	身体棒着呢	屋里凉着呢
才到九号，你早着呢	技术好着呢	包子里面热着呢

2）A双 + 着呢

　　　　G

问题复杂着呢

身体还结实着呢

形容词为贬义的，后接"着呢"，表示程度量的负向夸大，即量的负向增值（如图13-4）。

（7）这可不行，俺闺女还小着呢。

（8）他对我任意欺压，刻薄着呢。

（9）记得是1957年的一个春夜，天气还冷着呢。

无论是单音节形容词，还是双音节形容词，后面加上"着呢"，都是对程度量的夸大（可参看图13-3、图13-4），这通过变换分析可以得到更清楚的体现。如：

身体棒着呢 → 身体很棒 → 身体非常棒 → 身体极棒

技术好着呢 → 技术很好 → 技术非常好 → 技术极好

复杂着呢 → 很复杂 → 非常复杂 → 极复杂

结实着呢 → 很结实 → 非常结实 → 极结实

由于程度量夸大没有明确的界限，因而是非离散的（即连续的），所以 E、G 中的句子可以用"很、非常、极"来替换"着呢"，E组表示程度量的正向递增，最后达到最大量"极棒""极好"；G组表示程度量的负向递增，最后也达到最大量"极复杂""极结实"。

此外 F 组中的短语有歧义，"屋里凉着呢"既可以指凉的程度，也可以指凉这种状态的持续（此时"着呢"是短语关系）。同样，

"包子里面热着呢"既可以指热的程度，也可以指热这种状态的持续（此时"着呢"是短语关系）。以上的歧义可通过添加成分或句末语气来消除，如：

屋里凉着呢 → 别开空调，屋里可凉着呢！（祈使语气，表程度）

　　　　　→ 空调关了都半天了，屋里还凉着呢。（陈述语气，表状态）

包子里面热着呢 → 包子里面热着呢，别烫着了！（祈使语气，表程度）

　　　　　　→ 包子里面热着呢，赶快吃吧。（陈述语气，表状态）

　　造成歧义的原因不在形容词"凉""热"上，而在它们后面所跟的"着呢"上，正如本节开头所分析的，"着呢"既可以作时态助词（着 + 呢），又可以作语气词，即上面两例中的"着呢"既可以是"着呢$_1$"，也可以是"着呢$_2$"。通过变换分析可以看出表程度的是"着呢$_2$"，表状态的是"着呢$_1$"。

　　那么形容词后面为什么可以加时态助词呢？张国宪（1998）根据 [± 静态（static）] 这一组区别特征，把形容词分为性状形容词和变化形容词。前者的最大特点是静态性质，该情状的时间结构是均质的（homogeneous），缺乏内在的自然起始点和终止点，语法上一般不能带"了""着"等形态标记。后者的最大特征是它的动态性质，该情状的时间结构是异质的（heterogenous），可以有内在的自然起始点和终止点，有些变化形容词还可以容纳续段，语法上一般可以带"了""着"等形态标记。以上的"凉"和"热"就是变化形容词，因为"凉"和"热"可以互相转换：

凉 ←——→ 热　　　胖 ←——→ 瘦
快 ←——→ 慢　　　直 ←——→ 弯
淡 ←——→ 咸　　　厚 ←——→ 薄

　　状态的持续有两种：一种是静态的持续，即某事物的某种状态一旦达成，便具有了静态性和均质性特征，如苹果成熟、身材的高大等；一种是动态的持续，即某事物的某种状态即使依存，也是暂时的，仍具有不稳定性和时间结构的暂时异质性，这种处于变化链上的终结状态的持续是用体标记"着"来凸现的（张国宪，1998）。那么"凉"和"热"的持续就是动态的持续，所以二者能受"着"的修饰。

第14章　汉语重动句中的量

　　重动句（verb-copying sentence）是指谓语动词后带有宾语，再由重复动词带上补语的一种单句，它的最大特点就是动词出现两次。重动句一般可以符号化为：S+（V+O）+（V+C）。其中 S 代表主语，前一个 V 代表原动词，后一个 V 代表重复动词，O 代表受事宾语，C 代表补语。V 与 O 构成动宾短语，表示一个动作事件，V 与 C 构成动补短语，表示前一个动作事件造成的结果。

　　重动句中前一动宾短语 VO 中，动词 V 和宾语 O 都很特殊。首先，V 是非限定性动词，表现为它不能受副词修饰，后面不能跟时体标记，如：

　　（1）a. 她洗衣服洗累了。

　　　　　b.* 她只洗衣服洗累了。

　　　　　c.* 她洗了衣服洗累了。

　　由于前一个动词是非限定性的，那么句子的时体标记或修饰成分主要落在后一动补短语 VC 上，如：

（2）a. 我吃饭吃完了。

　　　b. 他看小说看坏了眼睛。

　　　c. 我睡觉只睡了半个小时。

　　　d. 他喝酒只喝了一瓶。

例（2）中 a、b 两句 VC 后带了体标记"了"，c、d 两句 VC 前有副词"只"修饰，后面也跟了体标记"了"。

其次，宾语 O 一般是通指性成分，表示的是事物的类，而不是单个的事物，如：

（3）a. 她洗衣服洗累了。

　　　? 她洗那衣服洗累了。

　　　b. 他喝酒喝醉了。

　　　? 他喝那瓶酒喝醉了。

其中的"衣服""酒"代表的是事物的类，而不是"这件衣服""那瓶酒"等定指的、具体的某一个事物。

通过上面的分析，也可以看出动宾短语 VO 是无界的，表现在 V 的无界上，即它不能跟"了"同现，还表现在 O 的无界上，即它是不可数的，不能用数量词来计量；而 VC 则是有界的，表现在其可跟"了"同现上。

14.1　重动句的分类与语义指向

刘雪芹（2000）从不同的角度对重动句进行了分类。根据重动词是否具有自主性把重动句分为自主重动句和非自主重动句；根据重动词自由性的强弱和重动句各成分之间结合关系的松紧把重动句分为松重动句、中重动句和紧重动句；根据重动词在句中位置的前后把重动句分为前位重动句和后位重动句。

唐翠菊（2001）根据重动句中补语 C 是否具有使动义，把重动句分为致使性重动句和非致使性重动句，前者如例（4）中 a、b 两例，后者如例（4）中 c、d 两例。

（4）a. 他吃中餐吃胖了。

b. 他讲课讲得口干舌燥。

c. 他吃中餐吃多了。

d. 他讲课讲得很棒。

石毓智（2003）根据补语的语义特征和结构特点，将重动句分为以下四类。

1）补语是时间词

他睡觉睡了一个小时。

我等车等了很长时间。

2）补语为单纯的形容词或不及物动词

他看书看累了。

他喝酒喝醉了。

3）补语为"得"字结构

他开车开得很稳。

他读书读得很快。

4）动补之后另有宾语

她学英文学坏了眼睛。

他扫地扫弯了腰。

汉语区别于其他语言的重大特点之一，就是汉语的补语系统非常复杂。朱德熙（1982）把述补结构的补语分为五类：①结果补语（看见、长大）；②趋向补语（进来、出去）；③可能补语（看得见、看不见）；④状态补语（洗得干净、看得清楚）；⑤程度补语（暖和多了、可笑透了）。当然，现代汉语中还有第六类数量补语（住两年、去一趟）。

重动句 VOVC 中宾语 O 的变化不大，变化最大的是补语 C，因为它可以是上面所说的补语系统中的任何一种，因此我们认为从补语的角度，按补语的不同来给重动句划分小类是更为科学的。我们可以把上文的六类补语归为五类，因为③可能补语是①结果补语的可能式，可以归入①结果补语之中。这样我们就可以按补语 C 的不同，把重动句分为以下五类。

1）结果补语重动句

他喝酒喝醉了。

妈妈洗衣服洗累了。

我吃饭吃饱了。

我看书看疼了眼睛。

2）趋向补语重动句

老黄牛拉车拉上了山。

我有两个哥哥，都被大兵拉夫拉去了。

3）情状补语重动句

他讲课讲得口干舌燥。

他想问题想得很透彻。

我洗衣服洗得满头大汗。

他走路走得很快。

4）程度补语重动句

我这两天想你想死了。

我最近忙大哥的婚事忙坏了。

以上 4）中的"死""坏"都是程度补语，即"我非常想你""我非常忙"，略带夸张语气。如果"死""坏"是结果补语，那么例句表达的意思就是"我真的死了""我身体感到不适"。

5）数量补语重动句

按照数量短语的性质，又可分为以下三小类。

A 时量补语

他们喝酒喝了三个小时。

我写作业写了十分钟。

B 动量补语

　　她去上海去了三趟。

　　老师批评小王批评了好几次。

C 名量补语

　　他买鱼买了三斤。

　　我吃面条吃了两碗。

　　A 组的时量补语"三个小时""十分钟"分别说明动词"喝""写"持续时间的长短。B 组的动量补语"三趟""好几次"分别说明去上海的趟数和挨批评的次数。C 组的名量补语"三斤""两碗"分别说明买的鱼的重量和吃的面条的多少。

　　以上对重动句作了全新的分类，下面来看看重动句补语 C 的多种语义指向。重动句中补语 C 的语义指向是很复杂的，它可能指向主语 S、动词 V 和宾语 O 中的某一个或某两个。

　　1）语义指向主语 S

　　他喝酒喝醉了。

　　他输钱输急了。

　　她想看电影想迷了。

　　他看戏看哭了。

　　她唱歌唱出了名。

　　小王吃冷饮吃病了。

　　2）语义指向动词 V

他写字写得慢。

他走路走得很快。

我起床起得早。

他吃饭吃了一个小时。

他玩游戏玩了一整天。

他去北京去了三次。

3）语义指向宾语 O

妈妈做菜做得好吃。

他烧饭烧糊了。

爸爸淘米淘得不干净。

他写字写得漂亮。

妈妈买鱼买了三斤。

我出题出难了。

4）语义指向句末宾语

我骑车骑到外滩。

我打车打到南京西路。

我写作业写到十二点。

我上网上到凌晨。

我们聊天聊到半夜。

我们唱歌唱到晚上十点。

4）中前两例的"外滩""南京西路"是补语"到"的处所宾语。
后四例的"十二点""凌晨""半夜""晚上十点"是补语"到"的时

间宾语。

5）语义既指向动词 V 又指向宾语 O

他听评书听了三回。

妈妈讲故事讲得很短。

5）中第一个例子中的"三回"既可以是语义指向动词"听"的动量短语，也可以是语义指向宾语"评书"的名量短语。作前一种理解时，这里的"回"相当于"次"，"三回"就是"三次"；作后一种理解时，这里的"回"相当于"章"，"三回"就是"三章"。这是因为评书所讲的古代的小说大多是按照章回体来写的，以上的分析可以在变换分析中看出。

（5）他听评书听了三回。

→ 他听评书听了三次。

→ 他听了三次评书。

→ 他听了三回评书。

（6）他听评书听了三回。

→ 他听评书听了三章。

→ 他听了三章评书。

→ 他听了三回评书。

"妈妈讲故事讲得很短"中的"短"，语义既可以指向宾语"故事"，表示故事短，也可以指向动词"讲"，表示妈妈讲故事的时间短。

14.2　重动句中的量性初探

14.2.1　主观量与参照量

A	B
睡觉睡了三天	睡觉睡了五分钟
等他等了十多年	等他等了一分钟
劝他劝了好多次	劝他劝了一次
去乡下去了三趟	去乡下去了一趟

C	D
睡觉足足睡了三天	睡觉仅仅睡了三天
等他起码等了十分钟	等他只等了五分钟
劝他都劝了三次	劝他才劝了一次
去乡下竟去了三趟	去乡下就去了一趟

项开喜（1997）认为："重动句式中的'述补'结构一般表示动作行为的某种超常性。重动句的强调功能就是突出强调事物和动作行为的超常方面。"他认为 A 组（该组中四个例子都引自项开喜论文）的补语"都是表数量意义的时量结构，因此，这一类句式往往表示动作行为的量度超过了说话人的正常量度"。其分析当然有一定的道理，但也存在某些不容忽视的问题。从 A 组可以看出，例子中作补语的都是表量大的数量短语，如果把这些补语换成表量小的数量短语，如 B 组，那么重动句表示的就不是"突出强调事物和动作行为的超常方面"了。

A 组中除了"劝他劝了好多次"（副词"好"是主观大量的标记

词）之外，其他三个都是表客观大量的。B 组表客观小量。C 组中
VP$_2$ 前有量大标记词"足足""起码""都""竟"等副词，表主观大
量。D 组中 VP$_2$ 前有量小标记词"仅仅""只""才""就"等副词，
表主观小量。

如果在 A 组句子末尾加上句末语气词"了"，如 E 组，句子才
表示夸张量，即表示在时间或数量上超过了参照量。这也证明了项
开喜的重动句"表示动作行为的量度超过了说话人的正常量度"这
一分析是有问题的。

E

睡觉睡了三天了。（时间太长）

等他等了十多年了。（时间太长）

劝他劝了好多次了。（次数太多）

去乡下去了三趟了。（次数太多）

项开喜（1997）认为，重动句的 VP$_1$ 是"无界"的，无界的动
作不具有量的意义，只是在重动句中蕴含着说话人预期的一个常量，
为 VP$_2$ 提供参照。对于动作行为的结果、状态、程度、量度，说话
人事先设置了一个期望值，给予其常量，即 X。这一常量也是人们
习见的动作的常规结果、常规状态、常规量度。而 VP$_2$ 所表示的动
作行为的实际结果、实际状态、实际量度是一个超常量，即 X′，
也就是 X′ 或者大于 X，或者小于 X，不会等于 X。X 是相对静止
不变的，X′ 是运动变化的，二者形成反差。重动句中，VP$_2$ 之前出
现 VP$_1$ 结构，是为 VP$_2$ 提供常量参照，进而满足整个句式表达功能
的需要。

我们认为项开喜的分析是有问题的，因为他所说的"预设量"
在没有主观量标记（句重音、副词、句末语气词等）的重动句中是

很难找到的。这里的预设量实际就是我们上面所分析的参照量，这里的参照量必须在有主观量标记的句子里才能确定，比如：

（7）a. 喝酒喝了 ＼ 两瓶。

　　　b. 喝酒竟喝了两瓶。

　　　c. 喝酒只喝了两瓶。

例（7）a 中数词"两"前有句重音，表主观大量，即主观量（两瓶）＞参照量（两瓶以下）。b 中有量大标记词"竟"，表主观大量，即主观量（两瓶）＞参照量（两瓶以下）。c 中有量小标记词"只"，表主观小量，即主观量（两瓶）＜参照量（两瓶以上）。

14.2.2　数量补语重动句

（8）a. 买鱼买了三斤。

　　　b. 买鱼只买了三斤。

　　　c. 买鱼竟买了三斤。

（9）a. 喝酒喝了两瓶。

　　　b. 喝酒就喝了两瓶。

　　　c. 喝酒都喝了两瓶。

（10）a. 去上海去了三趟。

　　　b. 去上海才去了三趟。

　　　c. 去上海将近去了三趟。

（11）a. 看《红楼梦》看了三遍。

　　　b. 看《红楼梦》仅仅看了三遍。

　　　c. 看《红楼梦》足足看了三遍。

（12）a. 喝酒喝了三个小时。

　　　b. 喝酒不过喝了三个小时。

　　　　　　c. 喝酒起码喝了三个小时。

（13）a. 写作业写了十分钟。

　　　　b. 写作业至多写了十分钟。

　　　　c. 写作业至少写了十分钟。

　　例（8）、（9）两组中的"三斤""两瓶"都是名量补语；例（10）、（11）两组中的"三趟""三遍"都是动量补语；例（12）、（13）两组中的"三个小时""十分钟"都是时量补语。六组例句中，a 中的数量补语表示的都是客观量；b 中因为分别含有主观量小标记词"只""就""才""仅仅""不过""至多"，因而数量补语"三斤""两瓶""三趟""三遍""三个小时""十分钟"表示的都是主观小量；c 中因为分别含有主观量大标记词"竟""都""将近""足足""起码""至少"，因而数量补语"三斤""两瓶""三趟""三遍""三个小时""十分钟"表示的都是主观大量。

　　李讷、石毓智（1997）认为，动词拷贝结构（即重动句）跟处置式的语用有差别。动词拷贝结构旨在客观叙述一件事，可把事情往轻里、小里说，如例（14）a；处置式则带有强烈的主观色彩，可把事情往重里、大里说，如例（14）b：

　　（14）a. 他看书只看了几页。

　　　　　b. 他已经把书看了一半了。

　　我们认为李讷、石毓智（1997）的分析是有问题的，结合上文的分析可以看出，动词拷贝结构并没有"把事情往轻里、小里说"的功能，处置式也没有"把事情往重里、大里说"的功能。例（14）a 句含有"把事情往轻里、小里说"之义，是因为句中有主观量小标记词"只"；例（14）b 句带有处置义的把字句含有"把事情往重里、大里说"之义，是因为句末有语气词"了"。

14.2.3 程度补语重动句

（15）a. 我这两天想你想死了。

b. 他最近忙大哥的婚事忙坏了。

例（15）中的"死""坏"不是结果补语，即表示的不是"我真的死了""他身体出了问题"，而是程度补语。这里的"死""坏"都是形容词，分别是《现代汉语词典》（第 5 版）中的义项四：形容词，表示达到了极点；义项五：形容词，有时只表示程度深。所以这里的"死""坏"都表程度，是程度补语，是程度量的夸大，以上两句的意思分别为"我非常想你""他非常忙"。由于句中的"忙""想"分别是形容词和心理动词，它们都可以受程度副词"非常"的修饰，因而上面的两句可以作如下变换，而句子意思并不改变：

（16）a. 我这两天想你想死了。

→ 我这两天非常想你。

b. 他最近忙大哥的婚事忙坏了。

→ 最近由于大哥的婚事他非常忙。

14.2.4 情状补语重动句

A	B	C
飞得高	飞得很高	飞得高高的
走得远	走得老远	走得远远的
洗得干净	洗得挺干净	洗得干干净净的

擦得亮　　　　擦得锃亮　　　　擦得亮晶晶的

朱德熙（1982：134）认为以上三类格式表示的意义是不同的：A 组不包含量的概念，B 组、C 组包含量的概念。本书非常赞同朱德熙的观点，C 组的补语很有特点，它们都是状态形容词，结构形式上前三个，即"高高的""远远的""干干净净的"都由性质形容词重叠以后加助词"的"构成，最后一个由状态形容词"亮晶晶"加助词"的"构成。B 组除了"锃亮"外，其他的补语都由"程度词 + 形容词"构成。

下面我们来分析 B、C 两组补语中量的差异。形容词的量主要表现为程度的高低，利用程度词法——在形容词前加"有点""很""最"这一系列副词，可以把形容词分为两类：①能够用该程度词序列分别加以修饰的叫非定量形容词（量点）；②不能用该程度词序列分别加以修饰的叫定量形容词（量幅）。（石毓智，2001：120）B 组的补语是由形容词"高""远""干净""亮"分别加上程度副词"很""老""挺""锃"构成的，所以它们都是非定量形容词，加上程度副词以后，都表非定量或程度量。

"非定量形容词重叠后就转化为定量的了，不能再用程度词修饰。"（石毓智，2001：131）C 组除"亮晶晶的"以外，其他的都由形容词重叠后加助词"的"构成，或许也可以说它们从重叠前的非定量形容词变为重叠后的定量形容词，即 C 组的状态补语都是定量形容词，表示的是定量。"亮晶晶的"是状态形容词，也是定量形容词，表定量。

此外，B 组的形容词前加副词，C 组的形容词的重叠形式，都表示程度的加强，即程度量的提高（李宇明，1996）。这与动词的重叠形式表"时量短、动量小"（朱德熙，1982：67）有很大的差别。

C 组除了"飞得高高的"外，其他的都可以变换为以下的重动句（这是因为"飞"是一价动词，不能带宾语，不能构成重动句的VOVC 结构），因而上文中对一般情状补语中量的分析，也就是对情状补语重动句中量的分析。

走得远远的　　　　　→ 走路走得远远的

洗得干干净净的　　　→ 洗衣服洗得干干净净的

擦的亮晶晶的　　　　→ 擦玻璃擦得亮晶晶的

以上分析了情状补语中的量，下面我们将尝试分析情状补语重动句中的程度量等级。

朱德熙（1982：133）认为，表示状态（即本章所论的情状）的述补结构可以扩展，如：

写得好→写得很好→写得非常好→写得的确好→写得好极了

从上面的结构可以看出，朱德熙对述补结构的扩展，主要是在补语形容词前加程度副词，而程度副词本身也是有程度高低差别的，按照程度的由低到高，可以把程度副词分为以下五个等级：

比较 < 很 < 非常 < 十分 < 最

如果用这五个等级的副词分别来修饰重动句"洗衣服洗得干净"中的形容词"干净"，那么这个重动句中量的大小就可以形成以下五个等级序列：

洗得最干净 ＞洗得十分干净 ＞洗得非常干净 ＞洗得很干净 ＞洗得比较干净

以上这个序列，从左到右随着副词的程度由高到低，补语的程度量也由高到低，即形成了一个情状补语的程度量等级。

14.3　修饰语的句法位置及否定词选择

秦礼君（1985）、刘维群（1986）都讨论了重动句中修饰语的位置问题。秦礼君认为重动句 SVOVC 的修饰语的位置可以有三处：V 前、VC 前、C 前。刘维群认为，在重动句里除句首状语以外，V 和 O 也可以带一些修饰成分，这些修饰成分能够出现的位置有三处：主语和 V_1 之间；V_1 和 O 之间；O 和 V_2 之间。我们不打算讨论每一个句法位置的修饰词分别是什么，但出乎意料的是，"也许""的确""尤其"这三个副词修饰语在重动句中可供选择的句法位置很多，如：

（17）a. 也许他打篮球打得好。

　　　b. 他也许打篮球打得好。

　　　c. 他打篮球也许打得好。

　　　d. 他打篮球打得也许好。

（18）a. 的确小王写字写得慢。

　　　b. 小王的确写字写得慢。

　　　c. 小王写字的确写得慢。

　　　d. 小王写字写得的确慢。

（19）a. 尤其她爱孙女爱得深。

　　　b. 她尤其爱孙女爱得深。

　　　c. 她爱孙女尤其爱得深。

　　　d. 她爱孙女爱得尤其深。

例（17）、（18）、（19）三例，随着副词修饰语的句法位置的变化，句中的焦点也发生了变化，这些修饰语的作用跟副词"是"相当。

　　重动句的否定词的句法位置主要是在 VO 前或 VC 前。否定词"未必"表婉转的否定，是一种主观的推测，如例（20）；否定词"别"表禁止的否定，语气比较强烈，是对未然的否定，如例（21）。

（20）a. 他未必唱歌唱得好。

　　　b. 他唱歌未必唱得好。

（21）a. 你别喝酒喝醉了。

　　　b. 你喝酒别喝醉了。

　　下文重点分析一下否定词"不"和"没"在重动句中的使用差别。石毓智（2001）认为，"不"与"没"对非定量词语的否定有明确的分工："不"只能否定连续量词，"不＋V"的否定形式是"V"；"没"只能否定离散量词，"没"否定动词时，实际上是对"V＋了"的否定，即"没＋V"的肯定形式是"V＋了"。

　　上文指出了否定词"未必"和"别"有两个句法位置，即在 VO 前或在 VC 前。"没"的句法位置受到的限制比较多，"没"只能用在 O 与 V 之间。重动句中"没"的否定作用与"没"在一般的动补结构中的否定作用是一样的，如：

（22）a. 他没吃完饭。

b. 他吃饭没吃完。

在例（22）a 中，"没"否定的不是动词所代表的行为"吃"，而是补语所代表的结果"完"，即"吃了，但是没吃完"。例（22）b 中"没"的否定作用与 a 相同。

下面我们来看"不"的否定，这里要重点区分的是"不"在两种不同补语中的否定作用。

A	B
他写字写不好。	他写字写得不很好。
我唱歌唱不好。	我唱歌唱得不很好。
她洗衣服洗不干净。	她洗衣服洗得不很干净。

C	D
他写字写得好。	他写字写得很好。
我唱歌唱得好。	我唱歌唱得很好。
她洗衣服洗得干净。	她洗衣服洗得很干净。

A 组是结果补语可能式 C 组的否定形式，加上否定词"不"后表明主语 S 没有某种能力，这与 C 组表明主语有某种能力正好相反。B 组是情态补语 D 组的否定形式，加上"不"后是对动作结果的否定。

此外，还有一些相关现象，这里需要交代一下，如：

A	B
她的老师当得好。	← 她当老师当得好。
他的篮球打得好。	← 他打篮球打得好。
他的歌唱得好。	← 他唱歌唱得好。

他的厂长当得称职。　　←他当厂长当得称职。

C	D
她洗了一天的衣服。	←她洗衣服洗了一天。
他当了三年的兵。	←他当兵当了三年。
他提了一个小时的意见。	←他提意见提了一个小时。
我看了半个小时的图片。	←我看图片看了半个小时。

对于以上 A、C 两组中"的"的性质到目前为止还没有很好的解释，黄国营（1982）认为 A 组里的"的"是"伪定语"。蒲喜明（1983）认为 C 组结构中"的"的作用是"在补语之后造成一定的语音停顿，从而帮助强调和突出这类补语"。当然，他们的分析都有一定的道理，但还是略显不足。如果结合本书所讨论的重动句，我们认为 A、C 两组中的句子都不是汉语中的基本句式，它们非常特殊，可能是从重动句 B、D 两组句子变化而来的。A、C 中的准领属关系的中心语名词，如"老师""篮球""衣服""意见"，实际上是句（即 B、D 两组句子）中动词逻辑上的宾语（即重动句 VOVC 中的 O），其作用是为语义表达提供背景（background），是通指性成分，不代表语境中的任何个体，信息量极低。

第五部分

韵律、不对称与汉语构式

第15章　动结式的韵律构造模式

　　动结式最早见于吕叔湘主编的《现代汉语八百词》(商务印书馆，1980)，该书的第一部分"现代汉语语法要点"中有这样的叙述："主要动词加表示结果的形容词或动词，可以叫做动结式。作为动结式的第二个成分的动词和形容词，最主要的是'了(liǎo)、着(zháo)、住、掉、走、动、完、好、成'等。"朱德熙(1982)认为，由结果补语组成的述补结构是一种黏合式述补结构。结果补语可以是形容词，如"长大""变小""染红"等，也可以是动词，如"写成""杀死""说完"等。朱德熙认为，能够充任结果补语的动词为数不多，常见的有"走""跑""动""倒""翻""病""死""见""懂""成""完""通""穿""透"等。

　　有关汉语动结式的研究成果颇多，涉及面也非常广。但到目前为止，对动结式的韵律构造模式还没有学者讨论过。因此本章将专门对此问题作一些初步性的探讨，以期拓展动结式新的研究领域，进一步深化我们对汉语动结式的认识。

15.1 动结式的音节构造模式

按照吕叔湘和朱德熙的定义，我们可以把动结式分为"V+V""V+A"两大类。如果再往下细分，则主要可以分为以下五类。

1）$V_单 + A_单$　1+1
吃饱 长大 拧紧 晒干 走远 削平 挖深 涨红 洗净 关严 摆齐
绑紧 锯短 睁大 走远 安正 掰好 摆平 搬光 拌匀 包紧 刻坏
背熟 逼疯 补足 擦亮 猜对 踩碎 测准 吃穷 打红 弄脏 吹干
打直 打正 打稳

2）$V_单 + V_单$　1+1
弄丢 拿走 学懂 戳穿 打死 赶跑 拔掉 拆掉 查遍 拆漏 扯断
冲破 调走 顶裂 斗赢 逼哭 剁断 翻遍 改掉 盖住 赶跑 割断
打通 拐走 害死 合拢 哄笑 挤走 剪开 教会 卷跑 拉响 瞒住
闹翻 泡涨 烧化

3）$V_单 + A_双$　1+2
说清楚 搞明白 洗干净 关严实 摆整齐 弄明白 捆结实 对仔细
缝整齐 讲明白 理整齐 淋干净 抹干净 指清楚 拿干净 念清楚
配合适 铺整齐 调合适 写整齐 装整齐 变呆板 长饱满 坐端正
变机灵 搞复杂 擦干净

*4）$V_双 + A_单$　2+1
关闭严 摆放齐 测量准 分别清 回答对 汇报全 修理齐 预备齐
琢磨透 辅导错 接受错 战斗累 誊写清 说明清 翻译准 绑扎牢

清洗净　讲解明

5）$V_双+A_双$　2+2

清洗干净	关闭严实	摆放整齐	测量准确	分别清楚
汇报齐全	预备齐全	琢磨透彻	广播清楚	安排妥当
安置周到	辩论清楚	处理干净	打听明白	规定清楚
鉴别清楚	交代清楚	交代彻底	解释明白	了解清楚
描写清楚				

以上的 1）、3）、4）、5）四类构造模式，正好构成了动词和形容词单双音节组配的四种形式。当然，其中的 4）是不成立的，即在"V+A"的组合中，因为音节的不同，"V"与"A"的组合是不对称的（见表 15–1）。

表 15–1　动结式韵律构造的不对称

	A 单	A 双
V 单	+	+
V 双	−	+

从表 15-1 可以看出，"$V_单+A_单$""$V_单+A_双$""$V_双+A_双$"的搭配都是合格的，只有"$V_双+A_单$"的搭配是不能成立的，至于不能搭配的原因，下文将进行详细说明。

当然，表 15-1 中的动形搭配的这种扭曲关系还可以直观地图示为图 15-1（参照沈家煊，1999：320；张国宪，2004）。

图 15-1　动结式中动形组配的扭曲关系

从图 15-1 可以看出，单音节动词和单双音节形容词都可以自由搭配；而双音节动词则只能与双音节形容词搭配，不能与单音节形容词搭配，从而形成了一种扭曲关系，或者说不对称关系。

15.2 动结式音节构造模式的形成动因

15.2.1 动词、形容词的功能互补性

前文说到，动结式的"动"主要由动词来担任，形容词作"动"的则几乎没有；"结"主要是形容词，动词作"结"的数量很少。动词和形容词在动结式中有很强的规律性（或倾向性），它们的分工好像是互补的：动词倾向于作"动"，而形容词则倾向于作"结"。下面我们尝试分析形成这种表层规律（或倾向性）的深层次动因（motivation）。

我们认为，上述这条规律（或倾向性）与动补结构的来源有密切的关系。动补结构来源于古汉语的连动结构，在这一点上，研究古代汉语和语法化理论的学者们早已达成共识。古代汉语中的连动结构，由于主次动词的句法位置不同，它们虚化的方向也不同①。按照是前置成分虚化还是后置成分虚化分类，连动结构可以有以下两条虚化路线：

$$1）NP_1 + V_次 + NP_2 + V_主 + NP_3 \rightarrow a_1. NP_1 + 介 + NP_2 + V + NP_3$$
$$\rightarrow a_2. NP_1 + 副 + V + NP_2$$
$$2）NP_1 + V_主 + NP_2 + V_次（+NP_3）\rightarrow a_1. NP_1 + V + R_{补语} + NP_2$$

连动结构路线 1）是前置成分虚化，即次要动词在前，主要动词在后，句子的动态性体现在后面的主要动词上。这就会导致前面的次要动词的动态性逐渐减弱，经过长时间的使用，次要动词就会慢慢地发生虚化，它有两个虚化方向：后带名词性成分的次要动词向介词虚化（介词先与名词构成介宾短语，然后整个介宾短语再作动词的状语），即 a_1；后面没带名词性成分的次要动词会向副词虚化（与动词形成状中关系），即 a_2。

连动结构路线 2）是后置成分虚化，即主要动词在前，次要动词在后，句子的动态性体现在前面的主要动词上。随着主要动词后的受事成分 NP_2 的省略，次要动词也发生了虚化，动性不断减弱，进而虚化成黏附于主要动词并说明主要动词动作结果的补语。当然，能够发展成动结式的连动结构，其前后两个动词必须有"事件 + 事件内在的结果"这样的语义关系才行。

从上面的连动结构向动补结构虚化（即后置成分的虚化）的路线可以看出，次要动词到补语的虚化过程是动词动性不断减弱的过程。如果我们把主要动词"$V_主$"、次要动词"$V_次$"和结果补语"$R_补$"的动性强弱放在一起进行比较，就可以得到如下的不等式：

$$V_主 > V_次 > R_补$$

从以上对动补结构来源的分析，可以得出如下结论。动补结构 VR 中的 V 动性要求强。而形容词的功能主要是表示事物的性质或状态，虽然有一部分形容词可以作谓语，但前提条件是它们后面不带宾语。由此可见，形容词的动性是非常弱的，这就决定了它们不能作动结式中的"动"。补语 R 的作用是"说明动作的结果或状态"（朱德熙，1982），动性要求相对较弱，这与形容词的功能和弱动性相一致。或许这就是绝大部分的补语都是由形容词来充当的深层次动因。

徐丹（2000）认为动补结构中上字（即"动"）是形容词的很少，原因有两个。一是由形容词本身的性质决定的。有些形容词虽然可以表达动作，但其动性远不如动词，动补结构里上字的基本语义特征是表达动作进入的过程，而形容词大多不具备这一特征。二是汉语里许多形容词可以兼作副词用。形容词可以作状语用这一特征也使得形容词很难作动补结构里的上字。在两个字的组合里，当第一个字是形容词、第二个字是动词时，形容词往往表达动作的方式，作副词用，如"暗算""大吃""干洗"等。至于动补结构的下字（即"结"）是动词的很少，徐文认为由于绝大部分动词不具备"已变化""已完成"等"完结"义，故这些动词不能担任下字。刘街生（2006）也从动性强弱的角度，对动结式的构成作了很有启发性的分析。他认为动结式组成成分之间的说明性是一种非并立性，正因为动结式中有一定的说明性存在，所以现代汉语中充当补语的更多是形容词。动结式组成成分之间的这种说明性关系，还能说明为什么形容词难以充当动结式的述语，因为述语是动结式的结构中心，形容词之后难以有谓词性更弱的成分来体现非并立性。

从上面徐、刘对动补结构中动词和形容词的不同特征作的分析，我们可以看出，徐丹主要从动补结构对"上字"（即"动"）和"下字"（即"补"）的语义限制入手，而刘街生主要是从动结式内部两个成分之间的语义关系来阐述的。这与本书上文语法化角度的分析并没有重复，而是互相补充的。如果把这三种分析结合起来，则有利于我们更加深刻地理解动结式音节构造模式形成的动因。

15.2.2　音节构造模式（即 15.1 中动结式的五种分类）分析

模式 1）由"单音节动词＋单音节形容词"构成，即"1+1"构造模式。两个音节正好构成一个音步，而且是一个标准音步，其实现的是标准韵律词。据马真、陆俭明（1997）对《形容词用法词典》（郑怀德、孟庆海编，1991）作的考察，能作结果补语的形容词总数为 216 个，其中单音节形容词 153 个，双音节形容词 63 个。2）与 1）构造模式相同，这里不再分析。据王红旗（1995）的统计，可用作动结式补语的动词有 116 个。

　　模式 5）由"双音节动词 + 双音节形容词"构成，即"2+2"构造模式。韵律构词学中，两个音节构成一个音步，一个音步可以实现一个韵律词（冯胜利，1996a）。也就是说 5）是"韵律词 + 韵律词"，构成的是复合韵律词。

　　模式 3）由"单音节动词 + 双音节形容词"构成，即"1+2"构造模式。这种模式虽然符合"超音步"（三个音节），但不能构成三音节韵律词。因为音步的实现方式是从右向左，那么"X"节点下的"清楚"可以自成音步，即可以构成韵律词，因而三音节的韵律词不能在这种结构中产生。虽然这种构造模式不能产生韵律词，但它们都是合格的短语②，符合汉语的重音模式（详细分析见下文）。

　　模式 4）由"双音节动词 + 单音节形容词"构成，即"2+1"模式，这与 3）的"1+2"构造模式正好相反。按照韵律词的音步实现法，4）可以实现韵律词。按照音步从右向左的实现方式（冯胜利，1996a），X 节点下的是单音节，不能构成一个音步，所以音步的实现不能不包括节点"Y"中的成分。由于"Y"节点下的两个成分在与"严"组合之前已经组合好了，即"关闭"已经是韵律词了，如果把音步的左界放在节点"闭"上，这就等于破坏了事先创造的韵律词，所以音步只能以"关"为左界，这样实现的就是超音步的韵律词。

但由于这种构造模式违背了汉语的"重音居右"原则，因而在现实语流中它也是不成立的（详细分析见下文）。

模式4）的"清洗净""关闭严""测量准""摆放齐"平时都很少说，听起来也很不顺耳，即双音节动词后跟单音节形容词很不自由，这是为什么呢？下面就从三个方面来重点分析模式4）为什么很难成立。

第一，单音节形容词极易黏附于前面的双音节动词。一方面，当一个单数音节段处于双数音节段前时，间隙比较散；而当其处于双数音节段后时，间隙比较紧密，即当一个单音节处于复音节之后时，其具有极强的黏附性（吴为善，1989）。另一方面，如果单音节形容词黏附于前面的双音节动词，这就势必导致表义精确性的下降。因为作为结果补语的单音节形容词的作用是"补充动作行为的结果或状态"（朱德熙，1982），一旦黏附于前面的动词，动作的结果或状态就很难凸显，这样动补结构的表义就会受到影响。如果把单音节形容词变为相应的双音节形容词［即模式4）的音节构造模式从"2+1"变为"2+2"]，那么整个短语就自由了，也顺口了，并且具有了很强的节奏感，如：

清洗净 → 清洗干净　　关闭严 → 关闭严实

测量准 → 测量准确　　　摆放齐 → 摆放整齐

第二，"V 双 +A 单"的"2+1"模式不符合普通重音的要求。汉语遵循重音居末（即重音居右）或右重原则（冯胜利，1996b），"1+2"模式符合这一原则：

因为这个短语左边的成分有一个音节，右边的成分有两个音节，两个音节比一个音节重，因此这个结构是"左轻右重"，这正好符合普通重音"右重"的要求。因此 3）在短语层面是成立的。

如果动词由两个音节组成，而补语只有一个音节，即"2+1"模式，那么情况就不同了。由于二重于一，这种组合势必形成"左重右轻"的局面：

综上，"扬抑"式结构不符合普通重音"居右"的原则，因此 4）这种模式不能成立。

第三，模式 4）也有反例，那就是"安排好"可以说，这是什么原因呢？薛红（1985）认为"好"类成分"所表示的语法意义依赖前项成分而成立。它不能以独立的词的身分与前项平行组合，互相对待，而是粘附于前项"（这与我们上一段所分析的单音节形容词黏附于前面双音节动词的意思是相同的）。张国宪（2004）认为，"摆放好"中充当补语的单音节形容词"好"的词汇意义已经相当语法化了，句法功能上更贴近动态助词和程度词。"好"的结合面很宽、很自由③，可以与很多双音节动词组合，如"计算好""捆绑好""整理好""研制好""商量好"等。这里的"好"的词汇意义并不是"优点多的；使人满意的"（跟"坏"相对），而是表达一种完成语态。我们认为张国宪的分析是有道理的，但还不够准确。我们认为，补语"好"的意义有无虚化，在句子中会体现得更加明显，如：

<table>
<tr><td align="center">A</td><td align="center">B</td></tr>
<tr><td>他喜欢开好车。</td><td>小心点，开好你的车。</td></tr>
<tr><td>他喜欢看好电影。</td><td>你应该干好自己的工作。</td></tr>
<tr><td>她喜欢穿好衣服。</td><td>站好岗是我的职责。</td></tr>
</table>

C

开好车给加上点儿油。

洗好衣服再吃饭。

写好作业再看电视。

以上 A 组中的"好"都是作定语，语义指向其后的名词"车""电影""衣服"，表示"使人满意的"的意思，记为"好$_1$"。B 组中的"好"是表示结果意义的补语，语义指向谓语动词，意思是"把事做圆满"，记为"好$_2$"。C 组中的"好"是表示完成义的动词后缀，语义也指向谓语动词，意思是"表示完成或达到完善的地步"，记为"好$_3$"。"好$_3$"可以用"完"来替换，替换后句子的意思基本上没发生变化，如：

	C		D
	开好车给加上点儿油。	→	开完车给加上点儿油。
	洗好衣服再吃饭。	→	洗完衣服再吃饭。
	写好作业再看电视。	→	写完作业再看电视。

通过上面的分析，我们认为，"$V_双$＋好"（如"计算好""捆绑好""整理好""研制好""商量好"）中的"好"，既可以是"好$_2$"，也可以是"好$_3$"。而张国宪认为的"词汇意义已经相当语法化了，句法功能上更贴近动态助词和程度词""是表达一种完成语态"的"好"，其实就是我们这里的"好$_3$"。由于他的分析忽略了"好$_2$"，所以是不全面的。

总之，以上 A、B、C 三组例子中的"好"，由于其所处的句法环境不同，其虚化程度也是不同的。按照虚化程度的高低，三组例句中的"好"可以排成如下的不等式：

$$好_3 > 好_2 > 好_1$$

在短语层面，"$V_双$＋好"中的"好"的意思到底是"好$_1$"还是"好$_2$"，是无法作出判断的，只有进入句子，如上文的B、C 两组句子，才能确定，所以张文的分析也没有很好地解释为什么"好"可以跟双音节动词组合成合格的短语。我们认为这可能与单音节形容词有无相应的双音节形容词有关，也就是郭绍虞（1938）、端木三（1999）所谓的词的长度有没有"弹性"。比如"好"没有相应的双音节形容词，即没有"弹性"，而"净""严""准""齐"都有相应的双音节形容词"干净""严实""准确""齐全"，即有"弹性"。所以单音节形容词与双音节动词搭配，听起来很别扭，如"清洗净""关闭严""测量准""预备齐"。同样道理，单音节动词与双音节形容词的组合"买昂贵""弄肮脏"等"1+2"模式不太顺口，而要变为相应单音节的"买贵""弄脏"等"1+1"模式。

15.2.3　构造模式中的歧义

4）构造模式产生的合格短语，可能还会产生歧义，如"复印好"既可以是动补结构，也可能是主谓结构，如"手写不好，复印好"。5）构造模式的"2+2"构成的复合韵律词也会产生歧义，如"捆绑结实""广播清楚""研究透彻""分配合理"，既可以表动补结构，也可以表主谓关系。关于5）为什么会产生歧义，我们认为有以下两个原因。

第一，"广播""研究""分配"都有兼类词的倾向，作动词时，整个结构是动补；作名词时，整个结构是主谓。其他的词语虽然不明显，但多少也有歧义的倾向。

第二，我们认为这与动词的音节长度有关系。陈宁萍（1987）认为"汉语的双音节动词有很强的名词化倾向"。张国宪（1997）也认为"词在由单音节转变为双音节的过程中，不仅音节长度发生了变化，而且功能也会或多或少地得以增值或变异，其中最明显的是名性的增值和动性的减弱。因此，在音节特征上，动性的等级序列中：单音节 > 双音节"。

此外，李临定（1990）认为"双音节动词名词化的可能性比较大，单音节动词名词化的可能性则较小"，但他没有解释原因。我们认为这可能是因为单音节动词动性较强，所以其转化为动性极弱的名词比较困难；而双音节动词本身动性就较弱，其转化为名词的可能性当然比较大。

15.3 四字格中"个"的韵律角度阐释

15.3.1 四字格中"个"的性质争议

6）V$_单$ + 个 +A$_双$

　湿个稀透 问个明白 抢个溜光 玩个痛快 吃个精光

　说个清楚 看个仔细

　　赵元任（1979）在分析特殊宾语时论述说："表现动作结果的形容词经常以补语的形式出现，如'说明'。可是有时候把它当作名词性词处理，加上'一个'或'个'，如'说个明白'，甚至还加上一个傀儡的间接宾语'他'，如'我要喝他个痛快'。"朱德熙（1982）认为，形容词或动词前面加上"个"变成体词性结构以后，充任的宾语叫程度宾语，程度宾语表示程度高，如：说个明白、玩个痛快。邵敬敏（1984）认为"动＋个＋形／动"是动宾结构，"个"是数量结构"一个"的省略形式。以上三位都把"个"看作量词、"个"后的成分看作宾语。

　　祝克懿（2000）认为"抢个溜光"中的"个"仍然具有指量功能，它指示"溜光"的程度之高。因此，"个"仍可分析为量词，是数量结构"一个"中"一"的脱落，但"个"尚未发生质变。王志武（1999）认为"湿个稀透"中的"个"是用在动词和补语之间的，作为补语的动词或形容词都没有量的概念和要求，它所表示的量是动补之间的结构关系，起着重要的语法作用，不能省略，可以用"得"来替换，如"湿个（得）稀透"。"个"的这种作用相当于结构助词。

近观这些年来对"动＋个＋形／动"的研究，最全面、最透彻的是张谊生（2003）。文章以充分可靠的历史语料，详细论证了"个"从述宾结构中名词前的量词到述补结构动补之间的结构助词的历史演化过程："个"从指称性标记转为动词后强调结果或状态的补语标记，在功能上由前加转向后附，作为"结构助词"而最终形成。

15.3.2　四字格中"个"的"凑音"角度阐释

关于以上所讨论的"个"，本书认为可以从以下两个方面来认识。

第一，"溜光""稀透""明白"等形容词的确有表程度的作用，但它们并不是朱德熙所说的宾语，而是补语。祝克懿（2000）认为"个"是量词，仍有指量功能，指示"溜光"程度之高，这是很有见地的。张明辉（2006）也认为，与"个"后的"明白"相关的词语可以构成一个连续统（笔者附）：

不明白　有点明白　不太明白　比较明白　很明白　非常明白　明明白白
⟶

这个连续统的始端是"不明白"，终端是"明明白白"，中间包括"有点明白""不太明白""比较明白""很明白""非常明白"。"V＋个＋明白"中的"明白"只能用"明明白白"替换，而不能用连续统中的其他词语替换，即"明白"表示的是一种高量，而不是中量或低量。

第二，从韵律角度来看，我们认为四字格中"个"的主要作用是凑音。春秋战国时期《荀子·正名》中的"单足以喻则单，单不足以喻则兼"，南北朝刘勰《文心雕龙·丽辞》中的"偶遇易安，奇字难适"，1898 年马建忠《马氏文通》中的"语欲其偶，便于口诵"，其实说的都是凑音。"个"的凑音作用主要体现为使动补结构由不稳定的三音节变为韵律和谐稳定、节奏性强的四音节。动词后增加"个"就增加了一个音节，它与前面的单音节动词正好构成一个双音步。因而，这里的"个"是结构助词，主要起凑音作用。由此可见王志武（1999）、张谊生（2003）把"个"分析为结构助词的合理性。此外，"个"的凑音作用还体现在，无论是 6）中的例子，还是以上各位方家文章中的用例，"个"前面的动词都是单音节的。

15.3.3　"凑音"现象的普遍性

其实，汉语很多句法结构中的成分都有凑音的作用，如"画他几枝""猜他一番""盖他几间房""睡他一觉"等中的"他"。吕叔湘（1984）认为，类似上面句子中的"他"，从作用上看，其无所指代，实在是前面的动词的附属物。这些例句里头的动词都是单音词，这个"他"字可以凑一个音节，这种用法跟古代的"填然鼓之""勃然行之"的"之"可以相比。此外，还有偏正结构中的"之"。王力（2005）就指出，偏正结构用不用"之"字为介，没有一个标准，一般地说，要以节奏为标准，如果这个偏正结构是四个字，定语为双音节时，一般要用"之"，如"贤良之臣"，不说"贤良臣"；如果这个偏正结构只有两个字，一般不用"之"字，如"贤臣"，不说"贤之臣"。

徐丹（2004）借鉴了法国语言学家海然热（Hagège）的观点，认为双音节介词里的"着"并不是体态助词，"着"的职能在语音方面，只在音节结构上起作用，即"着"此时是个"垫音"（épaisseur phonique）（即我们所说的"凑音"）。本书认为，不仅"X 着"类介词（如：借着、按着、趁着、仗着、随着、凭着、本着、靠着）中的"着"是"凑音"，而且"X 了"类介词或语气词（如：为了、对了、算了、好了）中的"了"也是"凑音"。因为这两类词语中的

"着""了"在词汇项中已经失去了原来的语法功能（如表示动作的时体），变为不表达任何语义或功能的音段成分，即"X 着 = X""X 了 = X"。

不仅汉语中存在"凑音"这一语法现象，其他的语言中也存在这一现象，即"凑音"具有人类语言的共性。一些语言中有所谓的词干构成成分，这些词干构成成分没有任何功能，也不具有任何形态句法特征，只是为了满足"词层面的完好构造条件"而必须出现（董秀芳，2004：142）。Huave 语中的名词如果不带有标明词干的元音和一个表示所有者的后缀就是不合格的，在这种语言中不能简单地说 niing（房子），而必须说 a- niing -aran（某人的房子），其中 a- 是标明词干的前缀，-aran 是表示不定所有者的后缀（Matthews，1972）。一些语言中还有空语素形式，如 Menominee 语中的 /-t-/，出现在具有领属含义的词中，如：

    ke   -t- ös
    你的 -t- 独木船
    你的独木船

在上面这类词中，/-t-/ 不具有任何语义功能，既不属于词根的一部分，也不属于表示领属的词缀的一部分，其出现环境是由词法条件所控制的，即出现在以元音开头的词根前的领属词缀后（Anderson，1992）。

附注：

① 冯胜利（2002）指出，先秦时期的并列式双核心结构是不稳定的，这就为核心的偏移提供了演变的可能。核心偏移有两种：一种是核心左偏，一种是核心右偏，前者使右边的成分丧失其核心地

位而变为补语，后者使左边的成分丧失其核心地位而变为修饰语（状语）。以上两种偏移方式可以表示为：

　　A. 核心左偏：[核＋核]→[核＋偏]＝[动＋补]（Verb+complement）

　　B. 核心右偏：[核＋核]→[偏＋核]＝[状＋中]（Adv.+head）

从 A 可以看出，动补结构是汉语早期的"双核心结构"变成"单核心结构"以后的产物。因此，动补结构的产生是从"双核"结构到"单核"结构的变化结果。

　　以上冯胜利的分析与本书的分析并不矛盾。并列式和连动式之间并不矛盾，因为即使是连动结构也可以分析为"并列式连动"。

　　② 冯胜利（1996a，1997）认为短语可以由"1+2"式超音步组成，但是在韵律构词法中却不可以。这是因为韵律词的音步的实现必须一次完成，完成后剩余的部分都不予考虑。然而对短语来说，音步的实现必须反复地进行，直至这个短语的最后一个音节。

　　③ 据张旺熹（1999）统计，在 1022 条"动＋形"结构语料中，共出现形容词 140 个，以褒义形容词的代表"好"为例，光这一词就使用了 421 次，约占总词次的 41%。这也证明了张国宪的"'好'的结合面很宽、很自由"的观点是正确的。

　　④ 吕叔湘（1963）认为，有些单音节和双音节有通过扩充和压缩互相转换的可能。比如我们常常可以看到同一内容有时候用四个字来说，有时候用两个字来说，这是它们具有伸缩性的体现。吕叔湘举了动宾组合的例子：打扫街道—扫街、编写剧本—编剧、保护森林—护林。

第16章 "X不到哪儿去"与"X到哪儿去"不对称的实质

吴为善、夏芳芳（2011）以及夏芳芳（2011）对形容词嵌入构式"A不到哪里去"进行了构式分析，但是与之相似的构式"X不到哪儿去"，至今还未见相关研究。本章将从构式语法的角度，按照"X"词性的不同，把母构式"X不到哪儿去"与"X到哪儿去"细分为"V不到哪儿去"与"V到哪儿去"以及"A不到哪儿去"与"A到哪儿去"两组子构式。详细描写两组子构式的种种不对称现象，对不对称的深层动因进行认知解释。最后尝试对"X不到哪儿去"与"X不到哪里去"之间的异同进行描写和解释。

在比较"X不到哪儿去"和"X不到哪里去"时，因"哪儿"和"哪里"在嵌入构式时对构式义基本没有影响，在现代汉语句法、语义和语用分析时具有同一性，故在讨论"X不到哪儿去"和"X到哪儿去"不对称现象时不作区分。另外，本章说的不对称兼指"对称和不对称"两种情况，因为讲不对称时总是预示着对称（沈家煊，1999:1）。

16.1 "V 不到哪儿去"与"V 到哪儿去"的
不对称及其形成动因

16.1.1 两者之间的不对称

"V 不到哪儿去"中的"V"存在三种情况：1）"V$_{(位移)}$不到哪儿去"，如例（1）中"跑"是位移动词；2）"V$_{(计量)}$不到哪儿去"，如例（2）中"跌"具有计量性特征；3）"V$_{(凸显状态)}$不到哪儿去"，如例（3）中"变"具有凸显状态的特征。从语义上来看，"V 不到哪儿去"中"V"的这三种情况都体现了"说话者对所言内容的主观情态"。

（1）会很快查出作案者的，他跑不到哪儿去。（王朔《人莫予毒》）

（2）不要紧张，大盘跌不到哪儿去。（2014 年《金融界》）

（3）其实再变也变不到哪儿去，不管头发长短有没有胡子都还是那个我嘛。（新浪微博，2013）

"V 到哪儿去"中的"V"存在四种情况。1）"V$_{(位移)}$到哪儿去"，如例（4）。2）"V$_{(计量)}$到哪儿去"，如例（5）。3）"V$_{(凸显状态)}$到哪儿去"，如例（6）。

（4）你能逃到哪儿去呢？（搜狐博客，2009）

（5）同样质量的产品，价格不会相差到哪儿去，于是服务竞争就成了至关重要的一环。（1993 年《人民日报》）

（6）大学的逻辑课也要改成讲授《墨辩》，那将会使我们的思想观念<u>转变到哪儿去</u>？是光辉灿烂的未来，还是古色斑斓的古代？（1986年《读书》）

4）"V"为个体主观性较强的动词，"到哪儿（里）去"表达一种强烈的语气，如：

（7）师哲笑道："你这是怎么啦？<u>想到哪儿去</u>了，我干嘛要同你划清界限？"（1996年《作家文摘》）

（8）看你<u>说到哪儿去</u>了，我还不至于没一点眼光吧。（1994年《人民日报》）

（9）"你<u>听到哪儿去</u>了？"她低吟了一声，"我是说换一下保险丝。它昨天早上烧断了。谁听说过换鞋就能修好电钻的！"（1993年《读者》）

尽管"V不到哪儿去"和"V到哪儿去"在表示"V$_{(位移)}$"和"V$_{(计量)}$"时具有对称性，但从句法语义范畴来看，二者却存在显著的差异。与"V$_{(位移)}$不到哪儿去"不同，"V$_{(位移)}$到哪儿去"整体上并不都具有表现"说话者对所言内容的主观情态"的特征，如在例（4）中，"到哪儿去"的处所义并没有完全虚化，其语法化程度远不及"不到哪儿去"。通过分析发现，"V$_{(计量)}$到哪儿去"一般不会单独出现，前面一般会有"否定词＋能愿动词"的限制，而"否定词＋能愿动词＋V$_{(计量)}$到哪儿去"在句义上等同于"V$_{(计量)}$不到哪儿去"，如例（5）中"不会相差到哪儿去"与"相差不到哪儿去"基本同义。

同理，"V$_{(凸显状态)}$不到哪儿去"与"否定词＋能愿动词＋V$_{(凸显状态)}$到哪儿去"可在句义不变的情况下相互转换，如例（6）中反诘语气"转变到哪儿去"可转换为"不会转变到哪儿去"。然而，尽管当"V"具有［＋计量］或［＋凸显状态］语义特征时，"V 不到哪儿去"与"否定词＋能愿动词 +V 到哪儿去"的转换机制是成立的，但北京大学 CCL 语料库中却没有关于"V$_{(凸显状态)}$不到哪儿去"的语料，而"否定词＋能愿动词 +V 到哪儿去"共有 15 条语料，二者显现出语用上的不对称。

上面第四种情况是"V 到哪儿去"的特殊用法，这里的"V"必须是个体主观性较强的动词，且一般需要在句末带上语气词"了"。对由它们构成的短语需要作整体性理解，其既可以作句法成分，也可以作独立成分。在语用上，受"哪儿"的否定用法影响，"V 到哪儿去"具有以下三个特点：一是说话者认为对方的话有问题，具有劝止的意味，如例（7）；二是说话者认为对方过度谦虚，请对方不要这样客气，如例（8）；三是用"哪儿"的虚指用法表达强烈的谴责、责备的情感，如例（9）。通过以上对比发现，第四种情况中"V 不到哪儿去"是缺位的。

16.1.2　两者不对称的形成动因

当"V"是表示与位移相关的动词时，"V 不到哪儿去"和"V 到哪儿去"尽管在句法上是对称的，但从语义上看，"V 不到哪儿去"中的动词选择比"V 到哪儿去"更具有抽象性。"V 到哪儿去"中的动词大部分具有［＋位移］的语义特征，而"V 不到哪儿去"中的动词除此之外，还可以在隐含义或引申义上具有［＋位移］的语义特征，如例（10）。这种语言现象的形成，跟"到"从谓语中心的位置发展到趋向补语的位置，进一步致使其不断抽象化和语法化的过程有关。在这一过程中，由于"到哪儿去"在"到"具有实义阶段承担句法功能的情况比"不到哪儿去"多，其脱离实义走向语法化的过程必然比"不到哪儿去"要慢，因此"不到哪儿去"的虚化意义更强。

（10）吃饭也<u>吃不到哪儿去</u>，要饭的人家，无非是红薯轱辘蘸盐水。（刘震云《头人》）

当"V"是跟计量或凸显状态相关的动词时，"V不到哪儿去"和"否定词+能愿动词+V到哪儿去"形成了一种相互转换的关系：当"V"具有［＋计量］的语义特征时，可转换的如例（11）、（12）；当"V"具有［＋凸显状态］的语义特征时，可转换的如例（13）。二者在语用频率上的不对称，一方面是受语言经济性原则的影响，在语义表达时，只选择使用一种结构；另一方面是随着"V不到哪儿去"的发展，其构式义愈加稳固，虚化性越强，反映在使用中就偏向于虚化性更强的"V不到哪儿去"了。

（11）但又感觉2000点就是政策底线，<u>跌不到哪儿去</u>了，应该不怕。（新浪微博，2012）

（12）比如说香港中环、上海外滩，房子肯定<u>不会跌到哪儿去</u>。（新浪微博，2013）

（13）这世上其实并没有偶然，做出的每个选择即使重来，<u>也不会变到哪儿去</u>。（新浪微博，2014）

第四种情况是"V到哪儿去"所特有的用法。这里的"V到哪儿去"如例（14）、（15），主要是受"哪儿"的非疑问用法中的否定用法影响，即"V到哪儿去"整体已经表示否定了，"不到哪儿去"也就难以进入这种格式了。

（14）你看你，<u>想到哪儿去</u>了，哪有的事！（张平《十面

埋伏》）

（15）楚轩吾的话引起了老夫人理所当然的抗议："嘻，你说<u>到哪儿去</u>了，珊珊长这么大，你什么时候见她闹过脾气来?"（礼平《晚霞消失的时候》）

16.2 "A 不到哪儿去"与"A 到哪儿去"的不对称及其形成动因

16.2.1 两者之间的不对称

"X 不到哪儿去"和"X 到哪儿去"中的"X"从"V"到"A"，"不到哪儿去"和"到哪儿去"的基本位移义已经完全虚化，形成了"整体大于部分之和"的构式义，在句法分析中需要对其作整体性解读。

首先是使用频率的不对称。北京大学 CCL 语料库中有"A 不到哪儿去"的有效语料 139 条，其中"A"不重复的语料 30 条；有"A 到哪儿去"的有效语料 14 条，"A"不重复的语料 10 条。在"A 不到哪儿去"的 30 个形容词和"A 到哪儿去"的 10 个形容词中，二者"A"重复的语料数量达 7 条，约占"A 不到哪儿去"有效语料中"A"不重复语料数量的 23%，这不得不引起我们的注意。

能够进入"A 不到哪儿去"和"A 到哪儿去"两个构式中的"A"是一致的：单音节形容词主要是程度评价形容词（如"好""坏""次"等）、量度形容词（如"高""低""苦""甜"等）和具有从具体到抽象的本体隐喻性质的非量度形容词（如

"美""丑""强""弱"等）；双音节形容词主要是并列式复合词
（如"高明""轻松"等）。这些形容词都具有两个特征：一是程度
义，二是评价义。但是在对二者"A"重复的语料的分析过程中，我
们发现"A 到哪儿去"主要存在于否定句中，"A"前都有否定副词
"没""不"等，如例（16）；或存在于反问句中，反问语气相当于否
定，肯定格式加否定语气构成句义上的否定，如例（17）、（18）。

（16）一个穿着雨靴、挂着皮围裙看着比猪也<u>没干净到哪儿</u>
<u>去</u>的兵闻声跑出来，手里拎着起粪的铁锹，大叫大嚷：你们欺
负它干什么！（王朔《看上去很美》）

（17）"软拆"比"强拆"能<u>好到哪儿去</u>？（华声在线，2012）

（18）这种经济能<u>强到哪儿去</u>？（百度贴吧，2013）

例（17）的"好到哪儿去"实际上可以转换成例（19）的"好不到
哪儿去"，例（18）可以转换成例（20）的"强不到哪儿去"，表达
句义基本不变。

（19）其次，参加过海湾战争的现役军人的情况也<u>好不到哪</u>
<u>儿去</u>。（1994 年《人民日报》）

（20）这时恩庆剩了一身骨头架子，说："强也<u>强不到哪儿</u>
<u>去</u>。这个鸡巴支书，不是好干的！"（刘震云《头人》）

上面这种情况并不具有特殊性，当"A 到哪儿去"与"A 不到哪儿
去"中的"A"不重复时，"A 到哪儿去"同样可以出现在否定句和
反问句中，且都可以转换成"A 不到哪儿去"的格式。如例（21）
的前一句可以转换为后一句，句义基本不变。

（21）不是我们亲友的人，和我们过从并不密切的人，也是不会对我们慷慨到哪儿去的。（梁晓声《冉之父》）

→不是我们亲友的人，和我们过从并不密切的人，也是对我们慷慨不到哪儿去的。

这种转换也并非单向性的，"A 不到哪儿去"可以通过助动词的辅助转换成"A 到哪儿去"的格式。如例（22）、（23）分别可以转换成"没有豪华到哪里去"和"不会轻松到哪里去"。这说明"A 不到哪儿去"及其否定式实际上是具有相互转换机制的，但二者在语用过程中产生了出现频率的不对称。

（22）建议仿世界出版业通例，分印"豪华"本、普及本。当然，我们也"豪华"不到哪里去，纸墨稍求精良而已。（1990年《读书》）

（23）师傅说："受得了！我过去干车工，一天八小时下来，比做麦客轻松不到哪里去！"（1996年《人民日报》）

其次是句法语义的不对称。在句子内部结构划分上，"A 不到哪儿去"一般用于联合复句的并列复句、递进复句，以及偏正复句的条件复句、转折复句中，也可以用于单句。

（24）我们去了那里，首府斯诺支一片狼藉，另两个色雷只行星的首府也好不到哪儿去。（哈伯德《地球杀场》）

（25）日子也很清苦，张天师的徒子徒孙尚且如此，其他和尚、道士怕也好不到哪儿去。（1993年《人民日报》）

例（24）、（25）分别属于联合复句中的并列复句和递进复句。

（26）这样熬过了最初的几天，我就有些挺不住了，这主要是来自精神上的压力，一个人混到了这步田地，那滋味比死也<u>好不到哪儿去</u>。(《中国北漂艺人生存实录》)

（27）这次相逢，一定会是场很激烈的火并，败者固是全军覆没，但胜者也<u>好不到哪儿去</u>。(古龙《圆月弯刀》)

例（26）隐含"一旦……就"的语义关系，表示在具备某种条件下产生的相应结果，是无标记的条件复句。例（27）是转折复句。

"A不到哪儿（里）去"出现在句子中时，一般是作为句子的谓语，如例（28），或在以"比"为标记的比较句中，如例（29）。

（28）"我天份<u>好不到哪里去</u>了，你教我游泳，我还哇哇哭。"(岑凯伦《蜜糖儿》)

（29）说某事化为泡影比做黄粱美梦<u>好不到哪儿去</u>。(1998年《人民日报》)

因"A不到哪儿去"与"否定词（＋能愿动词）+A到哪儿去"具有可互换性，所以从理论上讲，"A到哪儿去"和"A不到哪儿去"在内部结构划分上应该呈现对称分布；但事实上在北京大学CCL现代汉语语料库中，"A到哪儿去"只出现在偏正复句中的条件复句、转折复句以及单句（或分句）中的主谓句中，且都是低频率的，而在联合复句和非主谓句方面是缺位的。

（30）试一试嘛，不试怎么知道？反正情况不会再<u>坏到哪儿去了</u>。(王朔《千万别把我当人》)

（31）相对论以后，事情终于变得好一点，也没有<u>好到哪儿</u>

去，因为"价值"就因此而死了。（1995年《读书》）

（32）大学生陆弘宇说，上山前我想：咱农民的儿子啥苦没吃过？山上能<u>苦到哪儿去</u>？（1997年《读者》）

（33）方佩仍埋头理箱子，"你的嗓音，比起许多天皇级歌星不知<u>好到哪儿去</u>了。"（张欣《岁月无敌》）

例（30）"反正"表示条件关系，例（31）是偏正复句中的转折复句，例（32）、（33）分别为跟例（28）、（29）"A不到哪儿去"对称的一般主谓句和以"比"为标记的比较句。

16.2.2　两者不对称的形成动因

"A不到哪儿去"与"否定词（＋能愿动词）＋A到哪儿去"的相互转换，在理论上是成立的。这似乎跟"V不到哪儿去"与"否定词＋能愿动词＋V到哪儿去"的转换是一致的，但在实际语言应用中"A不到哪儿去"出现的频率远高于"否定词（＋能愿动词）＋A到哪儿去"。造成这种不对称的动因主要有以下两点。

从语用角度来看，概念内涵上相同的情景可以有不同的勾勒侧面（profile）。"A不到哪儿去"和存在于否定句中的"A到哪儿去"，尽管在概念意义上相同，都具有"承认或认定A，但认为A的性状程度量有限"的预设义，却以不同的句法形式反映了不同的勾勒侧面。根据焦点与凸显原则理论，焦点的突出和语序关系密切（刘丹青、徐烈炯，1998）。因而"A不到哪儿去"的焦点在"A"上，而"否定词（＋能愿动词）＋A到哪儿去"的焦点在"否定词（＋能愿动词）＋A"上。显然，"A不到哪儿去"在表达"承认或认定A"时在意义上更具有现实凸显性和语用精确性。

从语言演变角度来看，派生是语言生命力的表现之一。通过语料分析可知，"A不到哪儿去"这一构式可以派生为"再A也A不到哪儿去"［如例（34）］、"就算 A 也 A 不到哪儿去"［如例（35）］等变式，实际上都是复句的紧缩式，而"A 到哪儿去"在这一方面是缺位的。在语言的长期发展演变过程中，这种缺位与语用频率相互作用，因而"A 到哪儿去"的使用频率不断降低，与"A 不到哪儿去"形成了鲜明对比。

（34）我说："我是特例，生来是个书呆，<u>再呆也呆不到哪儿去</u>；而且跟 O 型人耳濡目染久了，也很'固执到家'的。"（1989 年《读者》）

（35）其实昨天和朋友具体研究过，孩子就算穿一身金色装备属性不一定比紫色好，或者说<u>就算好也好不到哪儿去</u>。（新浪微博，2013）

16.3 "X 不到哪儿去"与"X 不到哪里去"的异同

根据北京大学 CCL 语料库，"X 不到哪儿去"在近代汉语中没有用例，"X 不到哪里去"的近代汉语用例共有 11 条，最早见于汪寄的《海国春秋》。其用法有两类。

首先是"V$_{（位移）}$不到哪里去"，共 7 例，如：

（36）忽然听得庄内众声说道："寻寻，<u>走也走不到哪里去</u>！"（清《海国春秋》）

（37）（老爷）便吩咐道："且把他们松开，大约也<u>跑不到哪里去</u>。"（清《侠女奇缘》）

（38）谭先阎道："且和他开了谈判再说。若是不依从我们的，料他们也逃不到哪里去。"（民国《留东外史续集》）

其次是"A不到哪里去"，共4例，如：

（39）我笑道："这个给我们就馆的差不多，阔不到哪里去。"（清《二十年目睹之怪现状》）

（40）黎元洪对于这件案子的真相，也曾发电声明，并且反对组织特别法庭，又因曹锟和各督，尽皆攻击罗氏，料道罗氏强不到哪里去，便又送到狱里去，教这位赫赫的总长，重去尝尝牢狱风味。（民国《民国演义》）

（41）我们务农人家，只要上不欠皇粮，下不缺私债，吉也吉不到哪里去，凶也凶不到哪里去。（民国《汉代宫廷艳史》）

值得注意的是，"X不到哪里去"的11条语料均取自清朝和民国的文学作品。从现代汉语角度来看，"不到哪里去"从逻辑上可以被"不到哪儿去"替代，同时句义保持不变。而实际上，近代汉语却没有出现"不到哪儿去"，这与"哪儿"和"哪里"的使用情况有密切联系。

以"是否具有独立的声调"作为"儿"的性质划分依据，"哪儿"并不属于"儿缀"词，而属于"儿化"词。"儿"从词缀发展到"儿化"经历了一个从泛化到虚化的过程（王媛媛，2007）。"里"从实词到词缀，主要通过两次转变来实现（杨爱姣，2012）：第一次是由上古的普通名词发展成为中古的方位词，最早"里"的虚化以"空间名词＋里"的搭配出现在汉代文献里；第二次是由中古的方位词发展成为近代的三音节副词的后缀。第二次"词缀化"转变过程中包括"里"与指示代词结合，此时"里"的词汇意义并未完全虚化，是处于过渡阶段，这种用法进一步加快了"里"的词缀化步伐。结合两者的论述，可以把"儿""里"的虚化过程归纳为图 16-1。

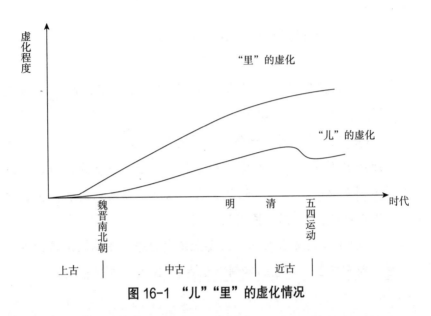

图 16-1 "儿""里"的虚化情况

由图 16-1 可知，"里"的虚化过程起步早、发展快，整体处于上升趋势；"儿"的虚化过程相对来说起步晚、发展较缓，近古期间出现小幅波动。二者在虚化过程中的分野，使二者的虚化用法在与指示代词"哪"连用时出现了明显的差异。在北京大学 CCL 语料库中，"哪里"的现代汉语语料共有 15546 条，"哪里"的近代汉语语料共有 6189 条，最早出现在元代散曲中，即例（42）。"哪儿"的现代汉语语料共有 8245 条，"哪儿"的近代汉语语料共有 369 条，最早出现在成书于明万历年间的《三宝太监西洋记》中，即例（43）。

（42）哪里取陈平般冠玉精神，何晏般风流面皮？（元《小令散曲》）

（43）内中一个说道："抽过门拴来，着实的溜他两下，看他撒哪儿。"（明《三宝太监西洋记》）

这就可以解释近代汉语中"X 不到哪儿去"与"X 不到哪里去"使用情况存在差异的原因。清至民国期间,"里"的虚化趋势处于上升阶段:一方面,"哪里"属于实词到词缀的过渡阶段,保证了"V $_{(位移)}$ 不到哪里去"的成立;另一方面,"哪里"虚化程度的成熟又保证了"A 不到哪里去"的发展空间。而"儿"的虚化趋势在清初之后明显下降,且根据二者语料基数的差异,"哪儿"的虚化程度原本不及"哪里",故造成了"X 不到哪儿去"在近代汉语用法上的缺位。

到了现代汉语中,"X 不到哪儿去"开始产生,虽然使用频率不及"X 不到哪里去"高。具体情况见表 16-1。

表 16-1 "X 不到哪儿去"与"X 不到哪里去"使用频率对比

	语料总数	"X"不重复语料数	"X"相同语料数
X 不到哪儿去	52	21	
X 不到哪里去	85	29	9

由表 16-1 可知,"X 不到哪里去"比"X 不到哪儿去"的语料总数多 33 条,但不重复语料只多出 8 例,并且二者在"X"句法成分上具有较高的一致性。这种现象的出现有两方面的原因:一方面由于"哪儿"在现代汉语中的虚化用法被重新发现,并逐渐被广泛使用,而"哪里"由于使用的历时性没有断层,因而"X 不到哪里去"中的"X"词汇必定比"X 不到哪儿去"丰富;另一方面,由于"儿""里"在现代汉语中虚化义上的趋同,"哪儿""哪里"的细微差别不影响构式义,使二者在"X"成分上具有高重复率(有 9 条相同语料)。

此外,"X 不到哪儿去"从近代汉语的缺位到现代汉语主要用于"A 不到哪儿去",是虚化过程即构式义快速发展的表现。前文中已经指出，当"X"为"V$_{(凸显状态)}$"和"V$_{(计量)}$"时，"V 不到哪儿去"和"否定词 + 能愿动词 +V 到哪儿去"可互相转换，但在实际使用时，后者几乎独立承担了这种语用功能。其原因一方面是语言的经济性，另一方面"V 不到哪儿去"这种语用功能的缺位使"A 不到哪儿去"得以凸显，"A 不到哪儿去"的构式义更加成熟。

综上所述，"X 不到哪儿去"与"X 到哪儿去"，因"X"成分的不同，可以分为动词"V"和形容词"A"两种情况。除了二者因"V 不到哪儿去"和"否定词（+ 能愿动词）+V 到哪儿去"转换机制的有效性导致的部分对称，其他情况均存在明显的不对称。其中"X"分别为"V""A"时情况不同的原因在于"V""A"分属于认知域和性状域，"A"的主观性明显强于"V"，在转换过程中需要考虑语气和情态范畴的迁移，进而影响语用。由此可见，句法、语义、语用三个平面（或三个界面）之间的互动具有紧密性（李思旭，2014）。"X 不到哪儿去"和"X 不到哪里去"差异产生的原因在于受近代汉语中"儿"和"里"虚化程度差异的影响，而这种差异随着现代汉语口语与书面语界限的模糊而逐渐缩小。

沈家煊（1999）把不对称理论与标记理论相结合，对句法、语义、语用各个层面中的种种不对称现象作出统一的解释。李思旭、于辉荣（2012）把不对称理论与共时语法化理论相结合，探讨不同虚化等级上"V 上"与"V 下"的不对称。本书则进一步把不对称理论与构式语法理论相结合，尝试分析了母构式"X 不到哪儿去"与"X 到哪儿去"的两个子构式"V 不到哪儿去"与"V 到哪儿去"以及"A 不到哪儿去"与"A 到哪儿去"，在句法、语义、语用等方面的不对称及其动因。把两种理论结合起来分析语言现象，可能比研究单一理论更能"窥探"出含有特质的东西。比如李思旭（2019a）把构式语法理论与语言类型学理论相结合，对处所转换构式进行了跨语言类型学研究，从而发现了处所转换构式中哪些特点是某一语言特有的，哪些特点是人类语言共有的。当然，哪两种语言学理论可以结合（或兼容），怎样结合，这可能要根据所要研究的具体课题来确定。

参考文献

白碧波等　2012　《撒都语研究》，北京：民族出版社。

蔡淑美　2020　《构式浮现的研究现状和发展空间》，《语言教学与研究》第 5 期。

曹茜蕾　2007　《汉语方言的处置标记的类型》，载《语言学论丛》第 36 辑，北京：商务印书馆。

曹秀玲　2012　《"说"和"是"与关联词语组合浅谈》，《中国语文》第 5 期。

曹志耘　1997　《金华汤溪方言的动词谓语句》，载李如龙、张双庆 主编《动词谓语句》，广州：暨南大学出版社。

曹志耘主编　2008　《汉语方言地图集·语法卷》，北京：商务印书馆。

常俊之　2009　《元江苦聪话参考语法》，博士学位论文，中央民族大学。

陈宁萍　1987　《现代汉语名词类的扩大——现代汉语动词和名词分界线的考察》，《中国语文》第 5 期。

陈　平　1987　《释汉语中与名词性成分相关的四组概念》，《中国语文》第 2 期。

陈淑梅　2001　《鄂东方言语法研究》，南京：江苏教育出版社。

陈小荷 1994 《主观量问题初探——兼谈副词"就"、"才"、"都"》,《世界汉语教学》第 4 期。

陈晓云 2007 《阳新方言被动句研究》,硕士学位论文,华中师范大学。

陈怡蓉 2017 《哈尼语垭玛话话题句研究》,硕士学位论文,云南师范大学。

陈云龙 2012 《马兰话研究》,广州:暨南大学出版社。

陈泽平 1997 《福州话的动词谓语句》,载李如龙、张双庆主编,《动词谓语句》,广州:暨南大学出版社。

陈泽平 1998 《福州方言研究》,福州:福建人民出版社。

陈　忠 2006 《认知语言学研究》,济南:山东教育出版社。

迟永长 1995 《"爱 V 不 V"句式谈》,《辽宁师范大学学报》(社会科学版)第 1 期。

储泽祥 2006 《赣语岳西话表被动的"让"字句》,载邢福义主编《汉语被动表述问题研究新拓展》,武汉:华中师范大学出版社。

褚俊海 2007 《桂南平话与白话的介词研究》,硕士学位论文,广西大学。

崔希亮 2000 《人称代词及其称谓功能》,《语言教学与研究》第 1 期。

戴庆厦、田静 2005 《仙仁土家语研究》,北京:中央民族大学出版社。

邓思颖 2003 《汉语方言语法的参数理论》,北京:北京大学出版社。

董淑慧、周青 2011 《贬责感叹和褒扬感叹的语义结构和语用功能——以"好你个 +NP"为例》,《天津大学学报》(社会科学版)第 4 期。

董晓敏 1998 《说"X 什么的"》,《汉语学习》第 3 期。

董秀芳　1998　《述补带宾句式中的韵律制约》,《语言研究》第 1 期。

董秀芳　2002　《词汇化:汉语双音词的衍生和发展》,成都:四川民族出版社。

董秀芳　2003　《无标记焦点和有标记焦点的确定原则》,《汉语学习》第 1 期。

董秀芳　2004　《汉语的词库与词法》,北京:北京大学出版社。

董秀芳　2011　《词汇化:汉语双音词的衍生和发展》(修订本),北京:商务印书馆。

端木三　1999　《重音理论和汉语的词长选择》,《中国语文》第 4 期。

范新干　2006　《湖北通山方言的"把得"被动句》,载邢福义主编《汉语被动表述问题研究新拓展》,武汉:华中师范大学出版社。

冯桂华、曹保平　2012　《赣语都昌方言初探》,成都:西南交通大学出版社。

冯胜利　1996a　《论汉语的"韵律词"》,《中国社会科学》第 1 期。

冯胜利　1996b　《论汉语的韵律结构及其对句法构造的制约》,《语言研究》第 1 期。

冯胜利　1997　《汉语的韵律、词法与句法》,北京:北京大学出版社。

冯胜利　2002　《汉语动补结构来源的句法分析》,载《语言学论丛》第 26 辑,北京:商务印书馆。

傅爱平　2003　《机器翻译中汉语动结式生成的过程和困难》,《中国语文》第 1 期。

甘于恩、吴芳　2005　《广东四邑方言的"减"字句》,《中国语文》第 2 期。

干　薇、陈　蔚　2014　《关于汉语"不是"的另类研究》,《九江学院学报》(社会科学版)第 2 期。

高小平　1999　《留学生"把"字句习得过程考察分析及其对教学的启示》,硕士学位论文,北京大学。

龚群虎　2007　《扎巴语研究》，北京：民族出版社。

郭必之　2012　《原始粤语完整体的构拟》，第 17 届国际粤方言研讨会论文。

郭绍虞　1938　《中国词语之弹性作用》，《燕京学报》第 24 辑。

郭圣林　2009　《"爱 V 不 V"句式的语篇考察》，《汉语学习》第 1 期。

郭校珍　2008　《山西晋语语法专题研究》，上海：华东师范大学出版社。

何洪峰　2004　《试论汉语被动标记产生的语法动因》，《语言研究》第 4 期。

何洪峰、程明安　1996　《黄冈方言的"把"字句》，《语言研究》第 2 期。

何乐士　2000　《古汉语语法研究论文集》，北京：商务印书馆。

胡德明　2008　《从反问句生成机制看"不是"的性质和语义》，《安徽师范大学学报》（人文社会科学版）第 3 期。

胡利华　2011　《蒙城方言研究》，合肥：合肥工业大学出版社。

胡云晚　2010　《湘西南洞口老湘语虚词研究》，南昌：江西人民出版社。

皇甫亿　2011　《常熟话体范畴研究》，硕士学位论文，复旦大学。

黄伯荣主编　1996　《汉语方言语法类编》，青岛：青岛出版社。

黄国营　1982　《"的"字的句法、语义功能》，《语言研究》第 1 期。

黄　阳　2012　《南宁粤语多功能语素"晒"体貌标记功能的发展》，第 17 届国际粤方言研讨会暨海外汉语方言专题讨论会。

黄映琼　2006　《梅县方言语法研究》，硕士学位论文，西南大学。

江　荻　2005　《义都语研究》，北京：民族出版社。

江蓝生　2007　《同谓双小句的省略与句法创新》，《中国语文》第 6 期。

江蓝生　2008　《概念叠加与构式整合——肯定否定不对称的解释》，《中国语文》第 6 期。

蒋光友 2010 《基诺语参考语法》，北京：中国社会科学出版社。

蒋绍愚 2005 《近代汉语研究概要》，北京：北京大学出版社。

蒋同林 1989 《"V$_动$+T$_{时段}$+的+N$_名$"的同符异构问题》，《中国语文》第 1 期。

解正明 2006 《把字句跨方言分析及其生成机制探讨》，《伊犁教育学院学报》第 2 期。

康忠德 2009 《居都仡佬语参考语法》，博士学位论文，中央民族大学。

兰宾汉 2011 《西安方言语法调查研究》，北京：中华书局。

雷冬平 2012 《"好+（X）个 NP"的构成及语法化研究》，《语言教学与研究》第 2 期。

黎秀花 2012 《"好你个 X"的构式分析》，硕士学位论文，华中师范大学。

李 洁 2008 《汉藏语系语言被动句研究》，北京：民族出版社。

李大勤 2002 《格曼语研究》，北京：民族出版社。

李冬香、徐红梅 2014 《韶关犁市土话研究》，广州：暨南大学出版社。

李国英 2006 《从"出乎意料之外"谈语法规范》，《语文学刊》第 133 期。

李慧敏 2014 《消失性结果准完成体标记——会城话准完成体标记"减"与相关标记的比较研究》，硕士学位论文，暨南大学。

李劲荣 2010 《汉语被动句的典型形式及其理论意义》，载《东方语言学》第七辑，上海：上海教育出版社。

李劲荣 2015 《列举形式"什么 X"与"X 什么的"的语义偏向》，《汉语学习》第 5 期。

李景红 2011 《拉祜语话题结构研究》，硕士学位论文，云南民族大学。

李临定　1990　《现代汉语动词》，北京：中国社会科学出版社。

李　讷、石毓智　1997　《汉语动词拷贝结构的发展》，《国外语言学》第 3 期。

李　强　2021　《习语构式"多的是"的动态语义浮现》，《语言教学与研究》第 4 期。

李如龙　1997　《泉州方言的动词谓语句》，载李如龙、张双庆主编《动词谓语句》，广州：暨南大学出版社。

李如龙、张双庆主编　1997　《动词谓语句》，广州：暨南大学出版社。

李思旭　2008　《重动句新探》，《现代中国语研究》（日本）总第 10 期。

李思旭　2009　《现代汉语动结式韵律构造模式初探》，《汉语学习》第 6 期。

李思旭　2010　《补语"完"的内部分化、语义差异及融合度等级》，《语言研究》第 1 期。

李思旭　2014　《从语言类型学看三个平面互动研究》，《汉语学习》第 2 期。

李思旭　2015　《汉语完成体的认知功能研究》，北京：中国社会科学出版社。

李思旭　2017　《三音节固化词语"X 不是"的表义倾向及词汇化》，《世界汉语教学》第 1 期。

李思旭　2019a　《处所转换构式的语言类型学研究》，《外国语（上海外国语大学学报）》第 1 期。

李思旭　2019b　《从构式语法看汉语虚词研究》，载吴福祥、吴早生 主编《语法化与语法研究》（九），北京：商务印书馆。

李思旭　2022　《部分量：体貌、量化与论元互动的类型学研究》，北京：中国社会科学出版社。

李思旭　2024　《固化三音词研究》，北京：中国社会科学出版社。

李思旭、于辉荣　2012　《从共时语法化看"V上"与"V下"不对称的实质》，《语言教学与研究》第 2 期。

李思旭、沈彩云　2015　《构式"爱 V 不 V"的认知语义及整合度等级》，《汉语学习》第 2 期。

李思旭、王贞珍　2021　《习用语"说的是"的语义篇章功能及其历时演变》，《淮北师范大学学报》（哲学社会科学版）第 6 期。

李思旭、夏　璐　2022　《从构式连接看"X 你个 Y"的形成与演化》，《新疆大学学报》（哲学社会科学版）第 4 期。

李文浩　2009　《"爱 V 不 V"的构式分析》，《现代外语》第 3 期。

李向农等　1990　《2—5 岁儿童运用"把"字句情况的初步考察》，《语文研究》第 4 期。

李向农、张军　2005　《单双音节意欲形容词句法语义特征考察》，《语言研究》第 4 期。

李小华　2014　《闽西永定客家方言虚词研究》，广州：华南理工大学出版社。

李小荣　1994　《对述结式带宾语功能的考察》，《汉语学习》第 5 期。

李雪信　2004　《"出乎意料"与"意料之外"》，《现代语文》第 5 期。

李　毅　2015　《纳西语话题句研究》，硕士学位论文，云南师范大学。

李英子　2012　《试析"爱 V 不 V"的固化过程》，《汉语学习》第 3 期。

李宇明　1996　《论词语重叠的意义》，《世界汉语教学》第 1 期。

李宇明　1997　《主观量的成因》，《汉语学习》第 5 期。

李宇明　1999　《数量词语与主观量》，《华中师范大学学报》（人文社会科学版）第 6 期。

李裕德　1991　《整体—数量宾语把字句》,《汉语学习》第 2 期。

李治平　2011　《"说是"的功能和虚化与对外汉语教学》,《云南师范大学学报》(对外汉语教学与研究版)第 4 期。

李宗江　2009　《"爱谁谁"及相关说法》,《汉语学习》第 1 期。

李宗江　2012　《"A 的是"短语的特殊功能》,《汉语学习》第 4 期。

林立芳　1997　《梅县方言的动词谓语句》,载李如龙、张双庆主编《动词谓语句》,广州:暨南大学出版社。

林素娥　2006　《湘语与吴语语序类型比较研究》,博士学位论文,复旦大学。

林素娥　2009　《新加坡华语的句法特征及成因》,载陈晓锦、张双庆主编《首届海外汉语方言国际研讨会论文集》,广州:暨南大学出版社。

刘承峰　2004　《"爱 V 不 V"结构的语义分析》,《汉语学习》第 2 期。

刘春卉　2008　《河南确山方言两个处置标记"掌"与"叫"的语法化机制考察》,载四川大学汉语史研究所、四川大学中国俗文化研究所编《汉语史研究集刊》第十一辑,成都:巴蜀书社。

刘丹青　1997　《苏州方言的动词谓语句》,载李如龙、张双庆主编《动词谓语句》,广州:暨南大学出版社。

刘丹青　2001a　《论元分裂式话题结构初探》,载范开泰、齐沪扬主编《面向 21 世纪语言问题再认识——庆祝张斌先生从教五十周年暨八十华诞》,上海:上海教育出版社。

刘丹青　2001b　《语法化中的更新、强化与叠加》,《语言研究》第 2 期。

刘丹青　2003　《语序类型学与介词理论》,北京:商务印书馆。

刘丹青编著　2008　《语法调查研究手册》,上海:上海教育出版社。

刘丹青、徐烈炯　1998　《焦点与背景、话题及汉语"连"字句》,《中国语文》第 4 期。

刘街生　2006　《动结式组构的成分及其关系探讨》,《语言研究》第 2 期。

刘纶鑫　2001　《江西客家方言概况》,南昌:江西人民出版社。

刘纶鑫　2008　《芦溪方言研究》,北京:中国社会科学出版社、文化艺术出版社。

刘梦丹　2017　《"好你个 X"Y 句和"好(一)个 X"Y 句比较分析》,硕士学位论文,吉林大学。

刘　顺　2005　《现代汉语语法的多维研究》,北京:社会科学文献出版社。

刘维群　1986　《论重动句的特点》,《南开学报》(哲学社会科学版)第 3 期。

刘雪芹　2000　《重动句的类别》,《扬州大学学报》(人文社会科学版)第 5 期。

刘勋宁　1988　《现代汉语词尾"了"的语法意义》,《中国语文》第 5 期。

刘月华、潘文娱、故韡　2001　《实用现代汉语语法》(增订本),北京:商务印书馆。

刘志富　2010　《习用语"有的是"的词汇化》,《语言教学与研究》第 4 期。

龙　泉　2007　《列举助词"什么的"分析》,硕士学位论文,华中科技大学。

卢惠惠　2012　《列举义构式"什么 X"与"X 什么的"来源考察》,载《语言研究集刊》第 9 辑,上海:上海辞书出版社。

卢小群　2007　《湘语语法研究》,北京:中央民族大学出版社。

卢英顺　2010　《一种新的"不是 A 是 B"构式》,《当代修辞学》第 2 期。

鲁　莹　2019　《话题化的元话语标记"X 的是"》,《语言研究》第 2 期。

陆俭明　1984　《关于现代汉语里的疑问语气词》,《中国语文》第 5 期。

陆俭明　1989　《说量度形容词》,《语言教学与研究》第 3 期。

陆俭明　1990　《"VA 了"述补结构语义分析》,《汉语学习》第 1 期。

陆俭明　2004a　《"句式语法理论"与汉语研究》,《中国语文》第 5 期。

陆俭明　2004b　《词的具体意义对句子意思理解的影响》,《汉语学习》第 2 期。

吕叔湘　1942　《中国文法要略》,北京：商务印书馆。

吕叔湘　1948　《把字用法的研究》,载吕叔湘《汉语语法论文集》(增订本),北京：商务印书馆。

吕叔湘　1963　《现代汉语单双音节问题初探》,《中国语文》第 1 期。

吕叔湘　1965　《被字句、把字句动词带宾语》,《中国语文》第 4 期。

吕叔湘　1965　《"很不……"》,《中国语文》第 5 期。

吕叔湘主编　1980　《现代汉语八百词》,北京：商务印书馆。

吕叔湘　1984　《汉语语法论文集》(增订本),北京：商务印书馆。

吕叔湘　1985　《近代汉语指代词》,上海：学林出版社。

吕为光　2011　《"说是"的语法化》,《语言与翻译》第 3 期。

马　婧　2012　《"好(一)个 X"句式探析》,硕士学位论文,陕西师范大学。

马　兰、冯志英　2015　《表评价构式"好个 ×"》,《语文学刊》第 12 期。

马　真　1982　《说"也"》,《中国语文》第 4 期。

马　真　1986　《"很不——"补说》,《语言教学与研究》第 2 期。

马　真　2016　《现代汉语虚词研究方法论》(修订本),北京：

商务印书馆。

马　真、陆俭明　1997　《形容词作结果补语情况考察》,《汉语学习》第 1、4、6 期。

孟琮等编　1999　《汉语动词用法词典》,北京:商务印书馆。

孟玉珍　2006　《湖南黔阳方言被动句式研究》,硕士学位论文,湖南师范大学。

蒲喜明　1983　《结构助词"的"还有另外三种用法》,《陕西师大学报》(哲学社会科学版)第 2 期。

潘悟云　1997　《温州方言的动词谓语句》,载李如龙、张双庆主编《动词谓语句》,广州:暨南大学出版社。

彭　睿　2007　《构式语法化的机制和后果——以"从而"、"以及"和"极其"的演变为例》,《汉语学报》第 3 期。

彭　睿　2009　《语法化"扩展"效应及相关理论问题》,《汉语学报》第 1 期。

祁　峰　2011　《"X 的是":从话语标记到焦点标记》,《汉语学习》第 4 期。

郄远春　2012　《成都客家话研究》,北京:中国社会科学出版社。

秦礼君　1985　《关于"动 + 宾 + 动重 + 补"的结构形式》,《语言研究》第 2 期。

邱锡凤　2007　《上杭客家话研究》,硕士学位论文,福建师范大学。

阮桂君　2010　《宁波方言语法研究》,武汉:华中师范大学出版社。

邵敬敏　1984　《"动 + 个 + 形 / 动"结构分析》,《汉语学习》第 2 期。

邵敬敏　1996　《动量词的语义分析及其与动词的选择关系》,《中国语文》第 2 期。

邵敬敏　2012　《新兴框式结构"X 你个头"及其构式义的固化》,《汉语学报》第 3 期。

邵敬敏、王宜广　2010　《"不是 A,而是 B"句式假性否定的功能价值》，《世界汉语教学》第 3 期。

邵明德　1986　《"出乎意料"和"出乎意料之外"》，《新闻记者》第 2 期。

申晶晶　2011　《口语习用语"好你个 X"格式考察》，硕士学位
　　论文，河南大学。

沈家煊　1993　《"语用否定"考察》，《中国语文》第 5 期。

沈家煊　1999　《不对称和标记论》，南昌：江西教育出版社。

沈家煊　2001　《语言的"主观性"和"主观化"》，《外语教学与
　　研究》第 4 期。

沈家煊　2003　《现代汉语"动补结构"的类型学考察》，《世界
　　汉语教学》第 3 期。

沈家煊　2005　《"分析"和"综合"》，《语言文字应用》第 3 期。

沈家煊　2006a　《"糅合"和"截搭"》，《世界汉语教学》第 4 期。

沈家煊　2006b　《概念整合与浮现意义——在复旦大学"望道论
　　坛"报告述要》，《修辞学习》第 5 期。

施春宏　2005　《动结式论元结构的整合过程及相关问题》，《世
　　界汉语教学》第 1 期。

施春宏　2014　《"招聘"和"求职"：构式压制中双向互动的合
　　力机制》，《当代修辞学》第 2 期。

施春宏　2016　《互动构式语法的基本理念及其研究路径》，《当
　　代修辞学》第 2 期。

施其生　1997　《汕头方言的动词谓语句》，载李如龙、张双庆主
　　编《动词谓语句》，广州：暨南大学出版社。

石　锓　1992　《元代结构助词"的"研究》，《兵团教育与研究》
　　第 2 期。

石汝杰　1997　《高淳方言的动词谓语句》，载李如龙、张双庆主
　　编《动词谓语句》，广州：暨南大学出版社。

石毓智　2000　《语法的认知语义基础》，南昌：江西教育出版社。

石毓智　2001　《肯定和否定的对称与不对称》，北京：北京语言文化大学出版社。

石毓智　2003　《现代汉语语法系统的建立：动补结构的产生及其影响》，北京：北京语言大学出版社。

石毓智、刘春卉　2008　《汉语方言处置式的代词回指现象及其历史来源》，《语文研究》第 3 期。

时　建　2009　《梁河阿昌语参考语法》，北京：中国社会科学出版社。

宋　佳　2018　《假性否定构式"不是 X，（而）是 Y"研究》，硕士学位论文，上海师范大学。

孙红玲、赵金铭　2006　《现代汉语重动句》，《语言文字应用》第 1 期。

孙立新　2003　《户县方言的把字句》，《语言科学》第 6 期。

孙立新　2007　《户县方言的"给"字句》，《南开语言学刊》第 1 期。

孙立新　2013　《关中方言语法研究》，北京：中国社会科学出版社。

〔日〕太田辰夫　1987　《中国语历史文法》，蒋绍愚、徐昌华译，北京：北京大学出版社。

覃东生　2007　《宾阳话语法研究》，硕士学位论文，广西大学。

覃凤余、田春来　2013　《也谈"着"使役义的来源》，载任宏志、王学慧主编《双语学研究》第四辑，北京：民族出版社。

谭方方　2021　《英汉更正标记比较研究及其类型学调查》，《外国语（上海外国语大学学报）》第 4 期。

唐翠菊　2001　《现代汉语重动句的分类》，《世界汉语教学》第 1 期。

唐钰明　1988　《唐至清的"被"字句》，《中国语文》第 6 期。

万　波　1997　《安义方言的动词谓语句》，载李如龙、张双庆主编《动词谓语句》，广州：暨南大学出版社。

万　一　1986　《"不是…而是…"新探》，《汉语学习》第 6 期。

王　东　2010　《河南罗山方言研究》，北京：中国社会科学出版社。

王　刚、陈昌来　2018　《"好（一）个 X"的历时发展、构件语义及承继关系》，《汉语学习》第 4 期。

王　健　2014　《苏皖区域方言语法比较研究》，北京：商务印书馆。

王　力　1980　《汉语史稿》，北京：中华书局。

王　力　2005　《汉语语法史》，北京：商务印书馆。

王　寅　2011　《"新被字构式"的词汇压制解析——对"被自愿"一类新表达的认知构式语法研究》，《外国语（上海外国语大学学报）》第 3 期。

王灿龙　1999　《重动句补议》，《中国语文》第 2 期。

王灿龙　2002　《句法组合中单双音节选择的认知解释》，载中国语文杂志社编《语法研究和探索》第十一辑，北京：商务印书馆。

王春玲　2011　《西充方言语法研究》，北京：中华书局。

王丹荣　2006　《襄樊方言被动句和处置句探析》，《孝感学院学报》第 5 期。

王红旗　1995　《动结式述补结构的配价研究》，载沈阳、郑定欧主编《现代汉语配价语法研究》，北京：北京大学出版社。

王洪钟　2009　《海门方言动词的体》，《阅江学刊》第 2 期。

王建军　2006　《"有的是"源流探略》，《语言教学与研究》第 4 期。

王世群　2012　《"好个 X"格式的来源及相关问题研究》，《学术论坛》第 6 期。

王收奇　2007　《"好（一）个 X"感叹句之多角度考察》，硕士学位论文，暨南大学。

王晓凌　2008　《"好个……"结构探析》，《汉语学习》第 2 期。

王莹莹　2023　《苏皖方言处置式比较研究》，北京：中国社会科学出版社。

王媛媛　2007　《汉语"儿化"研究》，博士学位论文，暨南大学。

王志武　1999　《"个"的非量词用法及其词性》,《烟台师范学院学报》(哲学社会科学版)第 3 期。

王志英　2013　《"不是 X,而是 Y"构式的元语否定功能》,《学术探索》第 11 期。

韦景云、何霜、罗永现　2011　《燕齐壮语参考语法》,北京:中国社会科学出版社。

韦茂繁　2012　《下坳壮语参考语法》,博士学位论文,上海师范大学。

魏在江、张英　2022　《"X 是行走的 Y"的互动构式语法研究》,《外语与外语教学》第 6 期。

吴福祥　1996　《敦煌变文语法研究》,长沙:岳麓书社。

吴福祥　2002　《汉语能性述补结构"V 得 / 不 C"的语法化》,《中国语文》第 1 期。

吴福祥　2004　《〈朱子语类辑略〉语法研究》,开封:河南大学出版社。

吴竞存、侯学超　1982　《现代汉语句法分析》,北京:北京大学出版社。

吴为善　1989　《论汉语后置单音节的粘附性》,《汉语学习》第 1 期。

吴为善、陈颖　2007　《述宾两字组的整合度高低及其层级分布》,《汉语学习》第 5 期。

吴为善、夏芳芳　2011　《"A 不到哪里去"的构式解析、话语功能及其成因》,《中国语文》第 4 期。

伍云姬主编　2009　《湖南方言的介词》(修订本),长沙:湖南师范大学出版社。

薛　红　1985　《后项虚化的动补格》,《汉语学习》第 4 期。

夏芳芳　2011　《"A 不到哪里去"的构式解析及其理据性探究》,硕士学位论文,上海师范大学。

向　柠　2005　《湖南武冈方言被动句式研究》，硕士学位论文，湖南师范大学。

项开喜　1997　《汉语重动句式的功能研究》，《中国语文》第 4 期。

项梦冰　1997　《连城方言的动词谓语句》，载李如龙、张双庆主编《动词谓语句》，广州：暨南大学出版社。

肖　萍、郑晓芳　2014　《鄞州方言研究》，杭州：浙江大学出版社。

邢志群　2003　《汉语动词语法化的机制》，载《语言学论丛》第 28 辑，北京：商务印书馆。

熊学亮、王志军　2003　《被动句认知解读一二》，《外语教学与研究》第 3 期。

徐　丹　2000　《动补结构中的上字与下字》，载中国语文杂志社编《语法研究和探索》（十），北京：商务印书馆。

徐　丹　2004　《汉语句法引论》，张祖建译，北京：北京语言大学出版社。

徐　杰　1999　《两种保留宾语句式及相关句法理论问题》，《当代语言学》第 1 期。

徐烈炯、刘丹青　1998　《话题的结构与功能》，上海：上海教育出版社。

许维翰　1982　《"爱…不…"与"爱…不…的"》，《汉语学习》第 2 期。

薛凤生　1994　《"把"字句和"被"字句的结构意义——真的表示"处置"和"被动"？》，载戴浩一、薛凤生主编《功能主义与汉语语法研究》，北京：北京语言学院出版社。

姚丽娟、占升平　2011　《常宁方言中的完成体标记》，《新西部》（下旬·理论版）第 9 期。

颜　峰、徐　丽　2005　《山东郯城方言的叫字句及相关句式》，《语言科学》第 4 期。

杨爱姣　2012　《空间感在古代汉语的"里"词缀化进程中的作用》,《古汉语研究》第 4 期。

殷相印　2006　《微山方言语法研究》,博士学位论文,南京师范大学。

余金枝　2009　《湘西苗语被动句研究》,《中央民族大学学报》(哲学社会科学版)第 1 期。

俞敦雨　1982　《"爱 × 不 ×"式的分析》,《汉语学习》第 2 期。

袁毓林　1996　《话题化及相关的语法过程》,《中国语文》第 4 期。

袁毓林　2001　《述结式的结构和意义的不平衡性》,载史有为主编《从语义信息到类型比较》,北京:北京语言文化大学出版社。

赵淑华等　1997　《单句句型统计与分析》,《语言教学与研究》第 2 期。

赵燕珍、李云兵　2005　《论白语的话题结构与基本语序类型》,《民族语文》第 6 期。

赵元任　1979　《汉语口语语法》,北京:商务印书馆。

张伯江　1997　《认识观的语法表现》,《国外语言学》第 2 期。

张伯江　2000　《论"把"字句的句式语义》,《语言研究》第 1 期。

张伯江　2014　《汉语句式的跨语言观——"把"字句与逆被动态关系商榷》,《语言科学》第 6 期。

张伯江　2018　《构式语法应用于汉语研究的若干思考》,《语言教学与研究》第 4 期。

张伯江、方梅　1996　《汉语功能语法研究》,南昌:江西教育出版社。

张国宪　1989　《单双音节动作动词语用功能差异探索》,《汉语学习》第 6 期。

张国宪　1997　《"V$_{双}$+N$_{双}$"短语的理解因素》,《中国语文》第 3 期。

张国宪　1998　《现代汉语形容词的体及形态化历程》,《中国语文》第 6 期。

张国宪　2004　《形动构造奇偶组配的语义・句法理据》,《世界汉语教学》第 4 期。

张美兰　2003　《〈祖堂集〉语法研究》,北京：商务印书馆。

张明辉　2006　《动补结构"V+个+明白"的语义分析》,《语言教学与研究》第 5 期。

张谊生　2001　《现代汉语列举助词探微》,《语言教学与研究》第 6 期。

张谊生　2003　《从量词到助词——量词"个"语法化过程的个案分析》,《当代语言学》第 3 期。

张荣初编著　2006　《现代汉语常用词语规范手册》,广州：暨南大学出版社。

张　桃　2010　《宁化客家方言语法研究》,广州：广东人民出版社。

张旺熹　1999　《汉语特殊句法的语义研究》,北京：北京语言文化大学出版社。

郑怀德、孟庆海编　1991　《形容词用法词典》,长沙：湖南出版社。

郑张尚芳　1996　《温州话里相当于"着""了"的动态结构助词及其他》,载胡明扬主编《汉语方言体貌论文集》,南京：江苏教育出版社。

周长楫等　1998　《厦门方言研究》,福州：福建人民出版社。

周国炎　2003　《布依语被动句研究》,《中央民族大学学报》第 5 期。

周　磊　2002　《乌鲁木齐话"给"字句研究》,《方言》第 1 期。

周明强　2017　《强调类话语标记语"X 的是"的语用功能考察》,《语言科学》第 1 期。

朱　斌　2007　《否定"是"字句的类型联结》,《汉语学报》第 1 期。

朱德熙　1982　《语法讲义》, 北京: 商务印书馆。

祝克懿　2000　《析"动＋个＋形／动"结构中的"个"》,《汉语学习》第 3 期。

宗守云　2012　《说"不是 A 而是 B"》,《南开语言学刊》第 1 期。

Anderson, Stephen R. 1992. *A-Morphous Morphology*. Cambridge: Cambridge University Press.

Brinton, LaurelJ., & Elizabeth Closs Traugott. 2005. *Lexicalization and Language Change*. Cambridge: Cambridge University Press.

Comrie, Bernard. 1989. *Language Universals and Linguistic Typology:Syntax and Morphology* (2nd edition). Chicago: University of Chicago Press.

Croft, W. 2001. *Radical Construction Grammar: Syntactic Theory in Typological Perspective*. Oxford: Oxford University Press.

Croft, W. 2003.*Typology and Universals* (2nd edition). Cambridge: Cambridge University Press.

Croft, W. 2022. *Morphosyntax: Constructions of the World's Languages*. Cambridge: Cambridge University Press.

Dik, Simon C. 1997. *The Theory of Functional Grammar*. Berlin:Mouton de Gruyter.

Fauconnier. G. 1997. *Mappings in Thought and Language*. Cambridge: Cambridge University Press.

Givón,T. 2006. *Multiple Routes to Clause-union: The Diachrony of Syntactic Complexity*. Typescript, Seminario Sobre Complejidad Sintáctica, Hermosillo: Universidad de Sonora.

Goldberg, A.E. 1995. *Construction:A Constructional Approaches to Arguments Structure Construction*. The University of Chicago Press.

Goldberg, A. E. 2006. *Costructions at Work: The Nature of Generalization in Language.* Oxford University Press.

Harris, A, and L. Campbell.1995. *Historical Syntax in Cross-linguistic Perspective.* Cambridge: Cambridge University Press.

Hashimoto, M. J. 1988. "The Structure and Typology of the Chinese Passive Construction ." in M. Shibatani (ed.) . *Passive and Voice.* Amsterdam:John Benjamins.

Haspelmath, Martin, Matthew S. Dryer, David Gil and Bernard Comrie (eds.). 2005. *The World Atlas of Language Structure.* Oxford: Oxford University Press.

Heine, Bernd, & Tania Kuteva.2002 .*World Lexicon of Grammaticalization.* Cambridge: Cambridge University Press.

Hilpert, Martin. 2014. *Construction Grammar and its Applications to English,*2nd edition. Edinburgh: Edinburgh University Press.

Hopper, P.J. & E.C.Traugott. 2003. *Grammaticalization.* Cambridge: Cambridge University Press.

Hoffmann, T. 2022. Construction grammar: The structure of English. Cambridge: Cambridge University Press.

Hoffmann, T. & G. Trousdale (eds.). 2013. The Oxford Handbook of Construction Grammar. Oxford: Oxford University Press.

Lyons, J. 1977. *Semantics.* Vol.2. Cambridge: Cambridge University Press.

Langacker, Ronald W.1991. *Foundations of Cognitive Grammar:Descriptive Application.* Stanford, CA: Stanford University Press.

Lakoff, G. 1987. *Women, Fire, and Dangerous Things: What Categories Reveal about the Mind.* The University of Chicago Press.

Mallinson,G. and B.J.Blake.1981.*Language Typology: Cross-linguistic Studies in Syntax.* North-Holland: Amsterdam.

Matthews, P. H. 1972. "Huave verb morphology. Some comments from a non-tagmemic standpoint." *International Journal of American Linguistics,* 38.

Myriam Bouveret(ed.) 2021. *Give Constructions Across Languages.* Amsterdam/Philadelphia: John Benjamins.

Song, Jae Jung. 2001. *Linguistic Typology: Morphology and Syntax.* Harlow England: Longman.

Spencer, Andrew, & Arnold M. Zwicky. 2001. *The Handbook of Morphology.* Oxford: Blackwell Publishing Ltd.

Sybesma, Rint(司 马 翎). 1992. *Causatives and Accomplishments: The Case of Chinese BA.* Doctoral Dissertation, Leiden University.

Thompson, Sandra A. 1973. Transitivity and Some Problems with the Ba-construction in Mandarin Chinese. *Journal of Chinese Linguistics,* Vol.1, No.2.

Traugott, Elizabeth C. & Richard B. Dasher. 2002. *Regularity in semantic change.* Cambridge: Cambridge Univesity Press.

Traugott, Elizabeth C. & Graeme Trousdale. 2013. *Constructionalization and Constructional Changes.* Oxford: Oxford University Press.

Whaley,Lindsay J.1997. *Introduction to Typology: The Unity and Diversty of Language.*Thousand Oaks, London, and New Delhi: Sage Publications.

图书在版编目（CIP）数据

现代汉语构式研究 / 李思旭著 . -- 北京 : 社会科
学文献出版社, 2025. 8. -- ISBN 978-7-5228-5631-5

Ⅰ. H146

中国国家版本馆 CIP 数据核字第 20251WX404 号

现代汉语构式研究

著　　者 / 李思旭

出 版 人 / 冀祥德
责任编辑 / 李建廷
责任印制 / 岳　阳

出　　版 / 社会科学文献出版社
　　　　　　地址：北京市北三环中路甲29号院华龙大厦　　邮编：100029
　　　　　　网址：www. ssap. com. cn
发　　行 / 社会科学文献出版社（010）59367028
印　　装 / 三河市尚艺印装有限公司

规　　格 / 开　本：787mm × 1092mm　1/16
　　　　　　印　张：20　　字　数：253千字
版　　次 / 2025年8月第1版　2025年8月第1次印刷
书　　号 / ISBN 978-7-5228-5631-5
定　　价 / 128. 00元

读者服务电话：4008918866